中国社会科学院重大课题
国家"十五"重点出版项目

列国志

GUIDE TO THE WORLD STATES

中国社会科学院《列国志》编辑委员会

哥斯达黎加 洪都拉斯

◎ 杨志敏　方旭飞　编著

社会科学文献出版社

SOCIAL SCIENCES ACADEMIC PRESS (CHINA)

洪都拉斯行政区划图

哥斯达黎加行政区划图

洪都拉斯国旗

洪都拉斯国徽

哥斯达黎加国旗

哥斯达黎加国徽

哥斯达黎加圣何塞市中心广场
（张颖 供稿）

哥斯达黎加国家剧院
（喻虹霞 供稿）

哥斯达黎加国花卡特兰
（喻虹霞 供稿）

哥斯达黎加国鸟泥色鸫
（YIGUIRRO）

哥斯达黎加伊拉苏火山
（喻虹霞 供稿）

哥斯达黎加阿雷纳尔火山
（喻虹霞 供稿）

哥斯达黎加波阿斯火山
（喻虹霞 供稿）

哥斯达黎加波阿斯湖
（喻虹霞 供稿）

前　言

　　自 1840 年前后中国被迫开关、步入世界以来，对外国舆地政情的了解即应时而起。还在第一次鸦片战争期间，受林则徐之托，1842 年魏源编辑刊刻了近代中国首部介绍当时世界主要国家舆地政情的大型志书《海国图志》。林、魏之目的是为长期生活在闭关锁国之中、对外部世界知之甚少的国人"睁眼看世界"，提供一部基本的参考资料，尤其是让当时中国的各级统治者知道"天朝上国"之外的天地，学习西方的科学技术，"师夷之长技以制夷"。这部著作，在当时乃至其后相当长一段时间内，产生过巨大影响，对国人了解外部世界起到了积极的作用。

　　自那时起中国认识世界、融入世界的步伐就再也没有停止过。中华人民共和国成立以后，尤其是 1978 年改革开放以来，中国更以主动的自信自强的积极姿态，加速融入世界的步伐。与之相适应，不同时期先后出版过相当数量的不同层次的有关国际问题、列国政情、异域风俗等方面的著作，数量之多，可谓汗牛充栋。它们对时人了解外部世界起到了积极的作用。

当今世界，资本与现代科技正以前所未有的速度与广度在国际间流动和传播，"全球化"浪潮席卷世界各地，极大地影响着世界历史进程，对中国的发展也产生极其深刻的影响。面临不同以往的"大变局"，中国已经并将继续以更开放的姿态、更快的步伐全面步入世界，迎接时代的挑战。不同的是，我们所面临的已不是林则徐、魏源时代要不要"睁眼看世界"、要不要"开放"问题，而是在新的历史条件下，在新的世界发展大势下，如何更好地步入世界，如何在融入世界的进程中更好地维护民族国家的主权与独立，积极参与国际事务，为维护世界和平，促进世界与人类共同发展做出贡献。这就要求我们对外部世界有比以往更深切、全面的了解，我们只有更全面、更深入地了解世界，才能在更高的层次上融入世界，也才能在融入世界的进程中不迷失方向，保持自我。

与此时代要求相比，已有的种种有关介绍、论述各国史地政情的著述，无论就规模还是内容来看，已远远不能适应我们了解外部世界的要求。人们期盼有更新、更系统、更权威的著作问世。

中国社会科学院作为国家哲学社会科学的最高研究机构和国际问题综合研究中心，有11个专门研究国际问题和外国问题的研究所，学科门类齐全，研究力量雄厚，有能力也有责任担当这一重任。早在 20 世纪 90 年代初，中国社会科学院的领导和中国社会科学出版社就提出编撰"简明国际百科全书"的设想。1993 年 3 月 11 日，时任中国社会科学院院长的胡绳先生在科研局的一份报告上批示："我想，国际片各所可考虑出一套列国志，体例类似几年前出的《简明中国百科全书》，以一国（美、日、英、法等）或几个国家（北欧各国、印支各国）为一册，请考虑可行否。"

中国社会科学院科研局根据胡绳院长的批示，在调查研究的基础上，于 1994 年 2 月 28 日发出《关于编纂〈简明国际百科全书〉和〈列国志〉立项的通报》。《列国志》和《简明国际百科全书》一起被列为中国社会科学院重点项目。按照当时的计划，首先编写《简明国际百科全书》，待这一项目完成后，再着手编写《列国志》。

1998 年，率先完成《简明国际百科全书》有关卷编写任务的研究所开始了《列国志》的编写工作。随后，其他研究所也陆续启动这一项目。为了保证《列国志》这套大型丛书的高质量，科研局和社会科学文献出版社于 1999 年 1 月 27 日召开国际学科片各研究所及世界历史研究所负责人会议，讨论了这套大型丛书的编写大纲及基本要求。根据会议精神，科研局随后印发了《关于〈列国志〉编写工作有关事项的通知》，陆续为启动项目拨付研究经费。

为了加强对《列国志》项目编撰出版工作的组织协调，根据时任中国社会科学院院长的李铁映同志的提议，2002年8月，成立了由分管国际学科片的陈佳贵副院长为主任的《列国志》编辑委员会。编委会成员包括国际片各研究所、科研局、研究生院及社会科学文献出版社等部门的主要领导及有关同志。科研局和社会科学文献出版社组成《列国志》项目工作组，社会科学文献出版社成立了《列国志》工作室。同年，《列国志》项目被批准为中国社会科学院重大课题，新闻出版总署将《列国志》项目列入国家重点图书出版计划。

在《列国志》编辑委员会的领导下，《列国志》各承担单位尤其是各位学者加快了编撰进度。作为一项大型研究项目和大型丛书，编委会对《列国志》提出的基本要求是：资料翔实、准确、最新，文笔流畅，学术性和可读性兼备。《列国志》之所以强调学术性，是因为这套丛书不是一般的"手册"、"概览"，而是在尽可能吸收前人成果的基础上，体现专家学者们的研究所得和个人见解。正因为如此，《列国志》在强调基本要求的同时，本着文责自负的原则，没有对各卷的具体内容及学术观点强行统一。应当指出，参加这一浩繁工程的，除了中国社会科学院的专业科研人员以外，还有院外的一些在该领域颇有研究的专家学者。

现在凝聚着数百位专家学者心血，共计 141 卷，涵盖了当今世界 151 个国家和地区以及数十个主要国际组织的《列国志》丛书，将陆续出版与广大读者见面。我们希望这样一套大型丛书，能为各级干部了解、认识当代世界各国及主要国际组织的情况，了解世界发展趋势，把握时代发展脉络，提供有益的帮助；希望它能成为我国外交外事工作者、国际经贸企业及日渐增多的广大出国公民和旅游者走向世界的忠实"向导"，引领其步入更广阔的世界；希望它在帮助中国人民认识世界的同时，也能够架起世界各国人民认识中国的一座"桥梁"，一座中国走向世界、世界走向中国的"桥梁"。

　　　　　　　　　　　　　《列国志》编辑委员会

　　　　　　　　　　　　　2003 年 6 月

CONTENTS
目 录

洪都拉斯（Honduras）

CONTENTS

目　录

CONTENTS

目　录

CONTENTS

目　录

CONTENTS

目　录

CONTENTS

目 录

CONTENTS

目 录

哥斯达黎加（Costa Rica）

12

CONTENTS

目 录

13

CONTENTS

目　录

CONTENTS

目 录

CONTENTS

目　录

CONTENTS

目 录

CONTENTS

目 录

CONTENTS

目　录

CONTENTS

目 录

洪都拉斯
（Honduras）

杨志敏 编著

列国志

第一章

国土和人民

洪都拉斯全称"洪都拉斯共和国"。1502 年，哥伦布第四次航行美洲时到达洪都拉斯。他们发现这里沿海很深，便称该地区为"洪都拉斯"，意思是"无底深渊"。

第一节　自然地理

一　地理位置

洪都拉斯位于中美洲北部，北临加勒比海，西北隔洪都拉斯湾与伯利兹相望，南濒太平洋的丰塞卡湾，东、南同尼加拉瓜和萨尔瓦多交界，西与危地马拉接壤；海岸线长1033 公里；领土面积 112492 平方公里（根据 1992 年 9 月 11 日海牙国际法庭对洪都拉斯和萨尔瓦多有争议领土所作正式裁决，使洪都拉斯领土面积增加了 404 平方公里）。

二　行政区划

洪都拉斯全国被划分为 18 个省：阿特兰蒂达、科隆、科马亚瓜、科潘、科尔特斯、乔卢特卡、埃尔帕拉伊索、弗朗西斯科·莫拉桑、格拉西亚斯·阿迪奥斯、因蒂布卡、巴伊亚群岛、拉巴斯、伦皮拉、奥科特佩克、奥兰乔、圣巴巴拉、巴列和约罗。

阿特兰蒂达省（Atlántida），位于北部，北濒加勒比海。面积4251平方公里，2005年人口372532。首府拉塞瓦。1902年建省，由科隆省、约罗省、科尔特斯省析出部分土地组成，下分9个自治市。

乔卢特卡省（Choluteca），位于最南部，西濒丰塞卡湾，东、南与尼加拉瓜相邻。面积4211平方公里，2005年人口420350。首府乔卢特卡。1825年建省，是最早的7个省之一（1893年巴列省自本省分出）。下分16个自治市。

科隆省（Colón），位于东部加勒比海南岸。面积8875平方公里，2007年人口284900。首府特鲁希略。1881年建省，下分10个自治市。

科马亚瓜省（Comayagua），位于中西部。面积5196平方公里，2005年人口390643。首府科马亚瓜。1825年建省，是洪都拉斯最早的7个省之一。下分21个自治市。

科潘省（Copán），位于西部。面积3203平方公里，2005年人口320562。首府圣罗莎。下分23个自治市镇。

科尔特斯省（Cortés），位于西北部。北临加勒比海，西邻危地马拉。面积3954平方公里，2005年人口1365497，是全国人口最多的省份之一。首府圣佩德罗苏拉是全国第二大城市。1893年建省（由圣巴巴拉省和约罗省分出）。下分12个自治市。

埃尔帕拉伊索省（El Paraíso，意即"天堂"），位于东部，东界尼加拉瓜。面积7218平方公里，2005年人口383565。首府尤斯卡兰。1878年自特古西加尔巴省分出建省。下分19个自治市。

弗朗西斯科·莫拉桑省（Francisco Morazán，简称 FMO），位于中部。面积 7946 平方公里，2005 年人口 1680700。首府特古西加尔巴也是国家的首都。1825 年建省，是最早的 7 个省之一。1943 年前称特古西加尔巴省，后以民族英雄弗朗西斯科·莫拉桑命名。下分 29 个自治市。

格拉西亚斯·阿迪奥斯省（Gracias a Dios），成立于 1957 年，自科隆省和奥兰乔省划出土地组成，直至 1975 年，该省首府设在布鲁斯拉古纳（Brus Laguna）。现首府为伦皮拉港，属米斯基托海岸的一部分。该省和洪都拉斯其他地方的交通相对不便，省内城市主要靠航空交通联系。辖地面积为 16630 平方公里，2005 年的人口为 76278。该省是陆地面积的第二大省，但人烟稀少。全省大部分为松林、草原、沼泽和热带雨林。但省内农地的扩张对这些自然资源不断地构成威胁。

因蒂布卡省（Intibucá），位于西部。面积 3072 平方公里，2005 年人口 202140。首府拉埃斯佩兰萨。1883 年自拉巴斯省和伦皮拉省分出的部分地区组合建省。下分 17 个自治市。

巴伊亚群岛省（Islas de la Bahía），包括位于加勒比海上的三个群岛：巴伊亚群岛（由乌蒂拉岛、罗阿坦岛、瓜纳哈岛组成）、天鹅群岛和卡霍内斯群岛。面积 239 平方公里，2006 年人口 22062。首府罗阿坦。1872 年建省，下分 4 个自治市。

拉巴斯省（La Paz），位于西南部。面积 2331 平方公里，2005 年人口 173731。首府拉巴斯市。拉巴斯省下分 19 个自治市。

伦皮拉省（Lempira），位于西部，与萨尔瓦多为界。面积 4290 平方公里，2005 年人口 277910。首府格拉希亚斯。伦皮拉省下分 28 个自治市。

奥科特佩克省（Ocotepeque），位于西部，北邻危地马拉，南与萨尔瓦多为界。面积 1680 平方公里，2005 年人口 118558。

首府为新奥科特佩克。1906 年自科潘省分出建省。下分 16 个自治市镇。

奥兰乔省（Olancho）位于东南部，东南与尼加拉瓜接壤。面积 23905 平方公里，是全国面积最大的省份。2006 年人口约 50 万。首府胡蒂卡尔帕。1825 年 6 月 25 日建省。下分 23 个自治市。

圣巴巴拉省（Santa Bárbara）位于西北部，西邻危地马拉。面积 5115 平方公里，2005 年人口 368298。首府圣巴巴拉。1825 年建省，是最早的 7 个省之一。下分 28 个自治市。

巴列省（Valle），位于南部，西邻萨尔瓦多，南邻丰塞卡湾。面积 1565 平方公里，2005 年人口 160346。首府纳考梅。1893 年自乔卢特卡省分出。下分 9 个自治市。

约罗省（Yoro），位于北部。面积 7939 平方公里，2005 年人口 503886。首府约罗。1825 年建省，是最早的 7 个省之一。下分 12 个自治市。①

每个省都有指定的省会城市、各设一省长职位。按照有关规定，如果省长空缺时间超过 5 天，将由省会城市的市长代理省长。各省政府运作的费用列入洪都拉斯政府和司法部名下。

洪都拉斯的 18 个省可以进一步被划分为 291 个自治市（municipalities），其中包括一个中央区，它由首都特古西加尔巴市和科马亚瓜市组成。洪都拉斯的这些所谓的"自治市"级行政单位相当于美国行政区划中的"郡"。因此自治市级行政单位可能包括不仅一个城市，还包括了一些村级行政单位。

自治市行政机构由选举产生的组织管理，设市长一名。自治市市政委员会的规模则根据人口数量的多寡确定。20 世纪 90 年代的规定是：人口不足 5000 的设 4 名委员；人口在 5000～10000

---

① 资料来源：《维基百科全书》，http://zh. wikipedia. org/。

的设 6 名委员；人口在 1 万~8 万的设 8 名委员；人口超过 8 万
的设 10 名委员。

　　洪都拉斯宪法对于自治市行政单位有明文条款规定：自治市
的经济社会发展是国家发展计划的组成部分；每个自治市都拥有
足够的共有土地以保证其生存和发展；自治市的公民有权组成市
民协会、联合会和联盟；通常情况下，自治市的收入和投资税收
应当归入地方财政。

　　1990 年，一部涵盖了省和自治市的新的地区发展法出台，
取代了 1927 年制定的旧法律。新法律为地区出台了多项权利和
义务，同时明确了城市自治的概念，其主要特点是形式自由的选
举、自主的行政管理和决策等。在这部法律指导下，每个自治市
都由市政管理机构设立市政发展委员会，作为行政当局咨询机
构，为其决策提供信息。

　　三　地形特点

　　洪都拉斯是个多山的国家，境内 75% 以上为山地。蜿
蜒起伏的山脉由西向东穿过中部地区，最高山峰为海
拔 2849 米的拉斯米纳斯山。各支山脉之间形成了许多盆地和河
谷地带，较大的盆地有西利亚和雷帕古阿莱盆地。主要河谷有科
马亚瓜和哈马斯特兰河谷。全国分为 4 个自然地理区：东部低地
区、北部沿海冲积平原区、中部高地区和太平洋低地区，其中沿
海冲积平原区是全国农牧业生产基地。

　　四　河流与湖泊

　　洪都拉斯河流众多。其中，乌鲁河是最重要的河流，它
全长 400 多公里，流向加勒比海，流经洪都拉斯重要
的经济区域——苏拉河谷；帕图卡河是境内最长的河流，它全长
482 公里，也是中美洲第二大河。此外，主要的河流还有流经首

都的乔卢特卡河、与尼加拉瓜交界的科科河和内格罗河以及与萨尔瓦多的界河等。

洪都拉斯的河流多发源于内陆山区,其中内格罗河、乔卢特卡河、纳卡奥梅河、戈阿斯克兰河最后注入丰塞卡湾;伦巴河经萨尔瓦多注入太平洋;扎梅莱孔河、乌鲁河、帕图卡河以及科科河注入大西洋。然而,大部分河流浅而湍急,不利于航行。因此,一些河流重要性不在于其航运功能,而在于因河流而形成肥沃谷地。

洪都拉斯最大的湖泊是约华湖,面积400平方公里。北部海岸线为693公里,南部海岸线162公里。主要岛屿有巴伊亚群岛和底格雷群岛。

五 气候

洪都拉斯气候多样,沿海属热带雨林气候,年平均气温31℃;中部山区凉爽干燥,属亚热带森林气候,年平均气温为23℃,年降水量在1000毫米以上。洪都拉斯无四季之分,只有雨季和旱季之别,每年6~10月为雨季,其余时间为旱季。首都特古西加尔巴,5月最热,日平均气温为12~33℃;2月最冷,日平均气温为4~27℃。北部沿海和山地向风坡地区为热带雨林气候,年降水量可达3000毫米,并且每年9~10月常有飓风灾害。

第二节 自然资源

洪都拉斯土地资源、矿物资源和森林资源较为丰富。土地面积为1124万公顷,是中美洲第二大国,其中18万公顷为可耕地,250万公顷为常年牧场;森林面积占全国面积的一半以上。

一 矿 物

矿 物资源丰富，但大多未开发，主要矿藏有金、银、铜、铅、锌、煤、锑、铁、铝土、硫黄和汞等，其中的银产量曾居中美洲首位。

二 植 物

洪 都拉斯盛产桃花心木、松木、杉木等优质树材，素有"森林之国"的美称。1996 年木材产量达到 500 万立方米。洪都拉斯的森林面积为 610 万公顷，森林覆盖率为 54%，森林资源中针叶林占 48%，郁闭的阔叶林占 52%。按照用途划分：生产林为 322.8 万公顷，保护林为 287.2 万公顷。生产林中有天然松林 128.2 万公顷，人工松林 2.6 万公顷，阔叶林 192 万公顷。保护林中，松林为 151.5 万公顷，阔叶林为 135.7 万公顷。松林主要分布在内陆山区，而 75% 的阔叶林分布在东北部地区。洪都拉斯有相当数量的红树林，面积估计在 5.4 万 ~ 12 万公顷之间，主要分布在西南海岸、大河出口处和北部海岸。但由于近年来海岸生态环境的迅速变化以及渔场的建设，使红树林资源遭到严重破坏。据估计，洪都拉斯全国每年大约有 11 万公顷森林资源被砍伐，其主要原因是毁林造田、发展牧场、粗放采伐以及森林火灾等。

三 动 物

洪 都拉斯的动物物种丰富，其中包括 700 多种鸟类，有 225 种候鸟季节性地到此停留。1997 年世界银行批准了一项无偿援助金额达 70 亿美元的"优先地段生物多样性计划"，目的是保护从墨西哥至哥伦比亚的中美洲生物走廊的洪都拉斯地段的热带雨林、湿地、松林稀疏草原和林地的生物多样性。洪都拉斯北部的普拉蒂诺生物圈保护区是中美洲唯一的联合国教科文组织确定的生态保护区，那里建有 18 个国家公园和 27 个野生动物保护区。

表 1 – 1　洪都拉斯拥有的生物物种种类统计

单位：种

批准生物多样性公约年份	哺乳动物		鸟类		植物		爬行动物		两栖动物		鱼类	
	已知	濒危	已知	濒危	已知	濒危	已知	濒危	已知	濒危	已知	濒危
1994 年	201	10	699	6	5680	111	213	10	101	53	225	4

资料来源：United Nations Environment Programme，World Conservation Monitoring Centre（UNEP-WCMC），International Union for Conservation of Nature and Natural Resources（IUCN）。

四　水力资源

都拉斯水力资源丰富，因此水电成为主要的能源。目前，洪都拉斯有两个主要的水电站，分别是弗朗西科·莫拉桑水电站和约华湖水电站。1995 年国营发电站的发电量为 50.7 万千瓦时，私营发电站的发电量为 20.6 万千瓦时。国有水电站的发电量占全国的 2/3，火力发电中私人电站占 20%、国有的占 10%。由于洪都拉斯严重依赖水电，1997～1998 年，厄尔尼诺气候引起的干旱曾使电力供应大幅减少。

第三节　居民与宗教

一　人口

据 2008 年统计，洪都拉斯有人口 763.93 万，人口年均增长率为 2.02%。在洪都拉斯的人口中，90% 左右

的人为印欧混血的梅斯蒂索人（Mestizo）；在其余人口中，美洲印第安人占7%，黑人占2%，白人占1%。

二 民族

洪都拉斯的居民，按民族可以分为三大类：印欧混血人、印第安人和外来移民。其中，印欧混血人占全国人口的90%左右，他们主要是西班牙移民和印第安人的混血后裔，当地人把他们称为"拉迪诺人"；印第安人包括加勒比人、奇卡克人、乔卢特卡人和伦卡人等15个民族的人，约占总人口的7%；洪都拉斯的外来移民主要是萨尔瓦多人、来自牙买加和小安的列斯群岛及伯利兹的黑人（黑白混血种人）、尼加拉瓜人、美国人、墨西哥人、华人、印度人和阿拉伯人等。

三 语言

西班牙语是洪都拉斯的官方语言，同时也是大部分居民的日常口语。而洪都拉斯香蕉种植园的黑人和混血种人一般讲英语，但英语中夹杂不少西班牙语和印第安语的词汇。此外，加里夫人讲英语，但属于西印度群岛方言。印第安人除了讲西班牙语外，仍保留着自己的母语，其主要语言有：丘而瓦语、琼塔尔语、皮皮尔语、基切语、波孔奇语、马姆语、卡克奇克尔语和波科曼语等。伦卡人会讲西班牙语，同时也使用自己的民族语言。

洪都拉斯的官方文字为西班牙文。印第安人的文字情况差异较大，有的民族古时已有自己的文字，其中有保存下来的，也有消失的。目前，不少土著民族只有语言而没有文字。

四 宗教

洪都拉斯97%的居民信奉罗马天主教，3%的居民信奉新教（其中主要是黑人和混血人）。印第安人一些部

落的宗教和传统表明，传统宗教的许多方面与基督教的历史有关，如相信有"最高创世主"等。有些部落实行忏悔，法律严惩杀人犯、强奸犯、伪证人、滥用权力者和不尊敬宗教信仰者。在西班牙人到来前的200年，洪都拉斯有这样的传说：有一名仙女，精通占卜术（印第安人称她为"科米萨瓦尔"，意思是"飞虎"），她从空中带来一块大三角石，每一个角都有一副怪像，她曾用这块石头打败过对手。这位仙女教他们信奉宗教，让他们尊敬"恩父"、"恩母"和其他较低级别的神。因为这些神赐给了他们孩子、丰收以及其他生活必需品。她把王国分封给三个儿子后，便在风雨之中变成小鸟飞向天空消失了。此后，人们便把这位仙女当做神来信奉。虽然洪都拉斯的印第安人大多数都接受了天主教，但各族人民在不同程度上还保留着自己的传统信仰。

天主教 洪都拉斯原为玛雅帝国的重要组成部分之一。哥伦布1502年发现此地，1524年由于西班牙国王被黄金的传说吸引，他派大批西班牙人从墨西哥来到这里，1538年洪都拉斯沦为西班牙危地马拉总督府控制下的殖民地。但直到1550年，西班牙教会才来到这里传教。到了1823年，此地区已经有145座教堂。1821年，洪都拉斯宣布独立，1823年加入中美洲联邦，1838年中美洲联邦解体后成立共和国。1851年，洪都拉斯建立了第一个教区。1880年实行政教分离。

19世纪下半叶，由于统治阶级内部斗争激烈，国内发生了多次内战，英美势力开始渗入。同时，罗马天主教会势力也迅速壮大，到了1910年，天主教徒人数已经占到人口的60%，此时天主教会掌握着教育大权，他们主持开办了大量小学校、8所私立中学和1所培养师资的师范学院。第二次世界大战后，由于新教和其他宗教的传入，天主教施洗比例有所下降。20世纪60年代以后，天主教开展了在社会、平信徒（指普通信徒）和福音

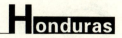

传播领域的关怀活动。其形式主要有：发起新的平信徒使徒布道会；关怀社会人文发展；将修女的服务范围纳入更广大的堂区结构中（主要在教育方面）等。1970年，洪都拉斯召开了全国首届教区教牧师会议。尽管在洪都拉斯的外籍神甫放弃原国籍的人数从1955年的45人增加到1970年的188人，但全国神甫总数并未相应增加，反而有所下降。

洪都拉斯设有1个大主教区和5个主教区。其中，首都为大主教区，佩德罗·苏拉、圣罗萨和德科潘为主教区，而奥兰乔和乔卢特卡为直接听命于罗马教廷的教区。国内现有主教6人、神甫210人、修女300多人。全国主教会议是教会的最高权力机构。

基督教新教 第一个大型的、组织化的新教活动是于1896年随着中美传教会的到达而开始的，其他较早传入的新教组织还包括：公谊会（1902年）、基督复临安息会（1891年）、福音归正宗（1920年）以及摩拉维亚兄弟会（1930年）。1937年，神召会从临近的萨尔瓦多传入标志着五旬节派出现。其他以美国为基地的五旬节派教会，如克利夫兰上帝会、国际四方福音会和先知上帝会也在第二次世界大战后传入。另外，还有其他一些小的传教机构在这个时期出现在洪都拉斯。目前，安息日会和神召会是该国最大的两个新教教派，但并不占压倒性优势。多年来，新教对教育和医疗工作表现出浓厚的兴趣。1960年，中美传教会在锡瓜特洪克建立了一座重要的医院，并开办了一所护士学校。联合基督教会以其教育和医疗计划闻名，其他新教团体也在社会工作中投入了大量的资金。据统计，全国现有新教信徒9.4万余名。

其他宗教 传统宗教：由小部分印第安人部落，包括米斯基托、苏莫、多鲁潘和伦卡等部落信奉。有的印第安人在信奉原始宗教的同时声称自己也是基督教徒。招魂会：近年来发展较快，

主要从名义上的天主教教徒中吸收成员。此外，还有巴哈伊教、伊斯兰教、佛教和中国民间宗教以及犹太教。上述这些宗教的信徒从数百人到数千人不等。

政教关系 在 1965 年洪都拉斯宪法总则中，采用了"上帝保佑"的字眼，在有关教育的规定中，该宪法第 150 条写道："教育的组织和技术指导是国家的特权。正式教育应是自由的；而且小学教育是义务教育，完全由国家负担费用。"1967 年 2 月，宪法修正案通过允许在家长和教师的请求下，在公立学校开设宗教课的条款。宪法第 187 条写道："保证一切宗教和崇拜的自由信奉，任何宗教都无优先权"，禁止所有宗教团体的神职人员担任公职，禁止他们进行"任何形式的出于宗教动机和为了这种目的利用人民的宗教信仰的政治宣传"。1969 年 9 月，在与萨尔瓦多进行了两个月的短暂战争之后，洪都拉斯公布了一项新的条款，将洪都拉斯的武装力量置于圣母的保佑下，并要求全国军队对其进行公开的崇拜。虽然天主教并未被承认为官方宗教，但它仍然在国家和政府的活动中占据了显著地位。洪都拉斯没有负责管理宗教事务的宗教部或宗教局，政府也不对教会本身进行注册登记。但按照法律规定，每一个希望获得或出售财产的世俗或宗教团体都必须首先具备法人资格。在洪都拉斯国内的所有的电台和电视台都可以播放宗教节目。

第四节 民俗与节日

一 民俗

服饰 洪都拉斯城镇居民大多穿西服，在重要的场合尤其爱穿西服，他们平时穿西服比较随便，没有严格的讲究。印第安人在重大的节日和舞会上都会穿着民族服装，有的

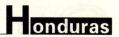

还有羽毛等华丽的装饰。

饮食 洪都拉斯的饮食是西班牙风味和印第安风味结合的产物。城市居民的饮食主要是西餐，多为面包、大米、玉米和豆类，饮料主要有啤酒、可口可乐、咖啡和用玉米酿制的饮料。在洪都拉斯，水果品种较多，有香蕉、木薯等。在该国以过分饮酒为自豪，他们认为最让人生气的事是吃自己酒席的家庭或者部落不回请。

居住 洪都拉斯的印第安人的祖先古时曾修建了不少大型的、比较坚固的公共建筑。这些建筑有房舍、庙宇、宫殿和堡垒等，它们全部是用经过洗凿的石头和石灰砌成的，堡垒大多呈金字塔形、阶梯形和尖锥形。现代的城市建筑是欧式的，每个城市建有中心广场和供人们休息的公园以及花园等，并且大城市大都栽种了很多热带花草和树木。

礼仪 洪都拉斯人的礼节和墨西哥等拉美人相似，熟人见面都要行握手和亲吻礼，并互致问候。告别时同样要握手或亲吻，并说些"再见""祝您幸福""祝您好运"之类的话。

称谓 在洪都拉斯社会里，最通用的称呼是"先生"和"夫人"，对成年男子都称为"先生"，对已婚女子都称为"夫人"，而对未婚的男子和姑娘分别称为"少爷"和"小姐"。在学校里，学生对自己的老师要称为"老师"、"博士"或"教授"等。在政府机关、企业、工厂，职员对自己的上司也常用学术职称，如某某博士、某某硕士或某某工程师等。

婚姻 洪都拉斯人的婚姻与西班牙和墨西哥等拉美国家的情况相同或类似。总的来说，人们都按照天主教的习俗进行婚配。印第安人除了接受天主教并按照天主教的习俗举办婚事外，有的也按照传统习惯恋爱、结婚。萨姆博人和加勒比人至今仍然实行一夫多妻制。加勒比人的每一个妇女都有一处单独的房子和相应的一块菜园，妇女习惯把婴幼儿捆在一块从胸脯到脚那么长的木板上喂养，因此印第安人的头后部又扁又平。在洪都拉斯，婚姻被认为是民事，而非宗教活动，所以一般不在教堂举行婚礼。虽然各个地方缔结婚姻的方式有所不同，但通常的惯例是：男方父亲通过名人或名人组成的使团向女方父亲赠送礼物，如果礼物被收下了，这就意味着女方接受了求婚。过些日子，使团自带一些礼物再次去求婚，有时要进行第三次，但这只限于男方比较富有的家庭。从接受礼品开始，男女双方就算确立了婚姻关系。

丧葬 洪都拉斯居民的丧葬是按照西班牙天主教的习俗进行的，许多印第安人也接受了天主教的丧葬礼俗，但至今仍有一部分印第安人还保留着本民族的丧葬习惯。

二 节日

都拉斯的主要节日有：新年（1月1日）、耶稣受难日（3月31日到4月2日）、美洲纪念日（4月14日）、劳动节（5月1日）、独立日（9月15日）、穆罕默德生日（10月3日）、哥伦布日（10月2日）、圣诞节（12月25日）、儿童节（9月10日）和建军节（10月12日）等。

洪都拉斯独立日的庆典活动从早上的乐队游行开始，各支乐队身着不同色彩的服装并有一位"拉拉队长"。在同一天还要举行"洪人节"（Fiesta Catracha），游客可品尝洪都拉斯的特色食品，如豆子、玉米饼等。洪都拉斯人在新年除了准备食物外，还要举行焰火晚会等庆祝活动。

儿童节一般在家里、学校或者教堂举行庆祝活动，孩子们能得到礼物而且还要举行类似圣诞节或者生日聚会那样的活动，邀请一些邻居们在街头举办舞会。

此外，在洪都拉斯的拉塞瓦，每年5月底举行"伊西德拉庙会"（La Feria Isidra）。该节日通常被称为"乡巴佬狂欢节"，届时来自世界各地的人们将共同欢度一个星期，每晚在各社区都

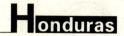

有一个小型的狂欢活动，最后在星期六举行一个盛大的花车和巡游活动，表演团队包括来自巴西、日本、牙买加和巴巴多斯等国的队伍。狂欢节期间，还要举办"牛奶节""玉米节"等活动，以展示当地的农副产品。

三　其他

历法　洪都拉斯古代的印第安人已发明了自己的历法，他们的历法与墨西哥和其他中美洲国家的类似，以地球围绕太阳公转为基础，把一年分成 20 个月，全年共分 365 天。洪都拉斯现在实行公历。

时间　洪都拉斯使用的是格林尼治时间，格林尼治中午 12 点即洪都拉斯时间 5 点、北京时间 20 点，洪都拉斯首都特古西加尔巴与北京的时差为 15 小时。

度量衡　洪都拉斯通行公制。

第五节　国旗、国徽和国歌等国家象征

一　国旗

洪都拉斯国旗平分为三横条，上下两条为蓝色，中间一条为白色；在白色的中央有 5 颗蓝星，代表中美洲的 5 个国家——危地马拉、洪都拉斯、萨尔瓦多、尼加拉瓜和哥斯达黎加。洪都拉斯于 1821 年宣布独立，1823 年参加中美洲联邦，1838 年中美洲联邦解体后建立独立共和国。国旗的颜色源于中美洲联邦国旗，蓝色象征太平洋和加勒比海，白色象征对和平的追求，中央 5 颗蓝色五角星呈长方形排列，它们是 1866 年增加的，中央 1 颗，其余分居四角，象征曾经组成中美洲联邦的 5 个国家能够再次实现联合的美好愿望。

二 国徽

洪都拉斯国徽中间为椭圆形，其上的三角形象征平等和正义，两个塔状建筑物象征主权和独立，海洋图案代表该国位于加勒比海和太平洋之间的地理位置，椭圆形上部两旁为饰有红花的羊角图案，象征该国丰富的自然资源；上方有一束箭，表示纪念土著居民。椭圆形图案立于山坡上，山坡上有常青的松树和劳动工具，还有象征玛雅人文化的房屋，在椭圆形周边用西班牙文写着"洪都拉斯共和国，1821 年 9 月 15 日"和"自由、主权、独立"。

三 国歌

洪都拉斯国歌歌名为《你的旗是天国之光》 （Tu bandera es un lampo de cielo），是经政府公开征求的获选之作，公布于 1915 年。国歌的曲作者哈林特是出生于德国的洪都拉斯人，他在洪都拉斯建立了中美洲第一个交响乐队和许多长驻各大城镇的军乐队。洪都拉斯国歌的副歌是解释国旗含义的。

四 国树

1926 年 5 月 14 日，洪都拉斯政府通过第 429 号协议，将松树确定为国家的象征之一。该协议旨在建立保护和改善存在于整个国家的松树资源的保护措施。松树是洪都拉斯代表性的植物群落，不仅资源丰富而且用途广泛，被认为是家喻户晓的宝贵资源。该协议于 1927 年 2 月 4 日由国会的 48 号法令通过，正式将松树定为国树。与此同时，对于松树的利用也做了规定，以避免乱砍滥伐或者发生森林火灾。政府还力图通过学校和其他途径提高民众正确利用树木和森林的国民意识。

五 国花

1946～1969 年期间，玫瑰曾作为洪都拉斯的国花。考虑到玫瑰并非原产于洪都拉斯，1969 年 11 月 25 日，洪都拉斯国会取消了 1946 年的第 17 号法令。同时，鉴于兰花具有独特的美丽、活力和与众不同的特性且原产于本国，于是将兰花确立为洪都拉斯的国花。此外，政府对兰花的保护、种植区域、商品化和种植等均采取了有力措施，并且要求当地学校教授关于兰花的科学知识等。

六 国家动物

1993 年 6 月 28 日洪都拉斯国会发布第 36－93 号法令将"白尾鹿"作为本国动物群落的国家象征。这种美丽的动物生活在平原和草木丰饶的山区。在具有大量松林的地区常见白尾鹿，它们惯于生活在自己首次选择的居住地，往往在夜晚更容易发现。这种动物喜欢独居。

白尾鹿属哺乳动物，体重平均为 35～40 公斤，身高可达 73 厘米，身长（包括尾巴）可达 140 厘米。它们是草食性动物，主要以草、树叶、水果和其他的野生植物为食。雄性白尾鹿长角且每年脱落，它们的嗅觉极其灵敏且擅长游泳。在洪都拉斯发现的两种鹿中，白尾鹿是其中个头最大的，其最大天敌是美洲狮和美洲豹，当然也包括人类。据悉，当白尾鹿抬起独特的尾巴并奔跑时，表明它在向其他同伴发出危险的信号。

洪都拉斯的国鸟为黄颈亚马孙鹦鹉。

第二章

历　史

第一节　西班牙殖民征服和
殖民统治时期

大约在公元前 6～前 4 世纪时期，洪都拉斯西北部属著名的玛雅帝国的一部分，印第安人是这块土地上最早的居民。大约在 11 世纪，玛雅人的后裔托尔卡特人移居到洪都拉斯，著名的科潘遗址就是他们所建造的，当时的印第安人主要以狩猎、采集、捕鱼和耕地为生，基本上处于原始公社阶段。

1502 年 7 月 30 日，哥伦布第四次航行美洲时，他所率领的船队抵达巴伊亚群岛的瓜纳哈岛。8 月 14 日在特鲁希略附近登陆。1524 年 3 月，希尔·冈萨雷斯·达维拉（他曾是当地的殖民官员），在发现尼加拉瓜湖返回后，率兵从圣多明各出发，向洪都拉斯海岸进发，在奥兰乔地区与征服尼加拉瓜的科尔多瓦远征军交战。与此同时，在卡瓦约港，另外两支西班牙远征军，即奥利德的军队与 F. 德拉斯·卡萨斯的部队，也在交战。结果，两边的胜利者达维拉和卡萨斯方面留下的 110 名殖民军官兵于 1525 年 5 月 18 日建立了特鲁希略城；9 月，来自墨西哥的科尔特斯的军队在科尔特斯港附近建立了纳迪维达特城，并任命费尔南多·萨维德拉为总督。次年，由迭戈·洛佩斯·德萨尔塞多取而代之。此后，直到 1536 年，政权更迭都较为混乱。1536 年，塞莱塞达传位于佩德罗·德阿尔瓦拉多，后者于当年建圣佩德罗苏拉城，其继任者阿隆索·德卡塞莱斯于 1537 年建圣玛丽亚·德科马亚瓜城。

　　在西班牙殖民者征服过程中，当地的土著印第安人遭到掠夺和屠杀，致使印第安人或者逃到深山老林或者被殖民者强行拉去开矿。1537～1539 年，印第安酋长伦皮拉领导中部高地的 3 万印第安人举行起义，以反抗西班牙殖民者的残暴统治，但遭到了殖民者的镇压，致使起义以失败而告终，伦皮拉本人也被杀害。后来，伦皮拉成为洪都拉斯独立后民族的象征。1926 年 4 月 3 日，洪都拉斯宪法规定以伦皮拉的名字命名本国货币。

　　1543 年，西班牙殖民者设立边界审议所。最初设在格拉斯西亚斯和危地马拉城，之后于 1565 年迁至巴拿马。1570 年，在危地马拉城重设审议所。洪都拉斯政治上属于危地马拉所管辖的自治区。审议所管辖范围包括恰帕斯和萨尔瓦多大区、危地马拉、尼加拉瓜和洪都拉斯省，各省又自设总督，哥斯达黎加设执政府。1579 年建立的特古西加尔巴大市政辖区与科马亚瓜政权并立，国家被分为两个省。此后，这种状况贯穿整个殖民时期。1523～1560 年，危地马拉总督对领土的征服并未延伸到大西洋沿岸。从特鲁希略到圣胡安河的地方被称为"米斯基托海岸"，在那里土著印第安人自治的状况在整个殖民时期从未改变过。1737 年，英国人闯入米斯基托海岸，进入新塞戈维亚·琼塔斯，并占领了罗阿坦岛。1783 年，英国承诺归还米斯基托海岸（洪政府直到 1859 年也没有收回罗阿坦岛）。1739 年，洪都拉斯被西班牙王室划归危地马拉总督府管辖。

　　16 世纪 40 年代，西班牙殖民者在中美洲建立的三座城市中，其中有两座在洪都拉斯，一座是"金矿城"圣豪尔赫德奥兰乔，另外一座是"农业城"乔卢特卡。由此可见，洪都拉斯

已经成为当时中美洲地区最重要的区域之一。在西班牙殖民统治期间，西班牙殖民者残酷地奴役印第安人和黑人，恣意掠夺当地的金银矿藏。

洪都拉斯在独立之前政治上为危地马拉所辖的 4 个自治区之一。1821 年 9 月 15 日，危地马拉区独立，洪都拉斯对此表示拥护。次年 1 月 5 日，洪都拉斯与危地马拉、萨尔瓦多和尼加拉瓜一同并入墨西哥，依附于伊图尔维德王朝。1824 年 11 月 22 日，伊图尔维德王朝覆灭后，依据 1825 年 1 月颁布的宪法，各联邦省均设自己的宪法和总统。结果，中美洲联邦运行不佳，各联邦省不听从联邦总统阿尔塞的指挥，洪都拉斯总统埃雷拉也公然与之抗衡，并于 1827 年 5 月 10 日将阿尔塞逮捕。之后，莫拉桑曾任洪都拉斯、萨尔瓦多总统，又连任两届联邦总统。由于中美洲联邦的统一武装力量在与各成员国特殊利益集团的冲突中受挫，1838 年 5 月 30 日，中美洲联邦解体。

第二节 获得独立及"香蕉共和国"时期

洪都拉斯先于 1821 年 9 月 15 日宣布独立，并于 1838 年退出"中美洲联邦"，成为独立的共和国。1840 年在危地马拉独裁者拉·卡雷拉德支持下，洪都拉斯保守派弗·费雷拉建立了独裁政府。在随后的 30 年里，保守派一直独掌政权。在此期间，在危地马拉、萨尔瓦多和尼加拉瓜等邻国的干涉和支持下，洪都拉斯自由派和保守派为争夺政权而发生冲突甚至内部战争，政局动荡不安，国内金银矿开采遭到破坏，农业生产落后。从 19 世纪 40 年代起，美国侵占了洪都拉斯的东部地区和位于加勒比海的巴伊亚群岛，并攫取了丰塞卡湾蒂格雷岛煤矿开采权。外部势力的介入使洪都拉斯原本动荡的政局更为恶化。1856 年后，洪都拉斯与尼加拉瓜共同抗击美国海盗沃克入侵，并于

1860 年将其处决于特鲁希略的海滩。19 世纪 60 年代，梅迪纳政府向英国大举借债，修建一条由科尔特斯港到圣佩德罗苏拉的窄轨铁路，但此举并未改变洪都拉斯大部分地区的落后面貌，反而背负了沉重的债务包袱，以致洪都拉斯在近一个世纪里裹足不前。

1872～1903 年可谓洪都拉斯追求"秩序与进步"的时代。19 世纪 70 年代早期，在危地马拉和萨尔瓦多，以追求所谓"秩序与进步"的新自由主义取代了保守党的统治。新上台的危地马拉强人胡斯托·鲁菲诺·巴里奥斯策划了一场颠覆洪都拉斯梅迪纳政权的政变，最初新自由主义者塞莱奥·阿里亚斯成为洪都拉斯总统，但因其未能维持秩序，巴里奥斯又挑选了另一位自由主义者庞西亚诺·莱瓦上台，而莱瓦总统还是因为没能有效镇压异己力量而被自由派的马尔科·奥雷利奥·索托所替代。索托总统很快恢复了秩序，制定了一部新宪法，起草了许多法律法规，同时建立了一个全国性的电报网，并修建了连接首都特古西加尔巴和重要港口圣洛伦索之间的"南方公路"。在索托总统及其继任者路易斯·博格兰（1883～1891）执政的 15 年里，洪都拉斯实行自由主义改革政策，试图重建中美洲联邦，并于 1885 年与哥斯达黎加、尼加拉瓜和萨尔瓦多签署和平条约，国内政治稳定、经济发展。但是这一局面随着博格兰总统下台后爆发的内战而寿终正寝。1894 年，自由派的波利卡诺·博尼利亚当选总统，在其执政期间（1894～1900），采取了将权力集中于行政部门，修订宪法的措施，弥补内战造成的破坏，试图建立一个坚实的经济基础，但未获成功，其间，洪都拉斯与萨尔瓦多和尼加拉瓜签署了《阿马帕拉条约》，成立"中美洲大共和国"。通过选举上台的特伦西奥·谢拉总统（1900～1903），强化行政管理，以巩固自己的统治地位。在其任内，洪都拉斯与尼加拉瓜确定了丰塞卡湾至特奥特卡率特港的边界，并通过签署《科林托条约》解

决洪都拉斯、萨尔瓦多、尼加拉瓜之间的纠纷。

1903～1950 年，是洪都拉斯的"香蕉共和国"时期。1900年以前，香蕉成为洪都拉斯最为重要的出口商品。尽管香蕉出口增加，但是香蕉的生产还非常落后。20 世纪初，美国联合果品公司、标准果品公司和库亚梅尔果品公司霸占了洪都拉斯北部沿海平原的大部分土地，大规模地发展香蕉种植园，并垄断大部分铁路、航运、电力和香蕉出口，而这些部门不受当地政府的管辖，设有自己的警察部队，成为洪都拉斯的"国中之国"。到1913 年，洪都拉斯 90% 以上的对外贸易被美国控制。第一次世界大战后，美国加紧对洪都拉斯的政治控制和经济掠夺，多次出兵干涉洪都拉斯内政，极力扶持傀儡政权。美国跨国公司的长期经济垄断，使洪都拉斯成为一个以生产香蕉为主的单一经济国家，粮食、棉花等生活必需品长期依赖进口。20 年代，洪都拉斯的香蕉出口曾位居世界首位，被称为"香蕉共和国"。

这种单纯依赖香蕉生产的状况使洪都拉斯国民经济十分脆弱，1929 年资本主义经济危机爆发后，洪都拉斯经济深受影响，香蕉出口锐减，国内商品匮乏，人民生活水平显著下降，人民起义不断。国民党独裁者蒂·卡里亚斯·安迪诺将军在美国的支持和策动下，于 1933 年攫取了政权，建立了长达 16 年的统治。作为回报，安迪诺将军将大片土地赠送给联合果品公司，使洪都拉斯成为"公司统治"的天下。第二次世界大战期间，美国进一步控制了洪都拉斯的经济，并成为其进出口的重要贸易对象国。

第三节　1957～1982 年军人统治时期

20 世纪 50 年代以后，洪都拉斯基本上由自由党和国民党轮流执政，开始了缓慢而激烈的政治经济现代化过程。1954 年美国联合果品公司和标准果品公司的 7.5 万名工人为提高工资、改善劳动条件和争取参加工会的权利举行大罢工，此举迫使美国垄断资本作出某些让步。

1957 年大选中，自由党获胜，拉蒙·比列达·莫拉莱斯当选总统，致力实行"争取进步联盟"计划，采取一些积极措施，改善人民的生活；1959 年成功制止起义苗头，并在大西洋沿岸发生的洪都拉斯与尼加拉瓜的争议中取得有利结果。1963 年，武装部队总司令奥斯瓦尔多·洛佩斯·阿雷利亚诺在美国策动下发动政变，推翻比列达·莫拉莱斯政权，并于 1965 年当选总统。其间，民众对 1969 年洪都拉斯与萨尔瓦多之间爆发的"足球战争"的不满情绪持续高涨，本届总统执政到 1970 年。1971 年，国民党人拉·埃·克鲁斯竞选获胜，但其执政后不久，阿雷利亚诺又一次发动政变上台，并进行了土地改革。1975 年武装部队司令梅尔加·卡斯特罗发动政变取代阿雷利亚诺并执政到 1978 年，任内接管了美国资本控制的香蕉公司经营的港口和铁路，并将其占有的荒地收归国有。1978～1982 年，帕斯·加西亚执政。

在上述两任总统执政时期，由于国际市场需求旺盛并且可以获得国外商业贷款，因此洪都拉斯的经济处于有史以来最快的发展时期。

第四节 1982 年以来"八次连续民主选举"时期

随着 1979 年尼加拉瓜推翻索摩查政权，萨尔瓦多局势总体趋于稳定，洪都拉斯于 1980 年选举产生议会，随之于 1981 年举行了大选并于 1982 年通过新宪法，自由党人总统罗伯托·苏亚索·科尔多瓦（Roberto Suazo Cordoba）就职，洪都拉斯结束了连续多年的军人统治。在其当政的经济严重萧条

时期，美国给予洪都拉斯政府有力的支持，其中包括由美国开发计划署资助的大量经济和社会发展项目。洪都拉斯成为在全世界范围内，美国和平队（Peace Corps）维和使命最为繁重的国家，非政府组织和国际志愿机构的数目也在激增。

在1985年的大选中，自由党认为选举法允许一个党内出现多名总统候选人。当自由党候选人集体获得了42%的选票后，该党宣称获得了胜利并将国民党候选人拉斐尔·莱昂纳多·卡列哈斯（Rafael Leonardo Callejas）击败。自由党候选人中得票最高的何塞·西蒙·阿斯科纳·德尔奥约（Jose Azcona del Hoyo）于1986年就任总统。在军方的支持下，阿斯科纳成为洪都拉斯30年当中第一位实现政权和平交接的民选总统。此后，由于中美洲和平进程的展开，美国减少了对洪都拉斯的援助。

1990年，上届落选的国民党候选人拉斐尔·莱昂纳多·卡列哈斯赢得大选后宣誓就任新总统。在其任期的最后一年中，民众对于日益上涨的生活成本以及政府的腐败加重不满，于是在1993年举行的选举中，自由党候选人卡洛斯·罗伯托·雷纳（Carlos Roberto Reina）以56%的选票赢得总统选举。他上任后积极打击腐败并追究那些在80年代侵犯人权的人的责任，创立了现代的总检察长办公室和负责侦办的警察队伍，加强了文职人员对军队等的控制，将警察队伍由军人系统转为文人系统管理，并恢复了国家财政正常状况。

1998年，卡洛斯·罗伯托·弗洛雷斯（Carlos Roberto Flores）宣誓就任新总统。他强调在保持国家财政的健康和国际竞争力的情况下帮助洪都拉斯的贫民，以开启洪都拉斯政治和经济的改革和现代化。1998年10月，由于遭受米奇飓风的袭击，洪都拉斯有5000人死亡，150万人受到影响，经济损失近30亿美元。

2001年，国民党人里卡多·马杜罗（Ricardo Maduro）赢得大选，并于2002年就职总统。马杜罗上任后展开的第一个行动就是在街道上部署警察与军队的联合力量，扩大巡逻范围，以打击大量的犯罪行为。在马杜罗总统的领导下，洪都拉斯完成和批准了《美国中美洲自由贸易协定》（CAFTA）并获得了债务减免，成为第一个与美国签署《千年挑战账户协定》（Millennium Challenge Account Compact）的拉美国家，还积极推进中美洲的地区一体化进程。

2005 年 11 月 27 日，自由党候选人曼努埃尔·塞拉亚（Jose Manuel Zelaya）以微弱多数赢得总统选举，成为洪都拉斯选举史上差距最小而胜出的总统。塞拉亚竞选的主旨是"公民权利"，他宣誓要增加执政透明度、打击毒贩以及保持宏观经济形势的稳定。自由党赢得了国会 128 个席位中的 62 席，但未能掌握议会多数。2009 年 6 月 28 日，塞拉亚因军事政变而遭罢免，同日议会宣布由议长米切莱蒂（Roberto Micheletti）任临时总统直到选举产生的新总统上任。

2009 年 11 月 29 日，在历经近半年的政局动荡后，11 月 29 日洪都拉斯举行了总统大选。选举结果是，反对党国民党总统候选人波尔菲里奥·洛沃·索萨（Porfirio Lobo Sosa）的得票率为 57%，当选总统；自由党总统候选人埃尔文·桑托斯（Elvin Santos）的得票率为 39%，竞选失败。在大选前，尽管塞拉亚呼吁选民和其他国家抵制这次选举，但选举结果出炉后，美国、巴拿马、哥斯达黎加、哥伦比亚、秘鲁等国政府予以承认，而巴西、阿根廷和美洲玻利瓦尔联盟成员国则拒绝承认选举结果，认为选举是在米切莱蒂临时政府任内进行的，因此是非法的，结果也是无效的。2010 年 1 月 27 日，洛沃政府正式宣誓就职。不久后，其政府外长宣布：洪都拉斯已经与 29 个邦交国恢复了正常关系，但仍与其余 10 个国家的关系未得到恢复，这些国家包括，巴西、乌拉圭、墨西哥、委内瑞拉、古巴、尼加拉瓜、玻利维亚、厄瓜多尔、巴拉圭和智利。

第五节　著名历史人物

一　何塞·弗朗西斯科·莫拉桑

莫拉桑是中美洲的政治家、律师、演说家和将军，1792年生于洪都拉斯的特古西加尔巴，1842年9月15日死于哥斯达黎加的圣何塞。他是自由党的领导人，曾先后于1830~1834年和1835~1839年两度担任中美洲联邦的总统以及洪都拉斯总统（1827~1830）、危地马拉总统（1829）、萨尔瓦多总统（1839~1840）和哥斯达黎加总统（1840）。

莫拉桑将军是中美洲历史上最重要的军事领导人。无论是1827年与阿尔塞联邦总统的军队作战，还是1842年解放哥斯达黎加的过程中他所取得的巨大胜利，都显示出他是伟大的军事战略家。1829年，他率领洪都拉斯军队为萨尔瓦多城自由派解围，在查尔科挫败保守军，以解放者身份进入该城；4月又攻入危地马拉城，使自由派在中美洲大获全胜。在十余年的时间里，莫拉桑一直占据着中美洲的政治和军事舞台。作为一个眼光长远的伟人、思想家和政治家，他一直努力通过自由改革措施使中美洲转变为一个进步的国家联邦。但是当时的那些大胆的改革，却导致了1837年危地马拉爆发的革命，最终使中美洲联邦解散并分裂成5个小国家。莫拉桑所信仰的自由主义思想最终没能成为现实。

二　弗洛伦西奥·萨斯特鲁切

弗洛伦西奥·萨斯特鲁切于1811年10月21日生于洪都拉斯的东圣安东尼奥（San Antonio de Oriente），他的父亲拉蒙·萨斯特鲁切具有加泰罗尼亚背景，母亲欧亨尼娅·

比亚格拉（Eugenia Villagra）出身乔卢的上层社会，并且家里拥有矿山。

　　1824 年，弗洛伦西奥·萨斯特鲁切被送到尼加拉瓜的莱昂继续学业，并于 1826 年返回洪都拉斯，1828 年加入到由多明戈·萨米恩托和桑托斯·桑切斯领导的、反对迭戈·比希尔（Diego Vigil）政府的军队中。1832 年 3 月 14 日，在萨尔瓦多的战斗中，他与何塞·桑托斯·瓜迪奥拉（José Santos Guardiola）加入弗朗西斯科·莫拉桑领导的军队。他先被莫拉桑亲自提升为军士，之后于 1841 年被提升为上尉并在弗朗西斯科·费雷拉领导下工作。当胡安·林多（Juan Lindo）当选总统后，萨斯特鲁切被选为国会议员并于 1848 年参与了洪都拉斯第三个宪法修订工作。1850 年，他参与了支持何塞·桑托斯·瓜迪奥拉的军事活动，并与其兄弟来到尼加拉瓜。他于 1855 年被提升为旅长。瓜迪奥拉总统派遣萨斯特鲁切兄弟俩率领军队与美国海盗威廉·沃克作战。1857 年 6 月 12 日，他领导军队胜利地进入了后来成为洪都拉斯首都的科马亚瓜城。1858 年 5 月 22 日，他被瓜迪奥拉总统任命为“作战和商业部”部长并担任该职务至 1860 年。1864 年 2 月 15 日，洪都拉斯议会选举他为洪都拉斯副总统。他曾于 1871 年 3 月 26 日至 5 月 17 日期间短暂地担任过总统职务。

　　1856 年内战之后，他住在尼加拉瓜。曾先后被任命为主管东部公路建设事务的官员等职务，并于 1878 年先后担任两个地方的地方长官，同年 9 月被任命为尼加拉瓜军队的部门首长。萨斯特鲁切于 1893 年 2 月 15 日在尼加拉瓜的马那瓜逝世，终年 82岁。他逝世后被安葬在尼加拉瓜的圣佩德罗公墓，尼加拉瓜国会于 1893 年 2 月 24 日通过法案授予对他的高度评价的墓志铭，感谢他对尼加拉瓜所作出的贡献。2003 年 8 月，洪都拉斯时任总统马杜罗向伊拉克派遣的部队被命名为“萨斯特鲁切使命”营（Tarea Xatruch），以此表示对他的纪念。

三 拉蒙·阿马亚·阿马多尔

拉蒙·阿马亚·阿马多尔是洪都拉斯最著名的作家。他于1916年4月29日出生于奥兰乔省约罗市，于1966年发生在捷克斯洛伐克的飞机失事中遇难。1939年，他以自身在洪都拉斯北部沿海的香蕉种植场的工作经历为基础，发表了第一部小说《绿色地狱》（*Prision Verde*）。该著作被译成包括中文在内的几十种文字，影响深远。1941年，他成为拉塞瓦《大西洋报》（*El Atlántico*）的记者。1943年10月，他在奥兰乔省创办了《警戒》（*Alerta*）杂志。由于受到政治迫害，1944年，拉蒙·阿马亚·阿马多尔移居到危地马拉，在《我们的日报》（*Nuestro Diario*）当记者，并积极支持左翼的哈科沃·阿本斯（Jacobo Arbenz）政府。

在危地马拉的10年时间里，他曾分别在《中美洲日报》（*Diario de Centro América*）、《流行进步人士》（*El Popular Progresista*）和《正午》（*Mediodía*）等媒体工作。1954年6月，当危地马拉阿本斯政府倒台后，阿马多尔在阿根廷使馆寻求庇护，获得了前往阿根廷避难的准许。到达阿根廷后，他为一家通俗的教育报纸工作，并与一个阿根廷人结婚。1957年5月，阿马多尔重返洪都拉斯，开始在一家名为《编年史》（*El Cronista*）的媒体工作，并在首都特古西加尔巴创建了《视野》（*Vistazo*）杂志。之后，他与家人离开洪都拉斯前往捷克斯洛伐克，为一家杂志工作直到50岁时因空难而死。1977年9月，他的遗骸被运回洪都拉斯，但直到1991年他的书才被允许在洪都拉斯出版。

阿马多尔的主要作品还有，《黎明》（*Amanecer*）、《建设者》（*Constructores*）等十余部描写洪都拉斯社会底层劳动者的文学著作。

四 里卡多·鲁道夫·马杜罗

马 杜罗是洪都拉斯的前总统和洪都拉斯银行的前董事长，1946 年 4 月 20 日出生于巴拿马。他先后毕业于美国劳伦斯威力学校（The Lawrenceville School）和斯坦福大学。他以国民党候选人的身份赢得大选，并于 2002 年 1 月至 2006 年 1 月担任洪都拉斯总统。

马杜罗在第一次婚姻中育有 3 个女儿和 2 个儿子。他的儿子里卡多·埃内斯托（Ricardo Ernesto）于 1997 年 4 月 23 日被绑架之后遭杀害，时年 25 岁。儿子的去世激发了马杜罗竞选总统的热情，并受到广泛欢迎。之后，尽管洪都拉斯宪法规定禁止出生地为非洪都拉斯的人成为总统，但马杜罗还是第一个登记参选并当选为总统候选人。在 2001 年之前，关于宪法禁止出生地为非洪都拉斯的人当选总统的规定引发了巨大的争议。在成功获得国民党总统候选人资格后，马杜罗最终排除了争议。在竞选中，他承诺要解决暴力犯罪问题，并立即将军队派进大城市与警察一道巡逻。

2005 年 5 月 1 日，马杜罗所乘坐的飞机在加勒比海附近的海岸坠落，他本人以及他的女儿和飞行员受伤不重并被当地的居民救起，马杜罗被送往科马亚瓜的医院疗伤。

2005 年 11 月 27 日，马杜罗总统主持了新一轮的总统选举，并见证了执政党败给自由党的结果，次年 1 月 27 日，自由党候选人塞拉亚成为其继任者。目前，马杜罗任首都和平基金会主席一职，积极从事他所创立以纪念其儿子的教育组织的活动。

五 波尔菲里奥·洛沃·索萨

洛 沃是洪都拉斯的政治家和农业庄园主，于 2009 年 11 月 29 日举行的总统选举中获胜，成为洪都拉斯的新

一任总统。他于 1947 年 12 月 22 日出生于特鲁希略（Trujillo），并成长于奥兰乔省省会胡蒂卡尔帕（Juticalpa，Olancho）附近的农场。他的父亲在 1957 年曾任洪都拉斯国会议员，是奥兰乔省知名的政治领导人。洛沃的兄弟是科隆省的议会议员。

洛沃在读完天主教学校后，进入首都特古西加尔巴的"圣弗朗西斯科"学院继续学习，后在美国迈阿密大学求学并获得工商管理专业学士学位。他返回洪都拉斯后，从事家族的农业经营，并在胡蒂卡尔帕的"博爱学院"（Institute of "La Fraternidad" in Juticalpa）教授了 11 年的经济学和英语课程。

洛沃 19 岁时成为奥兰乔省的青年政治领导人。在长达 31 年的岁月里，他主管过奥兰乔省国民党的青年工作以及胡蒂卡尔帕和奥兰乔省委员会的工作。1990～1994 年，他主管洪都拉斯林业发展公司，并于 2002～2006 年期间担任公司的总裁。2005 年 11 月 27 日举行的洪都拉斯总统大选，他是国民党总统候选人。他的竞选纲领以保证工作、严惩犯罪活动以及主张恢复死刑等为基础。在大选中，他赢得了 46.17% 的选票，低于对手的 49.90% 的支持率。2008 年 12 月，洛沃再次成为国民党 2009 年总统候选人，并在 11 月份举行的选举中战胜自由党候选人埃尔文·桑托斯（Elvin Santos），成为洪都拉斯新一届总统。

第三章

政　治

第一节　宪法

洪都拉斯现行宪法，是该国摆脱西班牙殖民统治独立以来的第16部宪法，于1982年1月20日开始实施。在这部宪法实施的一周前，随着民选总统罗伯托·苏亚索的就职，洪都拉斯结束了十余年的军人统治。这部宪法是1982年1月11日由制宪大会制定完成的，制宪大会是1980年4月20日由波利卡波·帕斯·加西亚军政府时期选举产生的，71个席位主要由两个党派控制：自由党占35席，国民党占33席，另外3席被一个小党占有。

由于洪都拉斯宪法被认为是理性化而非政府的法律工具，因此往往在现实政治中发挥不了作用。尽管宪法的核心是要实行三权分立，但现实中行政部门主导着立法机构和司法机构。宪法规定了对基本人权的保护，但事实上许多违反人权的行为并没有得到充分的调查，犯罪者也没有受到司法惩处。

在洪都拉斯以往颁布的15部宪法中，有几部为该国的政治发展奠定了基础。其中，1825年第一部宪法受到西班牙的强烈影响，建立了"三权分立"制度；1839年宪法，强调了对个人权利的保护，是独立后在"中美洲联合省"框架之外该国提出的第一部宪法；在 1865 年宪法中，人身保护权第一次受到宪法的保障；1880 年宪法引入了将许多新特征引入洪都拉斯的政治制度，如城市自治制度和国家在促进经济发展中的作用，同时一改以往宪法把罗马天主教作为国教的做法，实现政教分离。

在波利卡诺·博尼利亚（Policarpo Bonilla）当政时期，洪都拉斯于 1894 年颁布的该国第 9 部宪法被认为是那个时代最为先进的。宪法取消了死刑，提升了涵盖新闻、选举以及对于诉讼保护等内容的法律地位。虽然该宪法的许多条款被忽视了，但它为未来的宪法树立了样板。1924 年宪法引入了新的社会、劳工条款，力图使立法机构比行政机构变得更强大。1936 年宪法是洪都拉斯处于独裁者统治时期，因此行政部门的权力重新得到了加强，并将总统和立法机构的任期从 4 年延长到 6 年，这部宪法所历经的多次修订主要是为独裁政权服务的。

1957 年，在莫拉莱斯总统任内颁布的宪法具有一些新的特点，其中包括劳工条款方面，这主要是受到 1954 年"香蕉罢工"之后工会势力增长的影响所致；设立了管理选举过程的机构。1965 年宪法也是洪都拉斯的第 15 部宪法，是在洛佩斯军人当政期间颁布的。1963 ~ 1982 年间，该军政权仅在 1971 ~ 1972 年间短暂被文人政府取代，执政长达十余年。

1982 年宪法继承了以往各部宪法中的国家制度和程序等内容，但在整部宪法中，新的或者修改过的条款使之又与以往的宪法有明显不同。这部宪法被认为是洪都拉斯有史以来最为进步的一部宪法。宪法的导言表达了重建中美洲联邦的信心以及强调将依法治国作为建立一个公正社会的手段。本部宪法包括导言和 379 项条款，而这些条款涵盖在宪法 8 个部分下的 43 个章节中。宪法的前 7 个部分为永久性的条款，描述了个人权利以及洪都拉斯政权的组织结构和职责等，第 8 部分涉及对宪法的补充和修订。1993 年中期，洪都拉斯议会又对 1982 年宪法作了 7 处修订

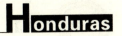

并对 4 处作了详细的说明。下面介绍洪都拉斯的现行宪法各部分的主要内容。

宪法第一部分规定了政权的组织形式、国家版图和国际条约等。第 4 章规定：洪都拉斯是共和、民主、代议制的国家，政府由立法、行政和司法三个部分构成，三者间互相补充、各自独立且互不从属。然而，实际上洪都拉斯的行政部门控制着另外两个部门。第 2 章规定：国家的主权来自人民，这是在 1982 年宪法基础上增加的新条款，并将"篡夺权力视为背叛祖国的犯罪行为"。

宪法第二部分规定了国籍、公民、选举权和政党。设立了独立、自主的国家选举委员会来处理与选举有关的法律和程序。该条款对于国籍和公民的规定除了一处与 1965 年颁布的宪法不同外，其余是一致的。1965 年宪法规定"出生于中美洲并在洪都拉斯居住满一年，且办理完必要的法律手续的人则可被视为洪都拉斯公民"，但在 1982 年宪法的第 24 章规定"出生于中美洲并且在洪都拉斯居住满一年就自然成为洪都拉斯公民"。对于选举制度，第 46 条规定选举通过比例制或多数代表制进行。

宪法第三部分主要规定了公民个人权利和保障。其中包括了社会问题、儿童、劳工权利、社会保障、卫生、教育、文化和住房等方面。有别于 1965 年宪法之处是特别强调了"儿童的权利"。

宪法第四部分规定了公民的人身权利等，同时也强调了最高法院对于法律所具有的宪法赋予的检查权，并规定了宪法保障可能被限制或终止的情况。

宪法第五部分描述了政府的架构以及职责，规定了法律实施、批准和颁布的程序。本部分涵盖立法、司法和行政部门；总审计办公室和行政廉洁局是两个附属但又相对独立于立法机构的部门；总检查办公室；内阁部长办公室；公务员；地方政府以及

为建立洪都拉斯分权制度的规定等。不同于 1965 年宪法之处为：一个是议员和总统的任期由一届 6 年变为 4 年；另一个是开始关注地方政府的发展。其中第 229 条规定"城市经济和社会发展是国家发展的组成部分"，而第 302 条强调，为了保证城市的改善和发展，鼓励居民组成市民协会、联合会或者联盟等。

在司法方面的规定，与 1965 年宪法比较也发生了变化。其中第 303 条强调，赋予司法的权力来自人民并由独立的司法和法官代表政府来实施。宪法规定最高法院由 9 名大法官和 7 名候补法官组成（但实际上目前洪都拉斯最高法院有 15 名法官），而1965 年宪法规定的大法官和候补法官分别为 7 名和 5 名。

宪法第五部分涉及武装力量，规定其组成为"统帅部、陆军、空军、海军和公共安全部队"。本部分条款大部分与 1965 年宪法相同。其中规定："军队应当是具有职业精神、政治中立、服从命令、不具争议的国家制度"。总统为武装部队最高统帅。总统通过总司令给军队下达的命令必须服从和遵守。然而实际上，军队是直接由总司令来指挥的，而总统是通过他来行使与军队相关的宪法责任。军队最高理事会（CONSUFFAA）是军队的顾问机构，该机构由总司令主持工作，而总司令由议会选举产生、任期 3 年，通常该人选从军队最高理事会推荐的 3 名军官人选中产生。

宪法第六部分强调国家的经济制度应当建立在生产富有效率、财富和国民分配的社会公正以及各种生产要素和谐共处的原则基础上。其中第 329 条规定，洪都拉斯政府应当通过适当的计划致力于促进经济和社会的发展。本部分还包括货币和银行、农业改革、税收、公共财富和国家预算等内容。

宪法第七部分的两章中明确规定了修宪程序：宪法必须"在连续两次的议会年度会议上，经过全体议员的 2/3 表决通过"才能修改；同时，宪法明确规定了不能修改的条款，其中包括修宪程序本身、政府的组成、国家版图，以及总统的任期和禁止连任等。

第二节 围绕"修宪"引发的政局动荡

洪都拉斯军方2009年6月28日早晨发动军事政变，扣押了民选总统塞拉亚，将他紧急转移到哥斯达黎加。最高法院随后宣布罢免总统的决定。洪都拉斯议会当天召开紧急会议，宣布由议长罗伯托·米切莱蒂出任洪临时总统。这标志着围绕洪都拉斯宪法修订引发的政治危机升级，洪都拉斯局势骤然紧张。

一 "修宪"引发军事政变

洪都拉斯发生的本次政治危机起源于是否要就修宪举行全民公投。洪都拉斯现行宪法规定，总统由直接选举产生，任期4年，不得连任。属于自由党的总统塞拉亚在2005年的选举中以微弱优势击败国民党候选人上台。总统塞拉亚提议于2009年6月28日举行一次全民公投，内容是征询民众是否同意该年11月总统选举期间就成立制宪大会修改宪法举行正式公投。然而这一提议一提出，就遭到了国民议会、最高法院和军方的强烈反对。尽管塞拉亚表示提议修宪是因为这部施行了27年的宪法代表富裕阶层而不是广大民众的利益，阻碍了洪都拉斯的民主进程，因此必须予以革新。但反对派称，塞拉亚在2010年1月总统任期届满之前提出修宪，是希望通过修宪实现连任，进而继续总揽国家大权。

由于推动公投计划，总统塞拉亚与立法、司法机构以及军方陷入对立之中。洪都拉斯议会宣布公投"非法"。塞拉亚随之则以在公投问题上采取不合作态度为由，宣布撤销军队总参谋长巴斯克斯职务，之后国防部长奥雷利亚纳和海陆空三军总司令相继辞职，抗议塞拉亚的这一决定。对此，最高法院裁定塞拉亚必须为巴斯克斯复职。塞拉亚随后表示拒绝，双方的对立不断升级。

政变当天，洪都拉斯军方表示完全控制了首都特古西加尔巴，同时切断了首都和外界的交通往来。大量军队在总统府、议会大厦和最高法院等重要地点集结。同时，塞拉亚的支持者继续在总统府外与军方对峙，要求军方释放塞拉亚。洪都拉斯最高法院随后宣布罢免现任总统塞拉亚，并称洪都拉斯军方拘押及驱逐总统的行为合法。洪都拉斯议长罗伯托·米切莱蒂召集所有议员举行紧急会议。会议最终决定，根据洪都拉斯宪法规定，在总统无法继续履行职务的情况下，由议长代行总统职务。议长米切莱蒂将出任临时总统直至2010年1月27日，届时权力将被移交给新一任洪都拉斯民选总统。洪都拉斯最高选举法院当天宣布，将按照宪法规定，如期在2009年11月29日举行总统大选。

二 军事政变引发国内政局动荡

政变发生后，洪都拉斯国内政局动荡不安，发展形势跌宕起伏，调解过程扑朔迷离。国际舆论和塞拉亚的支持者强烈谴责和反对这场政变，不承认由米切莱蒂领导的临时政府。与此同时，被罢免的塞拉亚总统大力寻求国际社会对其的支持。在内外交困的情况下，经有关方面斡旋，临时政府与塞拉亚之间展开了漫长的"博弈"。第一，从政变发生后至美洲国家组织发出限令期间的"隔空博弈"。塞拉亚一方面坚称自己仍是洪都拉斯的合法总统，并决意重返国内；另一方面，他向中美洲一体化体系、美洲玻利瓦尔联盟、里约集团、美洲国家组织和联合国发出了寻求获得这些组织支持的呼吁。上述组织一致声援塞拉亚，美洲国家组织还向政变当局发出了"72小时交权限令"。但临时政府态度强硬：不仅声称只要塞拉亚回国就将其逮捕，而且在与前来斡旋的美洲国家组织秘书长因苏尔萨谈判破裂并受到即将被驱逐出该组织的威胁后，宣布退出该组织。其间，政变当局还不让塞拉亚回国的专机降落。第二，由美国出面、让哥斯达黎加总统调停期间的"当面博弈"。在采取"强攻"策略并未奏效后，塞拉亚转而寻求美国的支持。经美国出面，由哥斯达黎加总统阿里亚斯担任洪都拉斯政治危机的国际调解人。但三轮谈判都无果而终。临时政府不仅拒绝了调解人提出的让塞拉亚于7月24日回国并恢复总统职务、提前举行大选、组建联合"调解政府"、实行大赦等在内的7点建议，也未接受《圣何塞宣言》中提出的新思路。7月24日，塞拉亚越过尼加拉瓜与洪都拉斯的边境口岸，在遭驱逐后，首次"象征性"地重返洪都拉斯，此举导致洪都拉斯国内局势骤紧。之后，临时政府于8月向调解人提出了解决洪都拉斯政治危机的建议：在塞拉亚放弃回国复职的前提下，米切莱蒂愿意为了"国家和社会的稳定"而考虑辞职，并选择第三人出任洪都拉斯总统，但这一建议遭到塞拉亚的拒绝。第三，塞拉亚秘密回国后的"直接博弈"。9月21日，塞拉亚秘密回国，栖身于巴西驻洪都拉斯大使馆，国内局势陡然恶化，街头骚乱不断，临时政府宣布在全国范围内实施宵禁。在美国的调停下，双方几经周折，于10月29日签署和解协议。根据协议，议会将就塞拉亚是否复职问题进行投票，双方同意于11月29日举行大选。由于协议没有限定议会表决最后期限，议会采取拖延策略使塞拉亚试图在大选前复职的希望变得渺茫。继11月27日最高法院作出不赞成塞拉亚复职的决定后，12月2日议会在表决后也作出了同样的决定，塞拉亚复职的希望由此彻底破灭。

在历经近半年的政局动荡后，2009年11月29日洪都拉斯举行了总统大选。本次大选的投票率为61.3%。选举结果是，反对党国民党总统候选人波尔菲里奥·洛沃的得票率为57%，

当选总统；自由党总统候选人埃尔文·桑托斯的得票率为 39%，竞选失败。在大选前，尽管塞拉亚呼吁选民和其他国家抵制这次选举，但选举结果出炉后，美国、巴拿马、哥斯达黎加、哥伦比亚、秘鲁等国政府即予以承认，而巴西、阿根廷和美洲玻利瓦尔联盟成员国则拒绝承认选举结果，认为选举是在米切莱蒂临时政府任内进行的，因此是非法的，结果也是无效的。

三　军事政变背后的深层次原因

其实，作为中美洲的一个经济社会欠发达的小国，洪都拉斯爆发的政变对于拉美地区的政治格局影响甚微，但它之所以牵动了全世界的神经，在于自 20 世纪 80 年代以来，逐渐恢复了民主进程的中美洲国家重新发生军事政变，不仅勾起了人们对此前动荡不安的中美洲地区历史的记忆，也让人怀疑中美洲地区是否会出现历史车轮的倒退。

洪都拉斯政局剧变反映出其民主制度根基的脆弱性。洪都拉斯的政治制度架构是典型的"三权分立"制度，但只具备了成熟政治制度之形不具备其实。长期以来，洪都拉斯总统往往凌驾于议会和最高法院之上，实际控制着后两者，"三权"之间缺乏有效的协作与制约的机制。此次政变，就是在公投提议明确遭到后两者的反对后，塞拉亚试图绕过它们而引发的；与此同时，以捍卫宪法名义的议会和最高法院对抗塞拉亚并没有采用诸如弹劾总统等法制手段，而是采取动用军队驱逐塞拉亚。同时，反对派认为塞拉亚公投和谋求连任违宪的依据是现行宪法明文规定了修宪程序以及禁止修改总统任期和连任。另外，政变不仅是塞拉亚与反对党矛盾的爆发，还是他与本党内部保守势力政见不和的结果，因为与塞拉亚直接交锋的恰恰是与他同属自由党的米切莱蒂。

洪都拉斯政局剧变体现出美洲"左和右"的尖锐矛盾。洪都拉斯政变爆发后，查韦斯立即指责一些国家的右翼势力支持了

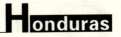

这场政变。与之针锋相对，美国不仅立即澄清了上述指责，而且国会的一些议员认为"查韦斯是背后支持塞拉亚公投修宪的主要力量"。我们还注意到，据悉政变爆发后，洪都拉斯反对派扣押的委内瑞拉、尼加拉瓜和古巴三国的大使恰恰都来自拉美"左派"阵营的国家，反对派的选择应该不是一个巧合。尽管奥巴马总统执政以来，美国与拉美一些"左派"国家，如委内瑞拉、古巴之间的关系开始缓和，但双边关系依然比较紧张。

2010年1月，洛沃领导的新政府上台执政。新政府将着力重建洪都拉斯的对外关系，设法解除自政变以来受到的经济制裁。政治危机发生后，洪都拉斯与美国的关系将得到改善，而作为保护在美国生活的洪都拉斯非法移民的《临时保护身份协议》（The Temporary Protected Status，TPS）将于2010年到期，预计这一协议会得到续签。不过，洪都拉斯在恢复美洲国家组织成员资格方面存在一些不确定因素，可能会因巴西、阿根廷以及美洲玻利瓦尔联盟成员国拒绝接受洪都拉斯大选结果而被延迟。至于与委内瑞拉的关系，由于在塞拉亚当政时期查韦斯与其关系密切，并力促洪都拉斯加入美洲玻利瓦尔联盟，因此，洛沃执政后两国关系很可能处于紧张状态，洪都拉斯也不太可能继续成为该联盟成员。

第三节 国家机构

总统是洪都拉斯行政部门的首脑，由简单多数获得大选的候选人担任。1982年宪法对总统的职责和权力作出了规定。总统资格的限定非常严格，以防洪都拉斯出现独裁政治、避免军方或商界领袖成为总统。在洪都拉斯，满足以下条件的本国公民方可成为总统候选人：在洪都拉斯出生的洪都拉斯人；参选时必须年满30周岁；拥有充分公民权利的洪都拉斯公民；不是

任何教堂或者宗教派别的人士；在参选前 6 个月内未在洪都拉斯军方服现役；在参选前 6 个月内，没有被总统任命担任以下职务：国家部门的部长、副部长、秘书长、副秘书长、选举法院法官、选举法院成员、国家总检察长、国家副总检察长、国家总审计长、国家副总审计长；在参选前 6 个月内没有担任过私人控股企业机构的总裁；在参选前 12 个月内没有担任过武装部队或者国家执法机构的官员职务；配偶或亲属不担任任何部门负责人或军事领导人职务。洪都拉斯总统每届任期为 4 年，而且不能连选连任。

根据宪法，总统担负着规划国家发展计划并与内阁讨论后提交议会通过、修改和实施的责任；负责领导国家的经济和金融政策的制定，其中包括通过国家银行和保险委员会监督和控制银行机构、保险公司和投资公司等；肩负着采取适当的措施来促进农业改革、农村生产以及农村地区生产力发展的责任；在教育方面，总体上负有组织、领导、发展教育以扫除文盲和促进技术教育的重任。此外，对医疗卫生、经济和社会发展、国内国外的一体化进程等负有总责，还要领导洪都拉斯的外交政策和对外关系、任命驻外使团长官等。

对于立法机构而言，总统通过内阁部长向议会提交议案来参与法律的实施，有权批准、否决或者颁布和公布议会通过的任何法律；总统可以通过议会的常设委员会召集议会特别会议，或建议议会的定期年度会议延长；可随时向议会发表讲话，而在每年的定期会议开始时必须亲自发表讲话。尽管宪法赋予议会具有任命一些政府官员的权力，如最高法院院长、总审计长、总检察长等，实际上这些任命是由总统作出的，议会只起象征性的表决作用。

洪都拉斯宪法赋予议会 45 项权力，其中最重要的是制定、实施、解释和废止法律的权力。法案可以由任何议员或者总统（通过内阁部长）向议会提出，最高法院等也可以就自身司法领域内问题向议会提交法案，但实际上大多数法案和政策是由行政机构提交的。除了在紧急的情况下法案可由议会简单多数通过外，其他法案必须在表决前经过三天的辩论，如获通过则需送交行政机构批准和颁布。通常情况下，法案一经颁布并在官方公告上公示 20 天之后就具有强制力。若总统在 10 日内没有提出否决，法案则被认为批准并将由总统颁布实施；若遭到总统否决，则总统必须在 10 日内将法案退回议会并解释反对的原因，而为了再次通过该法案，议会必须再次就此辩论并须经过 2/3 的议员表决通过，然后送交行政机构立即公布。但是如果总统原来否决法案的原因是因其违反宪法，那么该法案将在最高法院表明态度之前不能在议会辩论。如果行政否决没有获得议会的通过，那么该法案在议会本次会议上须再次进行辩论。

如果议会在本次会议末期通过了一项议案而总统将予以否决，总统必须立即通知议会，以便其在收到未获通过的议案后将本次会议延长 10 天；如果总统没有完成这些程序，那么他必须在议会下次会议开始的前 8 天内将议案提交给议会。但是对于议会的某些法令和决定，总统没有否决权。其中最主要的包括预算法、有关宪法的修改、对于政府高级官员弹劾原因的宣布以及与行政部门管理相关的法令等。

总统担负着国家的和平、安全并击退任何攻击和外部侵略的重任。在议会休会期间，总统可以宣布战争状态和恢复和平，但议会必须立即复会；经内阁一致同意后，总统可以在 45 天之内限制或者终止特定人的人身权利和保障，这个期限还可以延长；经议会授权后，总统可以拒绝或允许外国军队过境洪都拉斯领土；出于安全原因和维护洪都拉斯政府的声誉，总统有监督政府官员行为的权力；理论上，1982 年宪法规定，总统作为最高统帅指挥着武装部队并采取必要的行动维护国防，宪法经修改后总统已经不再担任最高统帅的职务。总统担负使军队保持中立、专

业和服从的重任。

根据宪法，总统领导下的内阁至少要由 12 个部门组成，包括政府和司法部门、总统办公室、外交部、经济和商业部、财政和公共存款部、国防和公共安全部门、劳工和社会福利部门、公共卫生和社会救助部门、文化和旅游部以及自然资源部门等，除了这些内阁部门外，在 20 世纪 90 年代初期，还有一个内阁级部门——计划、协调和预算部。议会可以传唤政府部长来回答其职责之内的问题。在议会复会后的第一天里，政府部长需要向议会提交年度报告阐述各自部门所做工作。根据宪法，总统负责通过部长委员会召集和主持内阁会议来讨论议题并作出决定。除了这些内阁部门外，总统可以建立或永久或临时的委员会，其成员由政府官员或者其他部门的代表组成，以执行政府部门委托的某个项目或者计划。总统还可以任命专人负责协调政府有关机构或者发展项目的活动等。

除此以外，随着洪都拉斯政府参与经济发展过程和提供基本服务的增加，政府内设立了许多独立和半独立的国有单位。这些单位的组成、结构和作用虽有不同，但基本存在三类形式：公共机构、公有企业和混合企业。典型的机构包括洪都拉斯国立自治大学、洪都拉斯中央银行、洪都拉斯香蕉公司、洪都拉斯林业发展公司、洪都拉斯咖啡研究所、洪都拉斯社会保障研究所、国家社会福利理事会以及国家电力能源企业等。

第四节　立法与司法

一　立法机构

洪都拉斯的立法机构是一院制的议会，由 128 名议员组成，议员任期与总统一样同为 4 年。1982 年，当洪

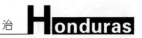

都拉斯恢复民主制度后，国会曾设 82 名议员，之后在 1985 年议员人数一度上升至 134 名，直到 1989 年大选后议员人数下降到 128 名。1988 年经过修改后的宪法将议员人数固定为 128 名，同时规定候补议员的人数也为 128 名，一旦出现正式议员无法完成其任期的情况，将由候补议员完成其余下任期。

议会例行年会会期为每年的 1 月 25 日至 10 月 31 日，且法定人数应达到全体议员的简单多数。在特定的情况下，议会的会期可以延长。另外，在征得简单多数议员同意的情况下，行政部门提出请求，由议会常设委员会召开议会特别会议讨论、批准。议会常设委员会是由多数议员选举产生，并由议长领导，包括至少两位副议长和两位部长级领导。

洪都拉斯议会由众多委员会组成，除了有关立法、条约和预算等委员会外，还包括与政府的各部相平行的委员会，如政府和司法委员会、外交委员会、经济事务和贸易委员会以及国防和安全委员会，等等。

议会的权力包括赦免政治犯、批准或撤销国际条约、解除或任命政府高级官员，如军队总司令、最高法院法官和总审计长等，但实际权力控制在行政部门，议会只是个橡皮图章。议会有权在总统的请求下宣战或媾和，可以通过或反对政府签订的国际条约；议会负责每年通过政府提交的总收支预算，议会控制公共收入，有权征收税收等，可以批准或反对由总审计长提交的关于公共支出的正式账户以及由行政部门订立的贷款和有关公共信贷的协议等。

议会有两个辅助性的机构——总审计长办公室和行政廉洁局，二者职能和行政独立。其中，总审计长办公室专门负责对公款的事后审计，维护对公共资金和财产的管理、审计相关官员和雇员；对政府的机构、实体以及下属机构的财务进行审计；负责对政府存放的账簿和政府提交给议会的账目中公共资金使用情况

的检查，并向议会提交议案。行政廉洁局负责对国家公职人员和雇员的账户进行审计以防止其中饱私囊。

二　司法机构

洪都拉斯实行美国式的司法制度。司法机构由最高法院、上诉法院、一审法院和治安法官构成，其中最高法院处于该制度的最高层级。

最高法院由 15 名最高法官组成，任期 7 年。他们是由一个专门的小组选举产生，该小组由律师、议员以及由市民和独立市民组织推举产生的代表等组成。尽管有这些选举程序，洪都拉斯的司法被普遍认为既没有效率也缺乏公平。实际上，该国的司法制度明显受到政治因素的影响，许多高层人士，包括最高法院院长，要么来自国民党要么来自自由党，许多法官可能无法完成任期就被解职了。这种状况损害了司法的独立性并成为调查官员腐败的明显障碍。洪都拉斯司法制度严重缺乏效率（如 90% 的谋杀案无法解决）并且缺乏足够的资源，大部分市民得不到或者仅能得到有限的司法帮助。

宪法赋予最高法院的权力和职责包括：任命下级法院的法官和检察官；宣布法律违宪的权力；当议会宣布有理由弹劾时，审理政府高官的权力；发布法院官方记录等。最高法院设有民事、刑事和劳动等审判庭。

在最高法院之下的是上诉法院。上诉法院主要是接受来自下一级法院的民事、商业、刑事和人身权利等案件的上诉案件。洪都拉斯对于上诉法院的法官的资格有明确的规定，如法官必须是律师而且年龄至少要 25 岁等。在 20 世纪 90 年代初期，洪都拉斯有 9 个上诉法院，其中 4 个设在首都特古西加尔巴、2 个设在圣佩德罗苏拉，另外 3 个分别设在拉塞瓦、科马亚瓜和圣巴巴拉，其中分别设在首都和圣佩德罗苏拉市的 2 个上诉法院专门处理劳工案件。此外，设在首都的行政争议法院也负责全国的类似案件。

　　一审法院主要负责严重的民事和刑事案件的审理工作。20世纪 90 年代初，全国共有 64 家一审法院，大部分设于首都特古西加尔巴和圣佩德罗苏拉市，每个省的省会至少有一家一审法院。一审法院有的专门审理民事案件、有的专门审理刑事案件，此外还有家庭法院、少年法院、行政争议法院等。

　　处于洪都拉斯司法体系最基层的是治安法官，他们遍布全国各地。洪都拉斯对于不同人口规模的城市需要设立多少治安法官都有明确的规定。治安法官主要处理轻微刑事案件的调查工作，而大多数严重的刑事案件必须由一审法院审理。洪都拉斯对于各级法院的法官任职条件都有明确的规定。

第五节　政党组织

一　主要党派

　　在将近一个世纪的时间里，洪都拉斯政坛主要由自由党和国民党两大党派主导。其中，自由党又名"红党"。前身为 19 世纪的自由派。1873 年自由派领袖塞莱奥·阿里亚斯担任总统时，创立了政党组织的雏形。1890 年波利卡诺·博尼利亚进行改组，并于次年只是建立自由党。1894～1899年博尼利亚任总统期间该党成为全国性政党。19 世纪末期，党内派系斗争激烈，几乎限于解体，直到 20 世纪 20 年代才重新统一，1929～1933 年再度执政。1949 年比列达·莫拉莱斯任党主席后恢复活动，1957 年起自由党执政。1963 年该党政府被阿雷利亚诺发动的军事政变推翻。同年达斯任党主席后，又有所发展。1971 年与国民党联合执政，次年联合政府又被阿雷利亚诺

发动的政变推翻。1981 年和 1985 年，该党在大选中获胜，连续执政。主张政教分离、废除教会特权、实行资产阶级民主自由；限制外国资本，发展本国经济。自由党在 50 年代后期执政时，曾实行土地和某些社会改革。自由党拥有强大的农村基础，支持者主要是保守的土地主和农民。同时，自由党在具有左翼传统的首都特古西加尔巴和作为工商业重镇的圣佩德罗苏拉市都有坚实的城市支持基础。2009 年遭罢免的塞拉亚总统与本党内部的保守派的关系不融洽，从他在任时频繁更迭内阁成员就反映出自由党内部的分裂倾向。

国民党又名"蓝党"。前身为 19 世纪 70 年代后形成的保守派集团。1891 年已具政党雏形。1916 年在贝特兰德领导下，正式建成全国性政党，但党内仍不统一。同年，在卡里亚斯·安迪诺领导下，实现全党统一。1919 年制定党纲，并一度用"民主国民党"作为党的名称。1923 年修改党章，定名国民党，同年起执政。1933 年卡里亚斯·安迪诺任总统，实行独裁统治。1949 年继任的两届总统也为该党成员，执政至 1956 年被军事政变推翻。50 年代，曾发生分裂，反对卡里亚斯·安迪诺的一派脱离，另立他党。60 年代初，苏尼继任党主席后，支持 1963 年政变上台的阿雷利亚诺政府。1971 年在大选中获胜，与自由党联合执政。次年底被阿雷利亚诺发动的军事政变推翻。1981 年苏尼被提名为该党的总统候选人，竞选失败。该党执政期间，禁止其他党派活动，镇压工农运动，甚至规定妇女没有选举权。70年代起，开始表示赞同实行某些温和的改良主义政策，主张在民族主义旗帜下，推动本国的经济发展。该党的支持基础来自农村地区尤其是在欠发达的西部和南部省份。传统上，国民党比自由党更为保守。自 1982 年洪都拉斯恢复民主进程以来，国民党先后赢得了 1989 年、2001 年两次大选后，2009 年再次赢得大选。

二　三个小党派

在议会中占有席位的其他三个小党派都属于"中左"党派。它们分别是：成立于 1970 年的革新团结社会民主党（PINU-SD），成立于 1968 年的基督教民主党（PDC），成立于 1994 年的民主统一党（PUD）。上述三个小党派在 2005 年的大选中获得的选票显著上升，它们总计获得了 4% 的选票。但洪都拉斯的选举法给予小党派不成比例的席位，它们在议会总共获得了 11 席位，其中民主统一党获得 5 席、基督教民主党获得 4 席、革新团结民主党获得 2 席。由于执政的自由党在 2005 年的议会选举中未能获得议会的多数席位，致使这些小党派控制了议会中的权力平衡。2005 年议会选举中，自由党获得 62 席，与简单多数相差 3 票，而国民党获得了 55 席。

三　工会组织

自 1954 年"香蕉罢工"以后，工会成为洪都拉斯政治中的重要力量。1954 年的罢工是洪都拉斯历史上第一次工人大罢工。1954 年 4 月，为美国联合果品公司雇用的洪都拉斯工人举行罢工，要求增加工资。至 5 月，罢工扩及其他部门，采矿、铁路运输、纺织、烟草等行业工人也举行罢工。罢工的主要目的是要求提高工资、改善劳动条件和加入工会的权利，参加罢工的总人数很快达到 7.5 万人。附近乡村的农民运送粮食支援罢工工人，学生罢课表示支持同情。拉美各国的劳动者也给予罢工者以支持。6 月，罢工领导层出现矛盾。罢工主要领导人因同联合果品公司谈判失败而受到其他领导人的谴责。同时，罢工领导成员遭到政府逮捕，罢工逐渐趋于结束。后联合果品公司阴谋分裂罢工领导层引发流血事件，罢工遂又恢复。至 7 月中旬，劳资双方达成协议，工人所提的大部分要求得到满足，罢工取得胜利。

在洪都拉斯正规部门就业的工人中约有20%隶属于工会组织。洪都拉斯是中美洲地区工会组织化程度最高的国家。工会势力最强大的领域是公共部门、香蕉公司、教育和医疗工作者。自2001年以来，工会活动和罢工尤其是教师和医生的罢工不断增加，给洪都拉斯政府造成了很大困难。塞拉亚执政时期，不断高涨的油价曾导致运输行业罢工。当时塞拉亚考虑到自己在议会中的劣势地位以及需要民众支持等情况，通过给教师增加工资、给运输业提供补贴等方式来满足罢工者的一些要求，以平抑不满情绪。

目前，洪都拉斯的政治压力集团包括：洪都拉斯保卫人权委员会（CODEH）、洪都拉斯工人联合会（CTH）、民众组织协调委员会（CCOP）、工人总工会（CGT）、洪都拉斯私人企业理事会（COHEP）、洪都拉斯全国农民协会（ANACH）、全国农民工会（UNC）以及洪都拉斯工人团结工会（CUTH）等。其中，工人总工会，成立于1969年，受基督教民主党控制。成员有南方工人联合会、真正工会联合会及全国农民联盟等。而工人联合会，成立于1964年，辖有北方工人联合会、自由工会中央联合会和全国农民协会等组织。自由党、国民党以及其他党派对其均有影响。

第四章

经　济

第一节　概述

一　经济简史

在西班牙殖民者到来之前，洪都拉斯这块土地上居住着处于原始社会发展阶段的原住民印第安人，他们主要以狩猎、采集、捕鱼和耕种为生；发展了农业，培植了玉米、番茄、南瓜、菜豆、甘蔗、辣椒、可可和烟草等农作物；学会了饲养火鸡、狗和蜜蜂等动物和昆虫；能够用棉花织造布匹，用金银等合金制造器皿和装饰品。在自给自足的经济制度下，部落之间以及地区之间建立了贸易联系。

1525 年，西班牙殖民者征服了洪都拉斯使之成为殖民地。他们发现这里金、银矿藏丰富，使之很快成为中美洲地峡重要的殖民区域之一。在金矿资源枯竭后，农业成为经济的支柱。其间，印第安人的传统作物，如靛蓝、棉花、可可、烟草和玉米等获得了相当规模的发展。这些农作物主要分布在土地肥沃的北部沿海地区，产品主要销往墨西哥、西班牙以及其他欧洲国家。与此同时，西班牙殖民者还从宗主国引进了蔬菜、水果和树木等，从西印度群岛引进了牛和猪等牲畜。殖民者的到来破坏了当地居

民传统的生活方式和经济结构，导致土地被瓜分、印第安人被迫接受"委托劳役制"和"监护征赋制"等殖民剥削制度。

1838年成立共和国后，洪都拉斯是中美洲最混乱、最贫穷和最落后的国家之一：农业生产力落后，谷类、糖和肉的生产仅供国内而无剩余可供出口；交通运输不便，全国仅有一条公路；工业几乎为零，就连城市中的手工作坊也极为罕见。19世纪后期至20世纪初期，英美资本主义势力相继进入洪都拉斯，经多次武装干涉和煽动政变，美国逐渐确立了在该国的霸主地位。美国资本日益控制了洪都拉斯的主要经济部门，其中美国联合果品公司开始在洪都拉斯北部地区试种香蕉，随着香蕉面积的扩大，联合果品公司不仅控制了大面积的土地，迫使失地农民在种植园工作，而且还控制了洪都拉斯的铁路、港口、航运、电力、制造业和出口等经济命脉。这些部门不受当地政府管辖，设有自己的警察部队，成为洪都拉斯的"国中之国"。由于经济长期受美国跨国公司的垄断，洪都拉斯形成了以生产香蕉为主的单一的经济结构，香蕉的出口曾居世界首位，被称为"香蕉共和国"，而粮食、棉布等生活必需品则主要依靠进口解决。这种单一的经济结构使洪都拉斯的经济非常脆弱，1929年资本主义世界经济危机爆发后，香蕉出口锐减，洪都拉斯经济受到严重影响。

"二战"后，因主要资本主义国家减少进口，1946～1949年期间洪都拉斯经济形势逐年下滑。进入20世纪50年代后，资本主义生产方式在传统大庄园被广泛采用，农业生产开始多样化，棉花、烟草和咖啡等经济作物种植面积不断扩大。制糖、水泥、纺织、卷烟、火柴、皮革、啤酒、食油和农产品加工等民族工业开始建立；60年代中美洲共同市场的建立扩大了对外贸易、推动了国民经济的发展。据统计，1961～1968年期间，其国内生产总值曾达年均递增4.9%，是经济发展最好的时期之一。

1974和1975年资本主义世界经济危机、国际石油价格上涨和自然灾害使洪都拉斯的经济增长率分别降至 0.3% 和 0.6%。
为此洪都拉斯政府制定全国发展计划，决定改变生产结构，扩大
民族工业，使经济迅速回升。1977 年，国内生产总值年增长
11.4%，为"二战"以后增长最快的一年。然而好景不长，
1980 和 1982 年又遭遇资本主义世界经济危机，经济增长率不断
下滑，经历了战后最严重的一次经济衰退。1984 ~ 1989 年间，
借助美国的援助，洪都拉斯成为中美洲少数经济稳定增长的国家
之一。1990 年，政府采取严厉的新自由主义结构调整措施，造
成土地集中、失业增加，经济增长率降至 0.1%。1991 年为
2.2%，1992 年升至 4% 以上。

洪都拉斯为拉美最贫穷的国家之一。工业不发达，经济上严
重依赖香蕉和咖啡两种农产品的出口。雷纳政府上台后采取了一
系列经济调整措施，包括削减中央政府和自治政府的预算；调整
外汇比价；放开燃料价格，减少补贴；部分出售国营电话公司和
电力公司；削减投资计划；改善税制管理；调整公共服务收费；
刺激国内储蓄；建立新的社会保障体系。经过调整和改革，政府
财政赤字得到控制，国际储备有所增加，但仍面临诸多困难：债
台高筑，通货膨胀严重，人民生活仍未得到改善。

二 经济结构

20 世纪 60 年代初，为促进工业化和对外贸易，洪都拉
斯与其他 4 个中美洲国家共同成立了"中美洲共同市
场"。此举促进了洪都拉斯民族工业的发展，扩大了对外贸易，
拉动了国民经济发展。据统计，1961 ~ 1968 年期间，洪都拉斯
国内生产总值（GDP）年均递增 4.9%。此后，洪都拉斯曾于
1969 年因与萨尔瓦多发生边境武装冲突而退出了中美洲共同市
场，经济增长受到影响、GDP 增长率由上年的 5.9% 下降到
0.8%，后于 1973 年又重返该组织，经济增长率恢复到 5%。随

着经济的发展，洪都拉斯的经济结构不断发生变化，农业在国民经济中的比重不断下降，工业的比重不断上升（表4－1）。

表4－1　1950～1981年洪都拉斯经济结构变化情况

年　份	1950	1960	1971	1981
农业	55.7	44.3	33.2	27.5
矿业	1.4	1.0	2.0	1.8
制造业	8.2	12.1	13.7	16.4
建筑业	4.0	3.5	4.4	4.6
电力、煤气和水	0.1	0.5	1.3	1.6
交通运输	5.7	5.5	8.2	9.6
贸易	10.6	13.6	15.8	15.9
其他	14.3	19.5	21.4	22.6
国内生产总值	100.0	100.0	100.0	100.0

资料来源：参考拉美经委会《拉美经济研究：洪都拉斯，1981年》，1982年8月。1950年、1960年数据来自联合国《拉美统计报告》，1964。转引自毛相麟等《中美洲加勒比国家经济》，社会科学文献出版社，1987。

1974～1975年间，资本主义世界经济危机爆发后，洪都拉斯经济受到通货膨胀和国际原油价格上涨的影响，"菲菲"飓风使农业损失惨重，这两年经济增长率分别下降到0.3%和0.6%。为应对危机洪都拉斯政府制定了"全国发展计划"，着重使产业结构多元化，扩大民族产业并使之现代化，因此国民经济得到迅速回升，1977年GDP增长率达到了11.4%，成为"二战"后该国经济增长最快的一年。1980～1982年期间，由于再次受到资本主义世界经济危机的影响，洪都拉斯经历了"二战"后最为严重的一次经济衰退。1981年，洪都拉斯政府制定了一项"经济复兴计划"，通过提高关税限制进口、缩减预算、减少对公共部门的投资、刺激出口与鼓励私人和外国投资等措施来恢复国民经济，但收效甚微（表4－2）。

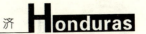

表 4 – 2　1977～1982 年洪都拉斯国内生产总值

单位：百万伦皮拉，%

年　　份	1977	1978	1979	1980	1981	1982
国内生产总值(1975 年价格计算)	2698	2899	3096	3184	3199	3162
增长率	11.4	7.4	6.8	2.8	0.5	-1.2

　　资料来源：参考拉美经委会《拉美经济研究：洪都拉斯，1981 年》，1982 年 8 月。1950 年、1960 年数据来自联合国《拉美统计报告》，1964。转引自毛相麟等《中美洲加勒比国家经济》，社会科学文献出版社，1987。

　　20 世纪 90 年代以来，经济开始走向多元化，发展非传统的出口贸易（如虾类、瓜类、非洲棕榈油等的出口）及客户工业和旅游业，且出台了吸引外资的鼓励措施。这些发展战略的实施在客户工业领域最有成效，从该领域获得的收入由 1996 年的 2.03 亿美元增至 2006 年的 11 亿美元。客户工业企业成为该国继侨汇收入之后的第二大外汇收入来源。旅游收入发展平稳，收入由 1990 年的 2900 万美元增至 2006 年的 4.88 多亿美元。

　　2006 年，洪都拉斯货物生产部门的产出仅占 GDP 的 45%，比 1996 年下降了 7 个百分点；同期，农业、制造业、商业和旅游业的总产出占全部产出的 50%，其中农业、林业和渔业仍是最重要的经济部门，2006 年这些部门产出占 GDP 的 13.8%、就业的 36%、货物贸易出口的 2/3；制造业占 GDP 的 19.7%、就业的 14.9%；零售业、餐馆和饭店（包括旅游业）占 GDP 的 11%、就业的 21.4%。[1]

第二节　农业

　　农业是洪都拉斯国民经济的首要部门。20 世纪 80 年代初，农业产值占 GDP 的比重为 27% 左右。据统计，

---

[1]　EIU, *Country Profile—Honduras*, 2007.

55

1978 年洪都拉斯的土地面积为 1120.9 万公顷，其中可耕地占 15.7%，达 175.7 万公顷，主要分布于沿海一带；长期牧地占 17.8%，为 200 万公顷；森林和林地占 63.3%，为 710 万公顷；其他土地约占 3%。灌溉农田面积约有 8 万公顷。到 2000 年，农业产值占 GDP 的比重为 14.8%，全国 50% 以上人口从事农业。可耕地面积 179 万公顷，占全国土地面积的 16%。

20 世纪 70 年代以来，洪都拉斯实行了优先发展农业的政策，1978 年成立了专门的农业政策委员会和农业市场委员会等机构来统一管理农业部门。洪都拉斯的农业现代化程度有所提高，农机具、化肥等使用比例较战后初期明显提高。

一 香蕉种植业

香蕉和咖啡是洪都拉斯主要的经济作物和出口产品，香蕉产区主要分布在大西洋沿岸的苏拉河流域。由于 1974 年底 "菲菲" 飓风和洪水泛滥，全国近 80% 的香蕉园被摧毁，香蕉产量由 1974 年的 120 万吨下降到 1975 年的 69 万吨。1975 年洪都拉斯成立本国的香蕉公司，将跨国公司的部分香蕉园收归国有，并逐渐将香蕉生产的 38% 控制在本国手中。至 1978 年，香蕉生产已经恢复到 1974 年之前的水平，1980 年收获面积达 133 万公顷，1981 年香蕉和咖啡出口约占全国出口总额的一半。然而，在 1980~1981 年期间，由于水灾、病虫害以及香蕉公司的管理和劳工等方面的问题，香蕉连续减产，产量分别减少了 3% 和 12%。

20 世纪 90 年代以来，香蕉的生产和出口长期由美国的两家公司控制。香蕉业作为洪都拉斯的传统产业，自 1998 年遭受 "米奇" 飓风袭击，产量一度下降 70%，到 2001 年处于不断恢复阶段。到 2001 年上半年出口额达到 1.06 亿美元，比 2000 年增长 54%，出口量是 1999 年同期的 5 倍，出口额达到 1.14 亿美元。自遭受 "米奇" 飓风以来，1 万公顷土地重新种上香蕉，到

2001 年全年出口达到 2200 万箱。

现在，洪都拉斯香蕉生产主要控制在美国两家跨国公司——"奇基达"（CHIQUITA）和"都乐"（DOLE）的子公司，以及洪都拉斯的独立生产者和农民合作组织手中。美国的两家企业垄断了与独立生产者出口香蕉的合同，所以长期控制着香蕉贸易。欧盟作为仅次于美国的洪都拉斯第二大出口市场，其较高关税使洪都拉斯香蕉出口受损。

大多数洪都拉斯人居住在中央高原，那里人口稀少、交通不便，许多人从未离开过家乡。从北部的加勒比海伸至内陆的海岸平原上，有一片美国公司经营的香蕉园，不但有各自的学校、医院，甚至铁路，而且生产的香蕉主要运往美国，那里人烟稀少，吸引了不少萨尔瓦多移民。

二 咖啡种植业

20 世纪 80 年代，洪都拉斯的咖啡种植分布于全国 18 个省中的 15 个省，种植面积将近 15 万曼萨纳（1 曼萨纳 = 0.7 公顷），但大多数农场规模较小，种植面积只有 10～12 公顷。1974 年香蕉生产遭遇减产之后，政府在恢复香蕉产量的同时，通过引进新品种和技术、扩大面积等措施大力扶植咖啡生产。据统计，咖啡在出口中的比重由 1970 年的 14.2% 增长到 1981 年的 22%。从解决就业和出口来讲，咖啡产业是最重要的农业生产部门。1994～1995 年咖啡出口达 210 万袋（1 袋重 45.36 千克）。1996～1997 年咖啡产量 260 万袋，出口创汇 2.79 亿美元。2000 年出口额达 3.41 亿美元。由于生产商和出口商之间的大量债务拖欠以及国际市场价格的低迷，使洪都拉斯超过 50% 的咖啡产业经受危机的考验。在 2001 年 9 月 30 日结束的咖啡出口年度中，出口量减少 13.5%，出口收入减少，每袋价格下降 41.5%。部分原因归咎于巴西、安哥拉和越南的咖啡产量

增长较快，使国际市场供过于求，同时还因咖啡生产国组织的政策失误。目前，该国咖啡生产分散在 10 万个个体生产者手中，种植面积达 23.7 万公顷。2004 年以来得益于国际咖啡市场的高价格，咖啡产量增加。2007 年，咖啡出口总计 450 万袋，创近 10 年来的最高水平。

三　内需作物

棉花种植始于 20 世纪 50 年代，产区主要集中在乔卢特卡、巴列和奥兰乔三省。棉花是大规模生产，机械化程度较高。据统计，1981 年棉花产量达到 7000 吨。1976 年从非洲引种非洲油棕榈，至 1981 年种植面积达到了 8851 公顷。玉米是洪都拉斯居民主要的粮食和牲畜饲料，玉米种植面积在全国农作物中居首位，从沿海平原到内陆高原约有 14.8 万个农场种植玉米，但是到 20 世纪 80 年代，粮食仍不能自给而需要进口，目前粮食仍需进口。

近年来，洪都拉斯在促进农业出口多元化的目标上取得了一些成绩，其中西瓜、菠萝、芒果以及其他热带水果的出口大幅度增加。2004～2008 年中期，由于国际原油市场价格陡升，洪都拉斯开始扩大种植生物燃料的作物，如非洲棕榈和甘蔗等。政府也实施了多个计划来扩大这些作物的生产，力争在 2011 年使生物燃料在能源消费中的比例提高到 30%。

虾养殖业主要在沿海的乔卢特卡省，并且成为出口强劲的部门。罗非鱼成为另一个重要的渔业产品。洪都拉斯的畜牧业以养牛为主，近几年乳产品得到了发展。

四　林业

森林工业在洪都拉斯具有比较重要的地位。在其生产的木材中，90% 为松树，其余为阔叶树。针叶树锯材，

尤其是加勒比松锯材是洪都拉斯重要的出口创汇产品。桃花心木（红木之一种）是另外主要的出口产品。但绝大部分木材被用于国内的燃料的消费。据 FAO 统计，1995 年，作为燃料消耗的林木材近 600 万公顷。由于初级产品加工能力明显超过当前的木材采伐量，所以森林工业的原材料消耗有可能增加。政府鼓励开发利用非常用树种和深加工产品的出口。

洪都拉斯《1996～2015 年林业行动计划》的目标之一是通过计划的实施加强林业管理，还包括增加阔叶树木林产量的措施。目前，大约有 130 万公顷天然松林和 86 万公顷天然阔叶林已经被封山经营，2000 年实现木材产量（包括燃材和工业原木）950 万立方米的目标。

1991 年以来，洪都拉斯林业公司（COHDEFOR）负责制定和实施林业自然保护和野生动物保护政策。全国设有一所国家林业学校，该校开设林业学士课程，并进行森林经营、造林、林产品等方面的研究。洪都拉斯自然保护协会是非政府组织，主要开展森林保护特别是红树林生态系统经营方面的工作。

第三节　工业

洪都拉斯工业基础比较薄弱，以传统的木材加工和制糖业为主，还有食品加工、纺织、服装、化工和运输机械等。工业企业大多集中在北部沿海地区，那里拥有良好的水力发电设施和交通运输条件。

战后至 20 世纪 70 年代，洪都拉斯的工业发展经历了 3 个阶段。40 年代末以前，工业规模较小，限于国内消费的食品和农产品加工业。40 年代末至 50 年代末，政府加强了干预并于 1958 年通过《国家工业发展法》，利用税收和投资等优惠措施鼓励工业部门的发展。制造业得到发展，但仍受制于外国垄断集团和垄断资本的控制。60~70年代末，政府制定了促进工业发展的一系列政策，其间加入中美洲共同市场，推动国家工业化进程。60年代工业生产年均增长率达到8.9%。70年代以后，进一步重视民族工业的发展，建立了一批造纸、制糖、水泥、非洲棕榈油厂和小型钢铁厂等国营企业。1974年，洪都拉斯成立了"全国投资公司"以促进农工联合企业和手工业的发展，并于1978年制定了《中小型工业发展法》，1979年成立了"工业发展中心"专门向中小型企业提供资金和技术支持。在此期间，先后建立了年产达36万吨的全国最大水泥厂，成立了非洲棕榈油农工商联合公司，并建立了3座榨油厂。与此同时，手工业得到发展，全国手工业企业达到140余家，所生产的地毯、皮包、帽子和装饰品等60%卖给国内外游客，1981年收入达78.5万美元，比1978年增加了3.2倍。80年代，洪都拉斯工业继续得到发展，产值连年增长。1978~1980年期间，产值分别为3.5亿、3.8亿和4亿美元，制造业在国民经济中的比重得到提高，但是工业发展受制于其较低的生产率水平和狭小的市场以及有限资金技术，洪都拉斯仍为中美洲发展较为落后的国家。2000年，工业部门的从业人口约45.57万人，产值占GDP的32.1%。

表4-3　1998~2000年洪都拉斯各工业部门产值

单位：百万伦皮拉

年份	1998	1999	2000
矿业	1102	1325	1509
制造业	11186	12916	14996
建筑业	2905	3516	4326
电力、煤气和水	3093	3208	3555

资料来源：《2001年度拉美经济季评》。

一 制造业

　　洪都拉斯的制造业分为 3 个具体的部门：食品、酒和饮料与服装加工等传统部门；出口农产品加工业（如肉类包装、食糖加工、海产品以及造纸和木材等）；以及始于 20 世纪 90 年代的客户工业。客户工业的主要发展推动力来自 2000 年美国国会批准《北美自由贸易协定》（NAFTA）适用于洪都拉斯服装出口这项措施。尽管《北美自由贸易协定》的优惠也给予了其他中美洲和加勒比国家，但是洪都拉斯和多米尼加却因为完好的基础设施以及低工资成本而具有优势。客户工业主要集中于服装加工业，洪都拉斯拥有 4 家国有纺织企业，具备各种工艺要求的能力。与此同时，洪都拉斯也开始发展汽车电子零件、降落伞、家具、塑料、纸箱产品、香烟以及渔具等产品的生产，以实现多元化发展目标。

　　据统计，2007 年洪都拉斯客户工业拥有 342 家企业，吸纳了 13.4 万人就业，其中 53.1% 为女性，工人的工资水平远超过最低工资标准。不过，客户工业经过近年来的快速发展之后，由于对美国出口下降以及来自亚洲国家低成本产品的竞争，2007 年产量下降了 5%（表 4-4）。

表 4-4　2003~2007 年洪都拉斯工业生产的年增长率

单位：%

年 份	2003	2004	2005	2006	2007
工业生产增长率	1.27	2.36	9.01	2.32	-5.07

资料来源：EIU, *Country Profile 2008*：*Honduras*。

二 矿业

　　洪都拉斯未开发矿产资源丰富，尤其是锌、银、铅和金等资源具有很大的开发潜力。当前，对于矿产资源的

61

投资都在等待新矿产法的出台，这部法律将采取更为严格的环保规定，禁止露天开采矿藏，并且将采取新的税收制度，用以补偿那些因开采矿产而遭受环境损失的城市。据统计，2005～2007年间，银和铅的出口保持了增长势头，而锌和金的出口却在下滑。2007年和2008年上半年，由于锌和金的产量分别下降了3.5%和29.5%，影响了整个采矿业的增长。

三　建筑业

2007年，建筑业占洪都拉斯GDP的4%，雇用了19万人。2006～2007年间，建筑业是洪都拉斯增长最快的行业之一，年均增长率达7.8%。建筑业的扩张主要受益于信贷的增加和稳定的宏观经济形势下刺激了私人投资于民用、商用和工业建筑。但是，2008年以来，由于主要投入成本的增加以及银行紧缩银根的影响，建筑业的增幅变小。事实上建筑业的兴衰必将影响到其上下游产业的发展，例如，2001年，得益于国内建筑业和基础设施不断发展，水泥产量一度随之上升，第一季度比上年同期增长了12.9%。

第四节　服务业

一　交通运输和通信

总体上讲，洪都拉斯西北部地区的交通运输业比较发达，而内陆山区和东北部沿海地区的交通比较闭塞，在该地区物资流通一度主要依靠牲畜。

公路整体状况较差。1998年全国公路里程为14602公里，而2000年减少到13603公里。目前，包括一级、二级和城市道路在内的公路总长为15628公里，其中只有19.2%的公路得到硬化铺设。洪都拉斯有两条最重要的公路：一条是连接首都特古西加尔巴和第二大城市圣佩德罗苏拉两地之间的"南北公路"；另一条是与太平洋海岸线平行、连接洪都拉斯与尼加拉瓜和萨尔瓦多的"泛美公路"。2003年中美洲经济一体化银行（CABEI）提供给洪都拉斯政府2240万美元贷款，用于建设连接洪都拉斯最大港口科尔特斯港与危地马拉边界的公路。自马杜罗政府执政时起，作为《普埃布拉—巴拿马计划》（Plan Puebla-Panama）的一部分，洪都拉斯的中心公路就开始拓宽且部分得到了硬化处理。实施上述计划旨在改善连接中美洲和墨西哥道路网的质量。

洪都拉斯全国有3条铁路，都集中于西北部沿海地区。1998年全国可运行铁路988公里，2000年减少为228公里，其中一部分为香蕉和甘蔗专用运输线。洪都拉斯没有铁路与中美洲其他国家相接，首都特古西加尔巴周围群山陡峭，是世界上极少没有铁路的首都之一，与外界的交通主要依靠公路和航空。

洪都拉斯的港口都集中在北部海岸，主要港口有科尔特斯、特拉、拉塞瓦和特鲁希略。其中，位于北部沿海的科尔特斯港是该国最大港口，承担了一半以上的全国出口业务，拥有"滚装滚卸"设施、可同时停泊10艘船只、面积约4000平方英尺的船坞，每小时可为每艘船装卸14~15个集装箱。从2005年起洪都拉斯成为由美国倡导的《集装箱安全协定》（CSI）的成员，也是第一个加入该协定的中美洲国家，目的在于减少恐怖分子对集装箱货船的威胁。

洪都拉斯拥有4个国际机场：特古西加尔巴市的"通孔廷机场"、圣佩德罗苏拉市的"拉蒙·比列达机场"、拉塞瓦市的"戈罗松机场"和巴伊亚岛的"罗阿坦机场"。两家航空公司——国家航空运输公司和洪都拉斯航空服务公司，有航线通往美国、墨西哥和中美洲一些国家。1998年运载旅客104万人次。2000年，洪都拉斯政府把特古西加尔巴、圣佩德罗苏拉、

拉塞瓦及罗敦国际机场转让给由美国旧金山机场牵头组成的"美国—洪都拉斯国际机场财团"，经营权为20年，但由于最初的投资承诺没有兑现，2005年9月以来洪都拉斯国内的合作者数次易人。

拉蒙·比列·莫拉莱斯国际机场（或称梅萨国际机场，Ramón Villeda Morales International Airport or La Mesa International Airport）以洪都拉斯前总统拉蒙·比列达·莫拉莱斯（1957～1963）的名字命名，距圣佩德罗苏拉市11公里，是洪都拉斯最主要和最繁忙的机场。2007年机场旅客吞吐量约60万人次，具有150条国际和国内航线。机场与科潘玛雅遗址、拉塞瓦以及加勒比海的罗阿坦岛等旅游胜地连接，大多数游客由此进出港。预计，随着机场扩建计划的进行，一座新的航站楼将于2015年建成。戈罗松国际机场（Golosón International Airport）又名拉塞瓦国际机场，位于洪都拉斯北部沿海城市拉塞瓦的西部。

2006年，国家电信公司——洪都拉斯电信（Hondutel）把固定电话由1990年的8.73万部增至47.65万部。2003年实施《人人享有电话》计划后，洪都拉斯允许私营运营商提供固定电话业务，因而38家私人企业进入电信市场，尽管固定电话数量有所增长，2006年达到每千人拥有65部电话，但仍远远低于中美洲地区每千人111部电话的平均水平。洪都拉斯有2家移动电话业务运营商。据统计，2006年洪都拉斯拥有224万部移动电话，年均增长率达75%，是固定电话数量的5倍左右。2007年7月，洪都拉斯移动（Honducel）进军移动电话业务领域，2008年其业务已覆盖全国。

二　电力供应

洪都拉斯的电力行业的一个显著特点是垂直一体化经营管理占主导地位；20世纪90年代的行业改革不完

善；在过去的 20 年里，热力发电的比重上升；国家电力公司（ENEE）的财务状况不佳；电力在输送和分配中存在较高的技术和商业损失；农村地区的电力覆盖程度较低。2007 年 6 月，洪都拉斯总统塞拉亚曾宣布"能源紧急状态"。以国防部长和财政部长为首的干预委员会临时掌管洪都拉斯国家电力公司以应对危机，该委员会的托管延期到 2008 年 10 月。

2007 年，洪都拉斯电力总装机容量为 1568 兆瓦，其中热电占 2/3。由于依赖热力发电系统，因此电力行业应对国际原油高价格和易波动的能力极为脆弱。其具体的发电能力如表 4 - 5 所示。

表 4 - 5　2007 年洪都拉斯电力装机容量和比重

电力来源	装机容量（兆瓦）	比重（%）
国有	589	38
水电	464	30
热电	125	8
私营部门	979	62
水电	55	3
热电	924	59
总　　计	1568	100

资料来源：洪都拉斯电力公司（ENEE）。

但是由于季节性等因素（如水力发电受季节制约以及设备老化等）的影响，电力企业实际的发电能力明显低于装机容量。洪都拉斯计划在 2007～2015 年期间，将发电能力再增加 1479 兆瓦。

2007 年，洪都拉斯电力消费的群体和比重分别为：居民 42%、商业 24%、工业 13%、大客户 13%、公共照明 2.5%、政府 2% 以及出口 0.5% 等。近年来，洪都拉斯的峰值电力需求

年增长率超过 7%，2006 年的电力需求达到 1088 兆瓦。预计 2006～2010 年间的能源需求增长率为年均 6%、峰值需求年均增长率约为 7%。电力需求的年均增长率取决于电费是否提高、打击窃电的计划能否成功，以及电力的技术性损耗是否能够下降等因素。

洪都拉斯的电网与邻国的尼加拉瓜、萨尔瓦多和危地马拉的电网相连，但是这个互联电网输送能力有限，预计该电网将被扩展成中美洲电网系统（SIEPAC）的一部分，使用 230 千伏输送电力，输电能力达到 300 兆瓦。

2006 年，洪都拉斯电力覆盖全国的 69%，农村地区的覆盖率仅为 45%，远低于城市 94% 的水平。表 4 - 6 显示了洪都拉斯电力覆盖的家庭情况。

表 4 - 6　洪都拉斯电力覆盖的家庭情况

单位：%

	人　口	占总人口的比重	家庭数量（户）	占全国家庭的比重	电力用户数量（户）	占全国电力用户的比重	可获得电力使用比例
城市	3350081	45.5	700507	49.0	661582	66.9	94.4
农村	4016940	54.5	729611	51.0	327114	33.1	44.8
总计	7367021	100	1430118	100	988696	100	69.1

资料来源：世界银行，2007。

三　供水和卫生设施

洪都拉斯的供水和卫生服务在城市和农村有很大的差异。在人口聚集的中心城市地区通常具有现代化的水处理和供给系统，但由于缺少维护和处理水质较差。在农村地区，一般具有经过有限处理的饮用水系统。在许多城市中，具备

收集污水的下水道等实施，但收集到的污水却很少得到处理，然而在农村地区，卫生设施仅限于厕所和简单的便坑等。

据有关调查，2006 年洪都拉斯 81% 的家庭可以获得经过处理的水源、86% 的家庭可获得卫生服务，而据世界卫生组织联合监测项目的统计，其情况如表 4 - 7 所示。

表 4 - 7　洪都拉斯城乡供水和卫生服务获得比例情况

单位：%

项　　目		城市（占总人口的46%）	农村（占总人口的54%）	总　计
供　　水	广　义	95	81	87
	可获得的家庭	91	62	75
卫生服务	广　义	87	54	69
	污水处理	66	11	36

资料来源：WHO/UNICEF Joint Monitoring Program/2006。

与其他的中美洲国家相比，洪都拉斯在供水和卫生方面的服务质量较差。2006 年，洪都拉斯城市地区的饮用水只有 75% 得到了消毒处理，回收的污水中只有 10% 得到处理；而在农村地区，据估计 2004 年只有 1/3 的供水系统能够不间断供水，只有 14% 的饮用水得到消毒处理。据世界卫生组织报告，2000 年洪都拉斯 98% 的供水系统平均每天有 6 小时处于断续供水状态。

洪都拉斯拥有的水资源可以达到 1542 立方米每秒的供水能力，但是 2006 年的统计显示，实际消费的水只有 88.5 立方米每秒，其中 75 立方米每秒用于农业灌溉、13.5 立方米每秒用于家庭和工业生产。洪都拉斯的供水存在高度的污染。在农村的 4300 个供水系统中，其水源分别来自泉水、溪水、河水和地下水（表 4 - 8）。

表4-8　洪都拉斯农村水源状况

单位：%

水　源	泉　水	溪　水	河　水	地下水
比　例	57	34	5	4

资料来源：http：//en. wikipedia. org/wiki/water_ supply_ and_ sanitation_ in_ Honduras。

长期以来，洪都拉斯的供水和卫生服务是由专门的公司（SANAA）负责提供。2003年，新通过的《水法》要求开放供水服务业，因此地方政府有权力拥有、经营和控制它们自己的饮用水和污水系统。许多国家和国际性的非政府组织在洪都拉斯开展供水和卫生项目，其中包括红十字会、第一水务（Water 1st）、扶轮社（Rotary Club）、天主教救济服务组织（Catholic Relief Services）、水为人类组织（Water for People）、美国援外汇款合作组织（CARE）等机构，以及欧盟、美国国际援助机构和日本政府等政府性机构。

四　金融

19 85年前，与其他中美洲国家相比，洪都拉斯的金融部门的规模较小，其后发展非常迅速。20世纪80年代，洪都拉斯金融部门对经济增长的贡献率以年均4%的速度发展，处于中美洲国家第二。1985年，洪都拉斯拥有25家金融机构及其300余个分支机构，其中商业银行占有金融行业资产的60%以及全部存款的75%。除了属于军队系统的社保机构外（Armed Forces Social Security Institute），所有的商业银行属于私有，且绝大多数为洪都拉斯的家族所有。洪都拉斯有两家国有银行：一家为专门从事农业信贷的银行；另一家为专门针对城市政府融资的银行。

1990 年，在国际货币基金组织（IMF）和世界银行（WB）的要求下，洪都拉斯按《华盛顿共识》对金融行业开始自由化改革进程。改革从放开农业贷款利率开始，并逐渐扩展到其他部门的贷款。从 1991 年后期开始，洪都拉斯的银行使用自有资金，可对所放农业贷款收取市场利率。但是根据法律规定，这些银行必须向货币主管当局报告，并且其利率可以固定在规定利率的两个百分点之内。1991 年，商业银行向政府施压要求将最低准备金率降低 35%，但政府一直将最低准备金率水平维持到 1993 年6 月，其间临时将标准提高到 42%，而 3 个月后又调整为 36%。在实施自由化政策之前，中央银行保持对利率的控制并设定了19% 的利率上限，但 1991 年后期贷款的市场利率已经飙升到26%。1990 年通货膨胀率高达 33%，当时实际利率为负值。1993 年利率水平维持在 35%～43%，高于通货膨胀率 13%～14% 的水平，通胀形势得到改观。银行家继续要求自由化，其中包括减少对非出口农业部门的控制。

到 2007 年年底，洪都拉斯有 18 家商业银行，它们占全国金融部门总资产的 97.4%。随着美国花旗集团接管第一金融集团（Grupe Financiero Uno），英国汇丰银行（HSBC）接管 Bansitmo，表明国际大的银行机构增加了在洪都拉斯的业务。此外，美国通用电气（GE）接管了洪都拉斯的商业银行（Banco Mercantil, Bamer），而专门从事小额信贷业务的德国 Banco Procredit 和墨西哥阿兹特克银行（Banco Azteca）也开始了在洪都拉斯的业务。商业银行服务的客户有限，大多数资产集中于那些由大银行、保险公司和金融公司组成的跨国公司的股东手中。这个制度使得银行在面临监管和市场变化的情况下很容易转移资产。

洪都拉斯的证券交易所成立于 1990 年 8 月，并且限于债券的交易。1991 年有 9 家公司注册进行交易；1993 年发展到 18家。

第五节 旅游业

一 游客与旅游业收入

（一）游客数量

20 世纪 80 年代末以来，洪都拉斯的到访游客持续增加，游客数量由 1987 年不足 20 万人次增加到 1989 年的 50 余万人。之后，1996 年接待外国游客 26.33 万人次，1998 年达 32.11 万人次。进入 21 世纪以后，游客增加势头不减，由 2003 年的 88.66 万人次增加到 2008 年的 159.19 万人次，其中留在洪都拉斯过夜的游客数量由 61.05 万人次增加到 89.93 万人次。据统计，在 2007 年的 130 多万人次游客中超过 50 万人次是游船旅行者（表 4 − 9）。

表 4 − 9 **2003 ~ 2008 年洪都拉斯旅游业来访游客统计**

单位：千人次

游客分类	2003 年	2004 年	2005 年	2006 年	2007 年	2008 年	2007/2008 年变化（％）
游客（过夜）	610.5	641.0	673.0	738.7	831.4	899.3	+ 8.2
一日游游客	276.1	384.5	444.6	397.7	505.2	692.5	+ 37.1
游艇游客	161.6	266.7	277.1	204.8	297.4	434.2	+ 46.0
其他游客	114.5	117.8	167.6	192.9	207.8	258.3	+ 24.3
游客总计	886.6	1025.5	1117.6	1136.4	1336.6	1591.9	+ 19.1

资料来源：根据英国经济学家情报社（EIU）资料整理。

（二）游客来源

洪都拉斯的游客主要来自北美洲、中美洲和欧洲地区，2003 年来自上述 3 个地区的游客分别为 18.54 万人次、35.31 万人次和 4.41 万人次，其中中美洲的游客最多；2008 年分别增长到 33.80 万人次、45.31 万人次和 8.05 万人次，仍以中美洲地区的游客居多。2008 年欧洲游客同比增加 110.7%。2003 ~ 2006 年间，来自其他地区的游客数量保持增长的趋势，但是 2006 年之后出现大幅下降，2007 年之后又有所回升（表 4 – 10）。

表 4 – 10 2003 ~ 2008 年洪都拉斯游客来源

单位：千人次

地　　区	2003 年	2004 年	2005 年	2006 年	2007 年	2008 年	2007/2008 年变化(%)
北 美 洲	185.4	194.4	225.8	260.9	318.1	338.0	+ 6.3
中 美 洲	353.1	370.7	360.8	377.9	448.5	453.1	+ 1.0
欧　　洲	44.1	46.4	52.2	60.3	38.2	80.5	+ 110.7
其他地区	27.9	29.5	34.2	39.6	26.6	27.7	+ 4.1
总　　计	610.5	641.0	673.0	738.7	831.4	899.3	+ 8.2

资料来源：根据英国经济学家情报社（EIU）资料整理。

据统计，来自美国和中美洲的游客平均停留约 12 天，每天平均消费为 49 美元。2003 ~ 2008 年期间，来自北美的游客停留的夜晚天数比例分别为：1 ~ 3 夜，占 18%；4 ~ 7 夜，占 40%；8 ~ 10 夜，占 12%；11 ~ 14 夜，占 12%；15 ~ 28 夜，占 10%；29 ~ 91 夜，占 7%；92 夜以上的占 1%。

（三）旅游收入

20 世纪 90 年代以来，洪都拉斯旅游收入逐年增加。1990 年创汇 2900 万美元。1995 年全国有 399 家饭店，16957 个床位。1996 年全国旅游创汇 1.56 亿美元。1998 年有 486 家饭店，11855 间客房，创汇 1.64 亿美元。1999 年有 559 家饭店，12910 间客房；接待游客 368679 人次，同比增加 14.8%，创汇 1.65 亿美元。2000 年创汇 2.45 亿美元。

进入 21 世纪，洪都拉斯旅游收入增长更为迅速，2000 ~

2007 年，旅游业的收入翻了一番，由 2.6 亿美元增长到 5.57 亿美元。2007 年有 1099 家饭店、35500 个床位，旅游行业就业的劳动力约为 14.8 万人。2007 和 2008 年，洪都拉斯的饭店入住率均在 50% 以上，2008 年个别月份在 70% 左右。

二　旅游资源

都拉斯拥有独特的自然和文化遗产。拥有世界第二大的珊瑚礁、有雅典之称的古玛雅文明科潘遗迹以及遍及全国的美丽海滩、殖民时代的城市等文化遗迹。

（一）科潘遗址

科潘玛雅古城的遗址，位于洪都拉斯首都特古西加尔巴市西北部约 225 公里处，靠近危地马拉边境。遗址坐落在 13 公里长、2.5 公里宽的峡谷地带，海拔 600 米，占地面积约为 15 公顷。科潘玛雅遗址 1980 年列入世界遗产名录。科潘玛雅遗址是玛雅文明最重要的地区之一，有着宏大的建筑，丰富的象形文字，是极少数起源于热带丛林的文明的例证。这些建筑表明科潘的玛雅人有高度发展的经济和文化。

1839 年，美国探险家史蒂芬斯（John Lioyd Stephens）和卡瑟伍德（Frederik Cather Wood）受到一个古老传说的启示，披荆斩棘，深入浓荫蔽日的雨林之中，然而，他们没有找到被巫师催眠的美丽公主，却发现了一座已荒废千年的古代城市遗址。在这座被称为科潘的旧城废墟上，高大的纪念碑被藤条缠绕，湮没在荆棘之中；雄伟的金字塔上长满了粗壮的树木，变成一座座荒丘。史蒂芬斯等人被眼前的这一切惊呆了，这些遗迹所代表的就是辉煌灿烂的玛雅文明。

玛雅文明是世界著名的古代文明之一，也是唯一诞生在热带丛林而非大河流域的文明。玛雅人具有的抽象思维能力让同时代的旧大陆文明相形见绌。他们创造了精确的数学体系和天文历法系统，以及至今仍有待我们去破译的象形文字系统。玛雅人最重视对太阳和月亮的观测，他们能算出日食和月食出现的时间，并已将七大行星都列入了研究范围。他们对金星运行周期的计算和现代科学实测结果完全一致。玛雅历法体系由"神历"、"太阳历"和"长纪年历"组成。玛雅人有一个独特的数学体系，在这个体系中，最先进的部分便是"0"这个符号的使用，它的发明和使用比欧洲大约早了800年。玛雅人数学体系的适用性和科学性，使他们能在许多科学和技术活动中解决各种难题。在世界各古代文明中，除了起源于印度的阿拉伯数字之外，玛雅数字要算是最先进的了。但遗憾的是有关玛雅数学的图书或文献一本也没有流传下来。玛雅的象形文字对现代人来说简直是一部天书，它谜底直到今天仍未解开。玛雅象形文字以近似圆形或椭圆为主，字符的线条更多地依随图形起伏变化，圆通流畅。

科潘的神殿、祭坛和石柱等遗迹闻名于世。其中，石柱高为3～5米、周长达2～3米，刻有极其复杂的浮雕，描绘了历史上这个城市历代统治者的形象。大多数石柱一端为圆形，另一端呈扁平状，在扁平状一端所刻有的象形文字描述当时权贵们的政治生活，记述了当时的思想等。这些石刻描述之详尽、规模之宏大令人震惊，而且使科潘成为玛雅的遗迹中最为耀眼的文明之一，为后人破解这个消失的文明提供了宝贵的钥匙。

科潘是玛雅象形文字研究最发达的地区，它的纪念碑和建筑物上的象形文字符号书写最美、刻制最精、字数最多。在科潘遗址中，有一条六七十级的梯道，用2500多块加工过的方石砌成，这是一座纪念性的建筑物，梯道建在山坡上，直通山顶的祭坛。梯道宽10米，两侧各刻着一条花斑巨蟒，蟒尾在山丘顶部，梯道的每块方砖上都刻着象形文字，每个象形文字的四周均雕有花纹，梯道共刻了2000多个象形文字符号，它是玛雅象形文字最长的铭刻，也是世界题铭学上少见的珍贵文物，由此被称为

"象形文字梯道"。

不仅如此，科潘的经济与政治实力仅次于蒂卡尔而远远超过其他城邦，在文化上则完全可以和蒂卡尔并肩而立，甚至还略有超越，有学者认为科潘的重要意义绝不在蒂卡尔之下，它们如双峰并立，是玛雅文明两座最伟大的灯塔。确实，从考古发掘的城市遗址看，科潘在规模上可能略逊于蒂卡尔，但美丽却有过之而无不及。据记载公元 805 年以后，玛雅人突然弃科潘城北迁，科潘城随之变成一片废墟。① 关于玛雅文明消失之谜，至今仍困扰着国际考古界。

（二）罗阿坦岛

罗阿坦岛是巴伊亚群岛中最大的岛屿，形状像一个梭子，东西长 33 英里，南北宽 4 英里。在岛上观海有一个奇特的现象，海水平静得像池水，只有朝远处看，才可以看到一线白色的细浪。这是因为巴伊亚群岛周围生长着极其丰富的珊瑚，尤其是罗阿坦岛以北海底的珊瑚屏障，挡住了海潮。

这片珊瑚向大海延伸数海里后，突然下滑，形成了一道深深的沟壑，然后又隆起，形成又一片珊瑚屏障，一直延伸到 18 海里外的深海中。据说，这片珊瑚礁一直向北铺展到伯利兹沿海，其规模仅次于澳大利亚的大堡礁，居世界第二位。这里集中了加勒比海各种不同类型的珊瑚，珊瑚不仅是海岛的屏障，而且为鱼类的生存、繁衍提供了理想的场所，巴伊亚群岛附近有上百种鱼，大约有 20 多种是生活在珊瑚之间的，有的鱼类甚至完全靠这里密集的珊瑚繁殖后代。

在罗阿坦岛的西海滩，可以观看到奇妙的海底生态，那里是一片雪白的、细细的沙滩，海水清澈透底，站在齐肩深的水里，能看见自己脚趾的颜色和浮起的沙粒。在这里只要戴上简易的潜水

---

① http://www.china.com.cn.

镜，衔上一支透气管，往海里游 20 米或 30 米，就可以看到奇妙的海底世界：在扇状、球形、鹿角形、菊花形各式各样的珊瑚里，游动着形形色色的热带鱼，长的、扁的、带彩色花边的、全身布满黑黄相间道道的、布满黑色、红色条纹或是斑斑点点的……

巴伊亚群岛还保持着原始的自然风貌，据说和 400 多年前哥伦布的船队来到时所看到的景象差不多。晨雾在椰林间弥漫，渐渐地散去，此起彼落的鸡啼，"喳喳"的鸟鸣，"咕咕"的蛙声，"吱吱"的蝉叫，合成一支早晨的奏鸣曲。海水和晚上一样，依然平静得像一泓池水，轻吻着白色的细沙。岸上，紫色牵牛花从四处爬出来，缠绵在一起，争先恐后地向大海铺去。椰林直长到海边，裸露着粗大的根茎，海滨地上撒满熟透的椰子。岛上居民住的房屋也别具特色，一座座木头吊脚屋，点缀在椰林深处或是港湾里，有点像中国南方少数民族的寨子。岛上最热门的旅游活动是潜水观看海底生态、运动钓鱼、登山到原始森林里探险。

在罗阿坦岛还有一些值得游玩的地点，如公牛洞（Coxen Hole），作为首府城市，是通往罗阿坦岛的门户，这里是行政中心，汇聚了海关、市政厅，以及医院、银行、商店、加油站、网吧和纪念品商店等。法国港（French Harbour），是罗阿坦岛上第二重镇。作为海港城市，主要的海产品包装企业聚集在此。这里有岛上最著名的餐馆、最好的仓储超市、汽车租赁机构，以及酒吧、迪斯科舞厅等娱乐设施。西端（West End），因为坐落于岛屿的西端而得名。游客可以乘坐微型潜艇或参加深海潜水等活动。西湾（West Bay），拥有美丽的海滩和宁静的海水，拥有舒适的酒店，也是酒店业发展最快的区域。沙湾（Sandy Bay），设有海洋科学研究所，可以观看海豚表演，进行帆船冲浪等娱乐。

（三）国家公园

洪都拉斯正在成为世界上主要的生态旅游目的地之一，该国不仅人口稀少而且大部分资源处于原生状态，极好地保持了生物

多样性。洪都拉斯拥有的鸟类超过 700 种，还有美洲虎、美洲狮、虎猫、食蚁兽、貘、长毛吼猴等稀有的哺乳动物种群，拥有中美洲地区面积最大的云雾林和原始森林。事实上，莫斯基迪亚（Moskitia）地区是世界上仅有的几个没有开发而保持原生态风貌的区域。正因为如此，洪都拉斯在中美洲地区毫无疑问地具有建立宏大国家公园的基础。目前，洪都拉斯的 8 个主要生物带都置于公园或保护区的保护之下，但仅实现了划定为保护面积区域2.5 万平方公里的一半。洪都拉斯主要国家公园包括：巴巴列塔国家海洋公园（Barbareta Marine National Park）。巴巴列塔岛拥有 500 公顷的属于私有的鹦鹉保护区，长约 6 公里的巴巴列塔岛被划作海洋公园。这里到处是野生动物和奇异的植物，拥有沙滩以及沿着海岸线的椰树。这个茂盛的热带岛屿被天然的珊瑚礁环绕着，并由一些分隔的海滩和原始的热带雨林一同构成。由罗阿坦岛到巴巴列塔岛乘包机需要 20 分钟，乘船则需要 2 小时的行程。还有卡皮罗－卡拉杜林国家公园（Capiro-Calentura）和瓜伊莫列托·拉孔野生动物保护区（Guaimoreto Lagoon）。卡皮罗－卡拉杜林是北部沿海特鲁希略地区面积较大的热带雨林地区。塞拉克国家公园（Celaque National Park）拥有全国最高的云雾林、4 座山峰、松树林以及众多温泉。这里有住宿、露营和导游等服务设施。全国最高山峰就坐落于公园之中，若登顶需要 3 天的行程，而从格拉西亚斯（Gracias）沿着 8 公里的土路则是最容易的一条登顶途径。库苏科国家公园（Cusuco National Park）以栖息了数量可观的华美绿咬鹃而闻名，而观赏它们的最佳季节是每年的 4 月和 5 月，这时是这种鸟筑巢的时期。该公园距离圣佩德罗苏拉市约 2 小时的车程。目前该公园由办公室设在圣佩德罗苏拉市的一家基金会负责管理。

此外，位于圣巴巴拉、科尔特斯和科马亚瓜三省交界处的约华湖（Yojoa），又名塔乌拉贝湖（Taulabe），是全国最大的淡水湖，面积达 400 平方公里。湖泊景色秀美，是世界著名的游览胜地。

（四） 首都及其旅游资源

特古西加尔巴是洪都拉斯共和国首都，弗朗西斯科－莫拉桑省首府。它位于中南部群山环抱的乔卢特卡河上游河谷，海拔975 米，原为印第安人村落蒂辛加尔（Tisingal），1578 年重建后改为现名。

"特古西加尔巴"在印第安纳瓦特语中是"银山"的意思，当地居民爱称其为"特古斯"。1550～1560 年间，一些西班牙人奉皇家之命来到这里寻找矿藏，1578 年在当地居民的帮助下发现了大银矿，建立了圣·米格尔·德·特古西加尔巴皇家矿山。当时的文件没有记载建矿的日期，但根据西班牙人的习惯，发现一个地方就用这一圣日的圣徒名字命名，圣·米格尔的圣日是 9月 29 日，这一天就成了特古西加尔巴建立的日子。1579 年，危地马拉都督府决定在这里建立政权机构，并派来村长。1762 年，随着经济的发展，村改为镇。到 18 世纪中叶，特古西加尔巴成为中美洲最富有的三大城市之一。1821 年 9 月 15 日，洪都拉斯独立，1849 年特古西加尔巴被定为首都，1880 年被定为永久性首都，1938 年与科马亚瓜合并成洪都拉斯中央区至今。首都人口中 50% 以上为梅塞蒂索人，其他有印第安人、穆拉托人、桑波人、黑人和白人，绝大多数人信奉天主教，居民讲西班牙语。

实际上，特古西加尔巴是由两座城市发展而来的：特古西加尔巴和科马亚瓜。从市区流过的乔卢特卡河是原来两座城市的界河，右岸是坐落在山麓丘陵上的老城区，为商业、行政中心，周围是居民区。老城区的街道比较狭窄，建筑物色彩柔和，居民的阳台多为悬挂式；河的左岸是新城区，地势平坦，多为现代化高楼大厦，议会大厦、中央银行、总统府均在这里。

市中心是一个大广场。广场中央是莫拉桑公园，公园里矗立

着洪都拉斯民族英雄、中美洲独立运动时期的杰出活动家弗朗西斯科·莫拉桑的塑像。公园后面是中央政府大厦；左面是圣米格尔大教堂，该教堂建于殖民统治时期，塔顶有一座古老的西班牙钟；右面是国家博物馆，里面保存着各种历史文物和动植物标本。

著名的苏亚巴圣母院是洪都拉斯的艺术圣地，坐落在市郊的苏亚巴镇上，这里保存着一座大约 80 厘米高、雕工细腻、价值连城的圣母像，人称苏亚巴圣母保护神。此外，这里还汇集了雕塑、印第安人的手工艺品等洪都拉斯的民族艺术精华。

联邦公园坐落在海拔 1300 米的皮卡乔山上，里面有一个热带植物园，公园内景色优美，树木繁多。

特古西加尔巴的工业有纺织、制糖、烟草、食品、制鞋、木材加工、化工、电器、农机等。由于城市四周群山环抱，地形十分险要，几次修筑铁路的尝试都未成功，因此，为世界上少数不通铁路的首都之一。主要由城南的国际机场与国外沟通，也有公路与国内及邻国相通。

（五）圣佩德罗苏拉市

圣佩德罗苏拉市位于洪都拉斯的北部，距离海滨很近，在洪都拉斯历史上具有重要地位。该城建于 1536 年 6 月 27 日。当初西班牙殖民者发现它的时候，该地名为"卡欧修斯港"（Villa de San Pedro de Puerto Caballos），5 年后改为现名，其中"苏拉"源自当地方言，意思为"鸟的山谷"。

圣佩德罗苏拉国际机场是进出该市的重要门户，与美国的迈阿密、休斯敦、纽约、洛杉矶和旧金山等城市的空港相接，与中美洲国家哥斯达黎加的圣何塞、萨尔瓦多的圣萨尔瓦多、危地马拉的危地马拉城等有便捷的航班，并且每天有往来首都和国内其他城市的航线。圣佩德罗苏拉与首都之间具有一流的公交汽车服务，两座城市之间的公路是中美洲地区最好的公路之一，车程不到 4 小时。

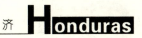

圣佩德罗苏拉具有便捷的旅游服务设施，在此设有多家银行和货币兑换所。银行的营业时间，周一到周五为早上9点至下午3点、周六只在上午营业。国际信用卡，尤其是维萨卡、万事达卡等在此可广为使用。在市区包括大型商场还设有自动取款机。圣佩德罗苏拉的自来水与洪都拉斯其他地方一样通常不符合饮用水卫生标准，而大多数旅馆和饭店的自来水则可安全饮用。电话亭在该市随处可见，可用20分和50分的硬币使用。长途电话则只能通过洪都拉斯电信公司在当地的机构办理。

圣佩德罗苏拉沿袭西班牙风格建立，是一个安逸的城市，城市被划分为4个扇形区域：东北部、东南部、西北部和西南部。所有的街道都被编号，其中南北向的称为大街，东西向的称为街。中心区被编为1号街。市区主要的旅游景点包括：瓜米丽多市场（Guamilito market），这里汇聚了洪都拉斯的各种手工艺品。市场里还出售蔬菜和鲜花。附近有人类和历史博物馆、新自然博物馆、儿童博物馆以及图书馆和剧场等。

（六）洪都拉斯《旅游业促进法》

为促进旅游业的发展，洪都拉斯制定了《旅游业促进法》，不仅长期给予旅游业发展项目免除收入所得税，而且免除符合规定的一些商品进口关税，其中包括：项目建设所需的货物和装备；为推广和宣传本国旅游业所需的印刷材料；以前已得到批转，现需要更新已经损坏的物品和装备；汽车租赁公司所需的新的公共汽车、载货卡车等；飞机以及用于运输的新旧船只等。

洪都拉斯的《旅游业促进法》适用于从事下列业务的企业：饭店、旅社以及"分时"意义上的房间等；航空旅客运输；水运旅客运输；娱乐中心（但是赌场、夜总会、电脑游戏、自动售货机、电影院、剧场等规定的行业除外）；洪都拉斯工艺品的专营店；内地的旅行机构；会议中心以及专门的机动车租赁公司等。

第六节　对外经济关系

一　对外贸易

蕉和咖啡是洪都拉斯的两大传统出口创汇产品，但其出口额占商品出口总额的比重由 25 年前的 50% 降至 2006 年的 33.9%。近年来，政府致力于非传统出口的多元化战略，尤其是发展虾类养殖、非洲棕榈油、木材、香皂、豆类、蔬菜、甜瓜、西瓜、罗非鱼等产品及金、锌等矿产品的出口。商品贸易仍呈现出口多元化水平不高的原因就在于客户工业未列入统计。1999 年以来，由于国际市场商品价格走高，使得洪都拉斯的出口收入不断增长，2006 年同比增长 11.3%，达 20 亿美元，占当年 GDP 的 21.3%。

20 世纪 90 年代洪都拉斯实行贸易自由化。1990～2000 年，由于关税降低，主要进口资本货和中间产品大量进口，使进口额增加了 3 倍，导致贸易赤字扩大。1998 年遭受"米奇"飓风灾害后，贸易赤字进一步增加，从 1998 年的 8.37 亿美元增至 1999 年的 13 亿美元，此后赤字每年都在增加。2006 年，由于出口收入下降而进口持续增加，使贸易赤字高达 35 亿美元，相当于 GDP 的 37.5%。进口增长主要是由消费品（包括食品、药品和汽车）、工业投入品（尤其是农业部门的投入品）及燃料等进口拉动的。2006 年进口总额达到 55 亿美元，占 GDP 的 58.3%。在对外贸易额不断增长的同时赤字扩大。

2007 年以来，洪都拉斯出口产品呈多元化趋势，出口的主要商品有咖啡、香蕉、海产品和黄金，其在出口总额中的占比分别为 23.6%、13.2%、11.0% 和 2.5%；进口的主要商品为制造业产品和工业原材料、机械和运输装备、商品和动物产品及燃

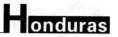

料，其在进口总额中分别占 38.6%、26.2%、16.1% 和 18.7% [1]（表 4 - 11）。

表 4 - 11 　 2003 ~ 2007 年洪都拉斯的商品进出口总额及
主要进出口商品情况

单位：百万美元

	2003 年	2004 年	2005 年	2006 年	2007 年
出口额（离岸价）					
其中：咖啡	192.0	277.2	366.3	423.6	516.5
香蕉	133.3	208.8	260.3	251.9	289.6
海产品	159.9	176.0	214.1	240.0	240.8
黄金	16.6	23.6	41.3	42.7	55.5
出口总额	1283.4	1559.2	1821.3	1971.5	2186.2
进口额（到岸价）					
其中：制成品和工业原材料	1391.6	1533.6	2017.7	2315.4	2696.7
机械和运输设备	801.2	1114.4	1136.8	1350.0	1830.5
食品和动物产品	555.3	613.0	762.6	909.7	1121.6
燃料	512.4	637.2	911.0	1088.5	1304.8
进口总额	3268.8	3917.1	4852.5	5694.6	6983.5

资料来源：洪都拉斯中央银行。

洪都拉斯的贸易伙伴比较集中，主要是与其临近的美国和中美洲国家，美国是它最主要的出口目的国和进口来源国。20 世纪 70 年代以来，洪都拉斯同美国的贸易额增长迅速，1981 年对美国的出口额和进口额，分别由 1970 年的 0.4 亿美元和 0.9 亿美元增加到 4.2 亿美元和 3.9 亿美元。自 1979 年起，同美国的贸易一直保持着顺差。但近年来美国在洪都拉斯对外贸易中的重要性有所下降，2006 年对美国的出口额和从美国的进口额，分

———————

① EIU，*Country Risk Service—Honduras*，April 2008.

别占其出口总额和进口总额的 35.9% 和 35.8%，而 2002 年的这一比重分别为 46.5% 和 37.1%。不过，这些统计并不包括客户工业对美国的贸易（它们几乎都与美国进行）。

近年来，洪都拉斯与墨西哥的贸易增长强劲，2003～2006 年间，洪都拉斯对墨西哥的出口额增长了 2 倍，而从墨西哥的进口额增长了 62%。洪都拉斯与尼加拉瓜的双边贸易也在增长。2007年，洪都拉斯主要的出口市场依次是美国、萨尔瓦多、危地马拉和德国，对它们的出口额占洪都拉斯出口额的比重分别为 35.7%、9.1%、8.6% 和 8.5%；主要的进口来源国依次为美国、危地马拉、萨尔瓦多和哥斯达黎加，它们在洪都拉斯进口总额中的比重分别为 38.6%、9.3%、5.8% 和 4.8%。[①] 洪都拉斯进一步参与本地区的一体化进程，将有助于区域内贸易的增长（表 4 - 12）。

表 4 - 12　2003～2007 年洪都拉斯的主要贸易伙伴及其占比

单位：%

	2003 年	2004 年	2005 年	2006 年	2007 年
出口目的国					
美　　　国	44.3	43.0	39.4	35.9	35.7
萨 尔 瓦 多	11.2	11.6	9.3	8.6	9.1
危 地 马 拉	5.8	6.6	7.2	6.4	8.6
德　　　国	4.8	6.5	6.5	8.1	8.5
进口来源国					
美　　　国	38.0	35.9	37.4	35.8	38.6
危 地 马 拉	8.3	7.7	8.3	9.1	9.3
萨 尔 瓦 多	5.6	5.0	5.5	5.7	5.8
哥斯达黎加	5.1	5.0	4.9	5.0	4.8

资料来源：国际货币基金组织，贸易统计指南。

---

① EIU, *Country Risk Service—Honduras*, April 2008.

二 经常项目账户收支

贸易赤字是当前洪都拉斯经常账户赤字中最大一项来源。据统计，2007年贸易赤字为30亿美元，相当于GDP的24%。由于2008年调整了国际收支的统计方法，所以原本计算在服务贸易账户下的客户工业转为记在货物贸易账户下。迄今为止，可获得的数据显示，自2000年以来，来自旅游的收入无法弥补进口运输服务支出，服务贸易账户一直处于赤字状态。与此同时，收入账户也显示为赤字。虽然利息支出是主要的提款项目，但是自2005年"重债穷国（HIPC）"计划实施后，洪都拉斯的利息负担大大减轻。不过，2000年以来，外商直接投资的收入支付、利息汇出以及侨汇收入均呈现上升之势。2002～2007年间，洪都拉斯的侨汇收入增长了3倍，达到25亿美元，相当于洪都拉斯GDP的20%以上，成为洪都拉斯外汇最大的单一来源。尽管受到美国经济衰退的影响，但2008年第一季度侨汇收入仍同比增长10%。由于贸易赤字的增加，2007～2008年，经常项目赤字还在加大。

三 资本流动和外债

2003年以来，实施自由化政策、旅游业的巨大投资机会、客户工业和非传统出口及地区一体化进程等成为促进洪都拉斯吸引外国直接投资（FDI）的主要因素。近年来，洪都拉斯吸引FDI持续增加，2005～2006年分别累计达5.99亿美元和6.74亿美元。2007年吸引FDI累计达8.16亿美元，相当于GDP的6.6%。洪都拉斯的客户工业、交通、通信（以移动电话为龙头）、金融行业和旅游业成为吸引外资的主要领域。[①]

---

① EIU，*Country Report—Honduras*，April 2008.

美国是洪都拉斯客户工业吸引 FDI 的最大来源国，2004～2006 年间，来自美国的 FDI 占该行业吸引全部 FDI 的 52.5%；其次是加拿大，同期所占比重为 19.5%。除客户工业以外，来自美国的 FDI 也是其他经济部门吸引投资的最大来源，2004～2006 年间占其他部门吸引全部 FDI 的 41.8%；同期来自中美洲国家的 FDI 占 16.8%。据统计，2006 年流入洪都拉斯的 34.6% 的 FDI 投向交通运输业和通信业（主要是移动通信业）、24.2% 投向商业（主要是进口企业）、13.7% 投向金融部门。[①]

洪都拉斯欢迎外国投资，外资享有国民待遇。政府希望外资投向本国的基本医疗卫生服务、通信、电力、机场、渔业和狩猎、矿藏的勘探和开发、林业、农业、保险和金融服务及私有教育等行业。一般禁止外资拥有沿海地区和边境地区的土地所有权，但政府允许的外资除外。洪都拉斯是《华盛顿公约》和《纽约公约》的签字国，这在一定程度上保障了投资纠纷的解决和仲裁结果的执行。

《洪都拉斯投资法》规定，政府对经济的干预降到最低程度，鼓励外国投资活动，所有私人企业不论内资还是外资享有同等待遇。《自由贸易区法》规定，自由贸易区内的企业进出口原料、装备、办公设备及其他所需的物资，实行免税；利润或收入免税；免征城市税；有权撤出其全部资本和利润。根据 1987 年通过的《出口加工区法》，出口加工区的企业享有与自由贸易区内的企业同等的权利，其中包括免征所有税收。《临时进口管制法》主要是管理设在出口加工区以外的企业，规定优质企业可以免税进口用于出口生产所需的机器设备等。《公共服务促进与

---

① EIU, *Country Profile—Honduras*, April 2007.

国家基础设施法》鼓励外资参与基础设施建设。[1]

2004 年洪都拉斯名义外债达 60 亿美元，相当于 GDP 的 80%，2008 年 8 月底下降到约 32 亿美元（相当于 GDP 的 25%）。其中，私人部门的外债超过 10 亿美元，主要是金融部门从国外借款以满足国内对美元贷款的需求；公共部门的外债超过 20 亿美元，占全部外债的 2/3。截至 2006 年年底，外债中 69.2% 是欠国际多边金融机构的，其中包括世界银行（WB）、美洲开发银行（IDB）及中美洲经济一体化银行（BCIE）等；18.6% 是双边的官方借贷，其余为私人债务。该国所欠外债的 90% 是以美元计算的。[2] 偿债主要是靠国际债权人的债务减免。2004 年洪都拉斯获得了"重债穷国（HIPC）"地位，2005 年 5 月"巴黎俱乐部"同意减免洪都拉斯所欠 11 亿美元的债务（洪都拉斯所欠债务的 72% 是对巴黎俱乐部成员的）；2005 年中期，"八国集团"（G8）部长会议宣布免除 HIPC 的债务后，意味着洪都拉斯又被免除了 12.5 亿美元的外债；2007 年 3 月，美洲开发银行宣布，免除该国所欠的 14 亿美元债务。

四　汇率和国际储备

殖民统治时期，洪都拉斯使用的货币是西班牙比索。独立后，曾一度使用英镑和美元。1926 年 4 月 3 日，洪都拉斯法律规定以抗击西班牙殖民者的印第安民族英雄伦皮拉（Lempira）的名字命名本国货币（符号：Lempira，La）。洪都拉斯货币分为铜、镍、银币和纸币 4 种。自 2005 年起，洪都拉斯实行固定汇率制度，伦皮拉对美元的汇率为：1 美元兑 18.9 伦皮拉。

---

[1]　FIDE，http://www.investinhonduras.hn/en_04b.asp

[2]　EIU，*Country Profile—Honduras*，2007.

2000～2006 年，客户工业收入和侨汇收入的快速增长，使外汇储备翻了一番。截至 2008 年 8 月，外汇储备达 23 亿美元，可满足 3.5 个月进口的需要。

第七节　国民生活

都拉斯人均 GDP 只有 1635 美元，是西半球最贫穷的国家之一，也位于"重债穷国"之列。据洪都拉斯国家统计局统计，2005 年，贫困人口占总人口的比重为 65.3%；2007 年中期，这一比例下降为 60.2%。由于大部分人口处于贫困状态，其社会指标令人担忧：43% 的人口处于赤贫状态；11% 的家庭住房拥挤；将近 15% 的家庭缺乏足够的卫生设施；在 15 岁以上的人口中，每 6 个人当中就有 1 个人是文盲。而贫困又是造成洪都拉斯人口预期寿命（平均 68.6 岁）相对较低的原因。由于人们对改善生活条件的预期较差，因此向美国移民的数量始终保持较高的水平。

据《2009 年人类发展报告》，1980～2007 年，洪都拉斯的人类发展指数 HDI 由 0.567 增至 0.732，但在社会福利等方面与其他国家仍存在差距。2007 年，洪都拉斯的人类发展指数在 182 个国家和地区中排名第 112 位，人类贫困指数 HPI 在 135 个国家和地区的排名中位列第 61 名（表 4－13）。①

尽管 2006 年和 2007 年，经济增长率都超过了 6%，实现了连续 4 年的增长，但是 2008 年有所下降。近年来，尽管洪都拉斯的经济走上多元化发展方向，但仍存在大量的缺少就业机会的农业人口。洪都拉斯的主要经济社会发展指标见表 4－14。

①　UNDP, "The Human Development Index, 2009". http：//hdrstats. undp. org/

表 4 – 13　2009 年洪都拉斯人类发展指数

HDI	出生时 预期寿命	成人识字率 (%,15 岁及以上)	中小学毛 入学率(%)	人均 GDP(PPP 购 买力平价,美元)
0.732(112)	72 岁(83)	83.6(91)	74.8(81)	3796(119)
HPI	无法活到 40 岁 的可能性(%)	成人文盲率 (%,15 岁及以上)	无法获得净化的 水资源的人口(%)	儿童体重不足 (%,0~5 岁)
13.7(61)	9.3(82)	16.4(91)	16(89)	11(67)
GDI 与 HDI 的 比值	出生时女性的预 期寿命与男性的 预期寿命的比值 (%)	女性成人识字率 与男性成人识字 率的比值	女性中小学毛入学率与男性中小 学毛入学率的比值(%)	
98.4(113)	106.9(79)	99.6(32)	109.9(23)	

说明:HDI——人类发展指数;HPI——人类贫困指数;GDI——性别发展指数;括号内的数据为该指数的排名。

资料来源:UNDP,"The Human Development Index, 2009". http://hdrstats.undp.org/。

表 4 – 14　洪都拉斯主要经济社会发展指标

指　　标	数　　值	名次/全部统计国家或地区
援助占 GDP 比重	7.6%	39/129
"汉堡指数"	1.91 美元	47/65
外债	34 亿美元	104/136
基尼系数	53.8	7/43
经济自由度	1.95	83/156
出口额	55.94 亿美元	96/189
GDP	92.34 亿美元	100/203
GDP 增长率	6.3%	68/198
人类发展指数	0.667	117/178
最富裕的 10% 人口占有的财富	42.7%	13/114
贫困线下人口比重	50.7%	11/114
贫困人口占全世界贫困人口比重	0.14%	36/80
公共债务占 GDP 比重	24.1%	83/121

资料来源:http://www.nationmaster.com/red/country/ho-honduras/lab-labor&b_cite = 1。

一 就业

　　自1954 年"香蕉罢工"之后，工会成为洪都拉斯政治中的一支重要力量。1999 年，大约 14% 的劳动力加入了工会组织。洪都拉斯成为中美洲地区工会组织化程度较高的国家。20 世纪 90 年代，工会的力量有所削弱。尽管劳工运动反对私有化，但时任总统的弗洛雷斯仍然坚持国有企业私有化的经济改革，忽视工会所提出的更高工资要求。虽然洪都拉斯的法律给予个人组成和加入工会的权利，但是雇主还是通过骚扰或者解雇工会支持者等手段来阻止工会的活动。1999 年洪都拉斯的劳工法庭就受理了许多工人诉讼雇主因个人参加工会活动而遭解雇的案件。

　　强迫劳动是洪都拉斯法律所禁止的，但客户工业部门就有强迫工人，尤其是女工超时劳动的情况。使用童工也是法律禁止的，法律规定年龄低于 14 岁的儿童，即使经过其父母同意，也不容许被雇用。一旦非法雇用童工，将受到最高入狱 5 年的惩罚。尽管如此，在农村地区非法雇用童工的现象还是屡禁不止。据 1999 年有关统计，洪都拉斯约有 35 万名非法童工。

　　洪都拉斯的劳动力大部分是非熟练工，总体受教育程度较低且缺乏培训。在洪都拉斯，7 ~ 13 岁的儿童可接受免费义务教育，此后则必须缴费入学。由于大多数家庭无法负担学费，因此大多数儿童在 14 岁之后不能继续求学而是成为劳动力中的一员。据统计，1999 年，在 841236 名年龄为 15 ~ 19 岁的青少年中，只有 187561 名接受过正规教育。洪都拉斯的文盲率约为 19%，政府在教育上的开支一直较低，并呈现下降的趋势。1999 年降到 GDP 的 4.1%。[①] 据估计，2006 年洪都拉斯的劳动力受教育程

---

① http：//www. nationsencyclopedia. com/economies/Americas/Honduras-WORKING-CONDITIONS. html

度的比重分别为：高中 10%，初中 20%，小学 40%，文盲 30%。

  据洪都拉斯中央银行统计，2003 年全国劳动力总计 240 万人，2007 年增加到约 280 万人，占全部人口的 38% 左右。2003 年失业率为 5.1%，此后（除 2005 年升至 5.8% 外）保持了下降的势头，2007 年降为 3.1%，失业率的下降主要得益于国内经济增长强劲。其中，自主就业的比重显著升高，2005 年自主就业占全部就业的 37%。当前，客户工业成为吸纳就业的重要领域，在 280 万劳动力中，约 13 万人就业于该部门。

表 4 – 15 2003 ~ 2007 年洪都拉斯的劳动力和失业率

单位：百万人，%

年 份	2003	2004	2005	2006	2007
劳动力	2.4	2.4	2.5	2.7	2.8
失业率	5.1	5.9	4.8	3.5	3.1

资料来源：EIU，*Country Profile* 2008，*Honduras*。

表 4 – 16 2007 年洪都拉斯劳动力和就业的具体指标

指　　标	比重（%）
农业工人中女性比例	9
工业中就业的女性劳力/就业的女性劳力	23.3
工业中就业的男性劳力/就业的男性劳力	19.7
服务业中就业的女性劳力/就业的女性劳力	63.4
农业中的就业人数/就业总人数	39.2
工业中的就业人数/就业总人数	20.9
女性决策者比例	36
女性经济活动增长率	19
失业率	5.9

资料来源：http：//www.nationmaster.com/red/country/ho-honduras/lab-labor&b_cite = 1。

二 工资

19 98 年 1 月，洪都拉斯的最低工资上涨了 17%，1999 年和 2000 年，又分别上涨了 25% 和 8%。但最低工资标准因行业不同而有所不同，其中非出口农业部门最低，每天 2.12 美元；出口部门最高，最低每天 3.47 美元。不过，即使最高部门的最低工资也难以维持在贫困线之上。2003 年各行业最低工资水平见表 4－17。

表 4－17　洪都拉斯各行业最低工资表（2003 年 6 月）

（以 1 美元兑 17.2 伦皮拉计算）

行　　业	日薪（美元）
农林牧业	
1～15 名员工	2.81
16 名员工以上	3.88
非金属矿砂业、制造业、建筑业、商业、餐饮业、服务业（公社、社会、人事）等	
1～15 名员工	3.12
16 名员工以上	4.13
交通运输业、不动产业及其他服务业等	
1～15 名员工	3.55
16 名员工以上	4.00
提供公司相关服务业	
1～15 名员工	3.17
16 名员工以上	3.67
享受暂准进口、免租税及出口达生产量 80% 以上之公司	4.78
金融保险业	
1～15 名员工	4.78
16 名员工以上	4.78
烟草、咖啡、海产、香瓜及香蕉等产品出口业、港口装卸业、线路及船双保养修护业、石油炼制业、水电燃气业、加工出口区、金属矿砂业	4.78

资料来源：《洪都拉斯投资环境简介》。

洪都拉斯的工资按资方与劳工（工会）合约计算。在洪都拉斯，每天最长工作时间为 8 小时。工人每周的工作时间不能超过 44 小时，每工作 8 天必须给予至少 24 小时的休息。洪都拉斯劳工法规定，工作满一年后，应当给予工人 10 天带薪休假；工作满 4 年后，应当给予 20 天带薪休假。虽有条文保障，但个人的权利常常遭到忽视。

结束雇佣时，须付工人遣散费。工作每满 1 年发 1 个月遣散费，最多以发 12 个月遣散费为限；月薪以上半年之月平均薪资为准。工人如工作满 1 年，雇主欲遣散时，须于 1 个月前通知；工作满 2 年以上，须于 2 个月前通知；否则须另加发该 1 个月或 2 个月之薪资。在该期限内劳工每周可有 1 天准假寻找新的工作。解雇或辞职之理由可为：未违反劳工法者，经双方同意，不可抗力因素，先期通知。

罢工要依法须全厂 2/3 以上劳工通过，一切调解方法均无效后方可进行。劳资纠纷由劳工法庭、调解及仲裁法庭、劳工及社会福利上诉法庭审理。近二三十年来，洪都拉斯并未发生过严重劳资纠纷，即使有纠纷一般主要为劳资双方对合约的条件无法达成协议而僵持，或资方无故解雇工人并不按劳工法之规定给付遣散费等而引发的冲突。

三　物价

20 03 年，洪都拉斯的消费者价格指数（CPI）为 5.3%，消费者价格指数呈现下降的原因在于石油价格放开并将该效应传递给其他的消费品，2007~2008 年，受到强劲的国内消费需求和燃料及食品价格的影响，通胀又开始走高。虽然政府采取了从紧的货币政策，至 2008 年 8 月，年通货膨胀率仍达到了 13.7%，大大高于洪都拉斯中央银行设定的 8%~10% 的目标。石油价格上涨推动 CPI 上升，但它对通货膨胀的贡献率小于

5%，而来自建筑业、饭店及其他服务业对通货膨胀的贡献率高达95%。2009年，受国际金融危机和国内指挥危机的双重影响，洪都拉斯经济出现了自1999年以来的首次衰退，但通胀率却降到了3.5%的历史低位。

表4-18 2003~2007年洪都拉斯的消费者
价格增长率（年均变化）

单位：%

年　份	2003	2004	2005	2006	2007
消费者价格增长率	7.7	8.1	8.8	5.6	6.9

资料来源：EIU, *Country Profile—Honduras*, 2008。

2009年，洪都拉斯的社会不平等问题凸显，贫困人口占总人口的60%以上；大多数城市的正规就业机会有限，儿童营养不良问题严重。

为解决社会不平等问题，洪都拉斯政府采取了一系列措施。一是实施积极的劳工政策。1月，政府将城乡的最低月工资标准分别提高到290美元和215美元。二是增加社会项目预算，如增加在学校午餐、免费入学、社区学校（农村地区）、基本医疗服务、植树造林以及燃料和电力补贴方面的支出。据联合国拉美经委会的资料，政府用于社会项目、公共住房以及扶持中小企业方面的总投入达1.59亿美元。到3月为止，接受政府转移支付的城市贫困家庭数量由15万户增至22万户。①

据英国经济学家情报社（EIU）"生活质量指数"报告，以满分为10计算，2009年，洪都拉斯的生活质量指数为5.57，列

---

① ECLAC, *The reactions of the Governments of the Americas to the international crisis: an overview of policy measures up to 31 August 2009.*

160 个国家中的第 80 位，排位不仅低于尼加拉瓜（第 73 位）、
萨尔瓦多（第 63 位）、危地马拉（第 62 位）和哥斯达黎加（第
33 位）等国，而且低于其他大多数拉美国家（表 4 – 19）。

表 4 – 19 洪都拉斯生活质量指数在全球的排名

年 份	1989	1995	2000	2006	2009
得 分	5. 45	5. 47	5. 53	5. 58	5. 57
排 名	81	71	76	77	80

说明：满分为 10 分；包括 160 个国家的统计。

资料来源：EIU, *Country Report—Honduras*, December, 2009。

当前，由于在人身安全、就业保障、性别平等、政府治理等
方面存在的问题，以及由于公民自由和政治自由的权利受到侵
犯，洪都拉斯的生活质量指数较低，其中，人身安全问题尤为突
出。暴力犯罪问题是洪都拉斯的主要社会问题。从事暴力犯罪活
动的组织主要是被称作"马拉"（Mara）的组织；该组织由被剥
夺选举权的青年人组成，他们主要从事贩毒、枪支和人口走私的
活动。该组织的成员最初是由一些生活在美国的非法中美洲移民
组成的，如今其成员在洪都拉斯有 3.6 万人，在危地马拉和萨尔
瓦多分别有 1.4 万人和 1.05 万人。

第五章

军　　事

第一节　军队发展概况

洪都拉斯军队于 1954 年 10 月 21 日建立。宪法规定总统为武装力量最高统帅。武器装备均由美国提供，军官大多由美国培训。20 世纪 80 年代，由于受到邻国萨尔瓦多和尼加拉瓜的内战影响，在美国的帮助下，洪都拉斯的军队显著扩张，空军的发展尤其受到重视，其中的一个空军中队装备了从美国引进的 F－5 战斗机。然而，80 年代末，随着中美洲和平进程的深入，洪都拉斯边境预算大幅削减，军队经费陷入拮据状况。

自 1995 年 4 月，时任总统卡洛斯·罗伯特·雷纳的政府决定取消义务兵役制，开始实行志愿兵役制后，军队规模开始显著缩编。1997 年 10 月，原由军人控制的警察领导权正式转交给文人。1998 年 9 月，国会修改宪法，决定废除武装力量总司令一职，由国防部长取代。自 2002 年以来，士兵开始参与打击犯罪和执法活动并同警察一道在主要城市街道担负巡逻任务。目前，军队的主要职能是维护国家安全，打击毒品走私、非法武器贸易以及非法采伐活动等。

表 5 – 1　洪都拉斯军队志愿兵役制条件和兵源统计

项　　目	统　　计
入伍年龄和条件	18 岁以上、自愿服役、期限为 2 ~ 3 年
可获男性兵源(18 ~ 49 岁)	1537232 人
适宜服兵役的男性(18 ~ 49 岁)	1100991 人
每年达到服兵役年龄的人数	82105 人
军费开支	5280 万美元
军费开支/GDP	2.55%

注：表中数据均为 2005 年估计值。

资料来源：http：//en. wikipedia. org/wiki/Military _ of _ HondurasJHJAircraft _ inventory。

第二节　军种和兵种

一　陆军

20 世纪 40 年代和 50 年代，洪都拉斯的民兵体制发生了重要的转变，陆军进入了现代化阶段。1947 年，在美国帮助下创建的第一个步兵营是传统步兵组织；50 年代创建的第二个步兵营，是为抵抗游击战而组建的。直到 90 年代初，这两个步兵营仍然是重要的军事部队，其总部设在首都特古西加尔巴附近。

20 世纪 60 ~ 70 年代，陆军作战单位显著扩展，主要变化发生于地面部队的组织形式上。其中的一些变化是由政治目的而非军事目的所导致的，例如，1972 年阿雷利诺（Arellano）将军建立的第一步兵旅，就是他个人的警卫部队。到 1970 年时，洪都拉斯军队发展到拥有 3 个步兵营、1 个工程营和 1 个炮兵营的规模，其中后两个营是在 1969 年洪都拉斯与萨尔瓦多爆发冲突后

立即组建的。70 年代末，军队发展到 10 个步兵营的规模，同时还组建了 1 个通信营。

1983 年，陆军发展到 13500 人，设有 3 个旅，每个旅由 2 个步兵营和 1 个炮兵营组成。此外，军队拥有 6 个独立步兵营，每个营由 400～1000 名士兵不等组成，其中的 2 个步兵营组成了总统府仪仗队，驻扎在首都并由总统直接领导。同时，军队还有 1 个工程营、1 个装甲汽车团和一个营级规模的特别部队。

20 世纪 80 年代，洪都拉斯陆军的规模、力量和复杂性都得到发展，并于 1989 年达 15400 人的峰值。从 1990 年开始，由于政府军费急剧减少，陆军士兵减少到 1991 年的 14500 人，1993 年进一步减少到 14000 人。洪都拉斯军队现实行志愿兵役制，现有规模为 1.2 万人，警察 6000 人。洪都拉斯军队包括 3 个步兵旅，其中有 10 个步兵营、1 个特种丛林部队、1 个炮兵营、1 个工程营和 1 个信号营；以及由 4 个装甲汽车中队、1 个侦察中队、1 个坦克中队和一个炮兵营组成的 1 个装甲团。陆军司令部直接控制的单位包括：1 个特种营、1 个步兵营、1 个空降营（one regular airborne battalio），以及军事训练学院、弗朗西斯科·莫拉桑军事学院、指挥学校（the Commando School）和后备军官学校等。

步兵配备的主要武器是比利时造"FAL 自动步枪"和美国造 M－16s 步枪。坦克中队装备的是英国产"蝎型坦克"，该坦克射程 400 公里、每小时行进速度为 72 公里。步兵还装备了牵引炮，其中包括 24 门口径 105 毫米的豪威泽（Howitzers）式战地榴弹炮和 4 门口径 155 毫米大炮。防空力量包括 30 门 M167 火神式防空炮。当前，陆军的主要武器装备还有：FV101 轻战车、RBY Mk 1 装甲车、FV601 轮式装甲侦察车、M35 军用卡车、M102－105 毫米榴弹炮、M198－155 毫米榴弹炮等。

二　空军

与中美洲其他国家不同，洪都拉斯现代空军的架构是围绕着航空兵组建的。传统上空军是最强的军事力量。空军在 20 世纪 60 年代和 70 年代的政治生活中发挥过重要作用。空军的名声和威望在 1969 年洪都拉斯与萨尔瓦多的冲突中得到提升。虽然当时萨尔瓦多空军对洪都拉斯的机场发动了出其不意的打击，但是洪都拉斯飞行员不仅予以反击还攻击了萨尔瓦多一些港口的储油罐。在这场战争中，涌现出多个空军英雄人物，其中最为著名的是费尔南多·索托少校（Fernando Soto），他一人曾击落了对方 3 架战斗机。

1993 年，空军部队拥有 1800 人，这个数字未包括民用维护人员。空军作战能力包括 3 个作战中队：10 架 F - 5E 和 2 架 F - 5F 战斗机/地面攻击部队；13 架 A - 37B 战机和 F - 86Fsl 旧飞机组成的"反起义部队"，以及 3 架 RT - 33As 战机的侦察飞行中队。其他的装备还有，美国制造的 A - 37B"蜻蜓"地面轰炸机，满负荷最大航程达 740 公里，可在较短的没有铺设的跑道上执行野战任务。美国造的 F - 5 Tiger II 型战斗机，属超音速飞机，可在简陋的机场起降。F - 5 战机配备了 20 毫米加农炮、2 枚响尾蛇空对空导弹以及可执行 3000 公里范围内的轰炸任务的空对地导弹，这种战机既可以用于地面攻击也可以执行空中拦截任务。洪都拉斯较小规模的战斗机群是中美洲地区最为尖端的，每年需要 300 万美元用于机群维护。洪都拉斯空军还装备了 17 架运输机、42 架教练机和 42 架直升机。

空军总部设在位于首都附近的国际机场，以及位于圣佩德罗苏拉、拉塞瓦和圣·洛伦索等地的基地。1983 年，在美国的帮助下洪都拉斯空军力量得到显著的提升。其中，位于恩里克·索托·卡诺（Enrique Soto Cano Air Base）基地的机场跑道延长、储油设施等得到改善。这些改进是根据 1984 年签订的对 "1954 年洪都拉斯与美国军事援助协议" 补充协议完成的，使洪都拉斯的空军设施适合美国空军使用。由于得到美国的技术援助，洪都拉斯空军还承担对陆军的后勤、训练和技术支持。因为地形崎岖而且国内公路通达有限，空军在这个国家的通联方面发挥了重要作用。国内位于偏远地区的许多小型机场被用于运输服务以及军队从事民用活动的设施。由于洪都拉斯时任总统阿雷利亚诺控制着本国两家主要的航空公司——洪都拉斯空运公司和洪都拉斯国家运输公司，空军影响力延伸到民用航空领域。

空军基地分别设在特古西加尔巴、科马亚瓜、圣佩德罗苏拉和拉塞瓦 4 座城市。"通康丁国际机场（Toncontín）" 距离首都市区 6 公里，为军民两用机场。该机场拥有一条长约 1863 米的跑道，并计划将跑道再延长 300 米，该项目原定于 2009 年 5 月完工。该跑道海拔 1004 米，波音 757 型客机为在此起降的最大飞机。机场有新旧两座航站楼，旧航站楼用于国内航班，新航站楼用于国际航班。在 1969 年洪都拉斯与萨尔瓦多爆发 "足球战争" 时期，该机场曾是萨尔瓦多空军打击的主要目标。由于通康丁国际机场依山而建，被认为是世界上最危险的机场，多年来洪都拉斯也试图努力启用位于科马亚瓜的索托·卡诺机场（Soto Cano）代替它。索托·卡诺空军基地（Soto Cano，原名帕尔梅罗拉空军基地）位于科马亚瓜附近，是洪都拉斯和美国的联合军事基地，美国空军和洪都拉斯的空军学院都集中在此。该基地 1981 年投入洪都拉斯空军学院，随后从通康丁国际机场迁到帕尔梅罗拉。如今，美国已将该基地作为打击中美洲贩毒活动并用作对中美洲地区进行人道主义救援的基地。除了空军学院外，美国的一支联合特遣部队（Joint Task Force Bravo，JTF－B）总部也设在该基地。这支特遣部队由军事医院、陆军、空军、联合安全部队和第 228 飞行团第 1 营组成。该营装备有 18 架飞机，以及 UH-60 黑鹰直升机和 CH-47 切努克运输直升机等。这支特遣部队的规模约为 500 人。

洪都拉斯空军装备的飞机主要来自美国，还有少数飞机来自西班牙、以色列和巴西等国家。表 5-2 为 2009 年统计的洪都拉斯空军装备的飞机清单。

表 5-2　洪都拉斯空军机型装备统计

飞　机	来　源	类　型	型　号	服役架数	储备架数
Commander 1000	美　国	通用运输机			1
Bell UH-1H Iroquois	美　国	直升机		2	2
Bell 412	美　国	直升机	412SP	5	3
Cessna T-41D Mescalero	美　国	教练机	T-41D Mescalero		4
Maule MXT-7-180	美　国	教练机		4	
Cessna 180 Skywagon	美　国	通用飞机		1	
Cessna 182 Skylane	美　国	通用飞机			2
Cessna 185 Skywagon	美　国	通用飞机		1	2
Cessna 310	美　国	运输机			1
Cessna A-37 Dragonfly	美　国	攻击机	A-37B	5	
		侦察机	OA-37	4	
Douglas C-47 Skytrain	美　国	运输机	C-47		7
Embraer EMB 312 Tucano	巴　西	教练机		9	
CASA C-101	西班牙	教练机			4
IAI Arava	以色列	运输机	201	1	
IAI-1124 Westwind	以色列	VIP 运输机	1124	1	
Lockheed C-130A Hercules	美　国	运输机	C-130A	1	3
MD 500 Defender	美　国	直升机	MD 500D	2	1
Northrop F-5E/F Tiger II	美　国	战斗机	F-5E Tiger II	9	
		教练机	F-5F Tiger II	2	
Piper PA-31 Navajo	美　国	专机			2
Piper PA-42 Cheyenne	美　国	专机			1

资料来源：http：//en. wikipedia. org/wiki/Military＿ of＿ HondurasJHJAircraft＿ inventory。

三 海军

在20世纪70年代之前,洪都拉斯没有独立的海军,当时仅有一艘长12米的工作艇用于陆军在沿海水域的不定期巡逻活动。1972年,海军成为一支独立部队,设有总参谋部。1993年,海军具有1200人的规模,其中包括600人的海军陆战队。1983年以来,由于中美洲各国对于海军重要性的认识发生变化,加之来自美国的援助的增加,海军规模扩大了一倍。洪都拉斯海军拥有4个军事基地:位于太平洋沿海丰塞卡湾的阿马帕拉港(Amapala),在西加勒比海的科尔特斯港(Puerto Cortes),位于加勒比海中部的卡斯蒂利亚海军基地(Muelle base naval Puerto Castilla),以及巴拉 - 德卡拉塔斯卡港(Barra de Caratasca)。截至1993年,洪都拉斯海军舰队拥有5艘快速攻击艇、8艘内河巡逻艇、7艘海洋巡逻艇、9艘登陆舰和6艘补给舰。此外,海军还控制着基地设在科尔特斯港的第一海军步兵营。①

四 军衔制度

洪都拉斯军队除将军级的军官外,军官使用的徽章都是由中美洲防务委员会(Central American Defense Council)设定的。陆军和空军尉级军官徽章分别是:少尉一道金杠;中尉两道金杠;上尉三道金杠。校官徽章是:少校一颗金星;中校两颗金星;上校三颗金星。将军级军官:准将四颗银星;少将五颗银星。空军与陆军军官徽章的区别仅在于,空军军官在夹克或者衬衣口袋处佩戴飞行章。海军军官的黑色肩章上配有金星和黄杠。

---

① http://lcweb2.loc.gov/cgi-bin/query/r? frd/cstdy:@field(DOCID + hn0128)

陆军的作战服与美国陆军的相似，着橄榄绿色的服装和帽子，以及黑色靴子。有时陆军着迷彩橄榄绿色和土黄色作战服。陆军军装还包括米色衬衣、两边配有褐色条纹裤线的米色裤子、黑腰带和黑色的鞋。军官在衣领处别徽章。应征人员在军服的上臂处别徽章。

1982 年宪法规定，军衔授予以及军官的提升只能通过严格依照法律规定的政策进行。除有关法律所规定的严格程序外，军人不能被剥夺其军衔和军事荣誉。尉级军官军衔的提升是由总统根据军队最高长官的推荐授予的，而校级以上高级军官的提升，需要经过总统和军队最高长官的联合推荐并由议会授予。军官提升的依据是在某级官阶的最低年限、能力和现有空缺等。提升必须经过军队最高长官统一审定并由晋级委员会授予。

第三节 军费开支

在 20 世纪 90 年代以前，洪都拉斯议会较少透露国防预算开支情况，只是通过一个一次性数额，较少争议、信息登记和监督。首长有权力决定军队各种开支。80 年代期间，美国通过对外军事援助计划（MAP）和国际军事教育培训计划（IMET）等项目形式提供援助，使洪都拉斯国防预算增加。

1983 ~ 1989 年间，来自上述项目的军事援助年均达 4759 万美元。1991 年之后，来自美国的军事援助大幅减少，1991 年为 3350 万美元，1992 年降至 1630 万美元，1993 年急剧减少到 270 万美元。国外军事援助的大起大落对洪都拉斯的军费开支产生了不利的影响。

1982 ~ 1988 年间，洪都拉斯的军费开支年均为 7240 万美元，1989 年高达 1.26 亿美元。1992 ~ 1993 年间，国防预算平均

只有 4420 万美元。此后，国防开支持续下降。军费减少后，军队的规模和战斗力都被削减。

目前，洪都拉斯是中美洲地区军费开支最低的国家之一，2005 年为 5280 万美元，相当于 GDP 的 2.55% （见表 5 - 1 统计）。但据英国经济学家信息部统计，洪都拉斯 2005 年军费开支为 1 亿美元，2006 年则降至 5500 万美元。

第六章

外交与安全

第一节　外交政策

洪都拉斯主张各国和平共处，相互尊重领土主权；促进民主，捍卫人权，支持地区一体化进程，积极参与经济全球化，主张发展与世界各国的关系。

　　洪都拉斯分别是联合国、七十七国集团、世界贸易组织（WTO）、美洲国家组织（OAS）、中美洲议会（PARLACEN）、中美洲一体化体系（SICA）、中美洲军事会议（CFAC）以及中美洲安全委员会（CASC）的成员。此外，洪都拉斯是里约协定的签署国和中美洲防务理事会（CONDECA）的成员，是联合国和美洲国家组织所有反恐协定和条约的参加者。洪都拉斯分别于1993年9月，被接纳为不结盟运动成员，于1994年4月加入关贸总协定。作为联合国的创始会员国，洪都拉斯于1995～1996年度首次担任联合国安理会非常任理事国。洪都拉斯于1995年3月，向联合国驻海地维和部队派120名官兵。截至1996年2月，洪在30个国家设有大使馆。

第二节　同美国的关系

一　20 世纪 50～90 年代初的双边关系

20 世纪，美国对洪都拉斯的影响超过其他任何国家，一些分析家认为美国是洪都拉斯政治力量一个主要的来源，这一影响可以追溯到 20 世纪初期，当时，美国香蕉公司开始在洪北部沿海地区扩张。美国政府定期派遣军舰去镇压洪都拉斯的革命活动以保护美国企业的利益。第二次世界大战不久，美国与洪都拉斯签署了一项租借协议，在靠近加勒比海的特鲁希略设有一个小型的海军基地。1954 年，两国签署了军事援助协议，美国帮助洪都拉斯发展和训练军队。20 世纪 50 年代，美国总计提供了约 2700 万美元的援助，其中大部分以发展援助的形式，帮助洪都拉斯发展农业、教育和卫生等；60 年代，在"争取进步联盟"计划下，向洪都拉斯提供的援助多达 9400 万美元，其中大部分用于农村地区的发展援助；70 年代，美国的援助达到 1.93 亿美元，主要用于发展和食品援助，其中用于军事援助的金额为 1900 万美元。70 年代，美国援助关注的重点还是农村发展，尤其是用于支持洪都拉斯政府 70 年代初进行的土地改革。

　　20 世纪 80 年代，美国将洪都拉斯视为其对中美洲政策的关键。80 年代初，洪都拉斯的南部地区成为制约进入尼加拉瓜的前沿地带。洪保守派政府与美国政府一道极为关注尼加拉瓜的桑地诺军队建设，两国政府都将美国的援助看做是阻止尼加拉瓜革命运动，提升洪都拉斯军队战斗力和美国在洪都拉斯存在的重要手段。1982 年洪美两国签署了 1954 年双边军事援助协定的补充协定，为美在洪的临时军事存在创造了条件。1983 年，约 1100 名美国联合特遣部队驻扎帕尔梅罗拉空军基地（该基地于 1988

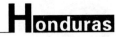

年更名为恩里克·索托·卡诺空军基地），该基地距离首都特古西加尔巴 80 公里。这支部队的首要使命是支持军事演习和其他军事活动。由数千名美军国民警卫队和洪政府军参加的数十次联合军事演习，美国花费数百万美元建设或提升了一些空军设施，部分用于支持尼加拉瓜反政府武装。美军还帮助洪都拉斯修建道路，为偏远农村地区提供医疗服务等。此外，美军一个情报营还执行侦察任务，协助萨尔瓦多军队与其国内左翼游击队战斗。1987 年美国批准向洪都拉斯出售 12 架 F－5 战斗机，旨在使洪都拉斯在中美洲保持空中优势。

20 世纪 80 年代初，为促进加勒比盆地地区的经济发展，美国提出"加勒比盆地计划"作为经济战略。按照该计划，美国给予加勒比和中美洲地区国家相当数量的产品进入美国市场单方面享受优惠和免除关税的待遇。该计划 1984 年开始实施，洪都拉斯成为其中的受益者。1989 年洪对美出口增长了 16%，但与哥斯达黎加和多米尼相比要相对逊色。

20 世纪 80 年代，美国向洪都拉斯提供了大量的援助，援助额将近 16 亿美元，使洪都拉斯成为继萨尔瓦多之后美国在拉美地区的最大受援国。在美国的援助中，37% 为经济支持基金援助（Economic Support Funds，ESF）、25% 为军事援助、24% 为发展援助、10% 为食品援助，其余 4% 是由美洲基金（Inter-American Foundation）提供的用于世界上最大规模的和平队项目、灾害救助和小型发展项目等。

80 年代末，有人质疑美国在洪都拉斯的投入如此巨大，而成效甚微。1991 年，洪都拉斯人均 GDP 只有 590 美元，是西半球最贫穷的国家之一，洪都拉斯政府也没有采取任何明显的经济改革措施解决问题。许多高层人士承认，美援被花费在不当的军事和政府开销上。美国前驻洪大使就认为，美援存在缺陷，没有有效地限定于洪都拉斯推进宏观经济改革和加强司法的民主制度

建设方面。1989 年美国总会计署的报告也认为，洪政府在 80 年代形成了对外援的依赖，视美援为经济改革的替代物。报告还认为，洪都拉斯政府之所以能够抵制经济改革的原因就在于它支持美国在该地区的安全计划。

20 世纪 80 年代末，洪都拉斯人对美国的不满情绪开始上升。1988 年 4 月一伙人攻击并焚烧了美国在特古西加尔巴使馆的附属建筑物，起因于美国绑架并逮捕了一名所谓的毒贩子，而此人是 1985 年在墨西哥谋杀美国毒品管制委员会代表恩里克·卡马雷斯（Enrique Camarena）的首要嫌疑人。一些洪都拉斯人将美国的行为视为违反了洪宪法禁止引渡本国居民的规定，造成洪民族主义情绪急剧上升。

20 世纪 90 年代初，随着萨尔瓦多内战的结束和一项和平协定的签署，美国对洪都拉斯的政策在许多方面都发生了变化。美国对洪年度援助显著减少。尽管 1990 和 1991 财政年度，洪受援金额还分别达 2.13 亿美元和 1.5 亿美元，但在随后的 1992 和 1993 财政年度，分别下降到了 9800 万美元和 6000 万美元。美国的军事援助大幅缩水，估计 1993 年的军援量仅为 260 万美元。尽管美国的援助数量下降了，美国却通过免除债务的方式给予洪都拉斯大力支持。1991 年 9 月，美国免除了洪政府所欠的 4.34 亿美元的双边债务，相当于洪都拉斯所欠美国全部双边债务的 96%、相当于洪都拉斯所欠 35 亿美元全部外债的 12%。此举被认为是美国对于洪都拉斯，尤其是在动荡的 20 世纪 80 年代期间，作为美国可靠盟友的回馈，同时作为象征以支持这个西半球最贫穷的国家进行经济改革。

20 世纪 90 年代，美国依然是洪最重要的贸易伙伴和投资来源。当时，洪都拉斯市场对美国的出口和投资保持着相对开放状态。1990 年 6 月，时任美国总统布什提出的"美洲倡议"，力图在长期实现一个覆盖整个美洲地区的自由贸易目标。1991 年洪都拉斯与美国签订了"贸易和投资框架协议"。从理论上讲，这个协议朝最终与美国实现自由贸易迈出了第一步。1992年卡列哈斯（Callejas）政府出台新的投资法，改善本国的贸易和投资环境。90年代初，一些洪都拉斯人担忧美国与加拿大和墨西哥三方签署的"北美自由贸易协定"将损害本国利益，美国的部分贸易和投资将会转移到墨西哥。

　　90年代初，洪都拉斯与美国在知识产权问题上发生争执。1992年美国电影出口商协会（Motion Picture Exporters Association of America）提起一起申诉，于是美国贸易代表办公室决定对私人卫星电视信号的保护情况展开调查。实际上，洪都拉斯的有线电视公司通常都是窃取美国的卫星电视信号。但是作为调查的结果，1993年洪都拉斯政府保证向议会提交一个"知识产权法"。如果美国贸易代表办公室的调查不利于洪都拉斯，那么该国所参加的"加勒比盆地倡议"和"普惠待遇"（GSP）均将受到损害。洪都拉斯与美国的关系出现重大的变化，美国对洪都拉斯的人权状况和军队不受惩罚表示不满，并建议洪政府削减军队开支。

　　尽管地区的冲突得到缓和，美军仍在恩里克·索托·卡诺空军基地保留了1100名兵力。联合特遣部队也继续每年为美军训练数千名士兵，还包括道路维修、为边远农村提供医疗服务等。美国在洪驻军的首要使命是利用侦察机追踪从南美洲到美国的毒品走私活动。虽然洪都拉斯并非主要的毒品制造地，但它却处于向美国和欧洲运输毒品的重要通道上。设在洪北部沿海特鲁希略的雷达站是覆盖加勒比地区雷达网的一个组成部分，被用于打击毒品走私活动。美军在洪保持相对低调姿态，士兵仅限于在基地活动，以往零星发生的针对美军的反美活动也消失了，其原因在于该地区执政者态度变化，以及美国主张保护人权。

二 90 年代中期以来的双边关系

都拉斯作为美国的盟友，通常支持美国在国际事务上的倡议。洪都拉斯与美国在反毒品和反恐问题上有紧密的合作关系，洪都拉斯是第一个与美国签署国际犯罪法庭（ICC）"98 条款"协定的国家之一，洪都拉斯的科尔特斯港是美国"集装箱安全协议"（CSI）的成员。洪都拉斯参加了在西撒哈拉的联合国观察员使团，并曾派遣 370 名士兵进入伊拉克，并积极参与联合国其他维和任务。

美国是洪都拉斯主要的贸易伙伴。2006 年洪都拉斯与美国的双边货物贸易额超过 70 亿美元，双边贸易主要集中于客户工业，其中洪都拉斯从美国进口纱线和纺织品，并向美国出口成衣制品。洪都拉斯其他主要对美出口产品，包括咖啡、香蕉、海产品（主要是虾）、矿产品（锌、铅、金和银）以及蔬菜和水果等。2007 年 10 月，洪都拉斯对美出口同比增长了 6%，同期美国对洪都拉斯出口增长了 18%。来自美国的投资占洪都拉斯吸引的全部外商直接投资（FDI）的近 2/3。2005 年美国在洪都拉斯的直接投资额达 4.02 亿美元，而 2004 年为 3.30 亿美元。2005 年洪都拉斯吸引的全部 FDI 为 5.68 亿美元，其中 1.96 亿美元流向客户工业。美国依然是洪都拉斯 FDI 最大来源国，美国资金主要投向客户工业、水果生产（主要是香蕉、西瓜和菠萝）、旅游业、农业生产、水产养殖、动物饲养、通信、燃料、雪茄加工、保险、酿造、租赁、食品加工和家具制造业等。美国在洪都拉斯有许多特许经营业，尤其是在餐饮行业。

2004 年，洪都拉斯同萨尔瓦多、尼加拉瓜、危地马拉、哥斯达黎加和多米尼加与美国签署了"美国中美洲自由贸易协定（CAFTA）"。2005 年，除哥斯达黎加以外的所有中美洲国家的议会都批准了该协定，协定已于 2006 年上半年开始实施。"美国中美洲

自由贸易协定"消除了货物、服务、农产品和投资的关税和壁垒，而且该协定有利于美国推动的民主、地区一体化、保护环境和劳工权利等。

2005 年 6 月，洪都拉斯成为第一个与美国签署"千年挑战账户（Millennium Challenge Account，MCA）"的西半球国家。根据协定，美国千年挑战公司（Millennium Challenge Corporation，MCC）将在 5 年内投资 2.15 亿美元，帮助洪都拉斯改善道路等基础设施、推动农业多元化并将其产品推向市场。千年挑战公司还通过一项"补救计划"来提供资金以帮助洪都拉斯消除腐败。

美国的经济和发展援助 长期以来，美国一直是洪都拉斯最大的援助国，向洪都拉斯提供了大量的经济援助。据统计，2007 财政年度美国国际援助机构（USAID）援助洪都拉斯的预算为 3700 万美元，主要用于推进洪都拉斯民主制度、增加私人部门的就业和收入、帮助偿还国际金融机构债务、提供人道主义援助、增加农业生产以及向小型企业提供贷款等。

1998 年，洪都拉斯是遭受"米奇"飓风袭击最严重的中美洲国家，造成数十万人无家可归，道路和其他基础设施遭到严重破坏，主要部门经济也受到重创。这场灾害给整个中美洲的家庭、医院、学校和商业等造成了大约 85 亿美元的损失，其中洪都拉斯的损失高达 30 亿美元。为此，在 1998 ~ 2001 年间，美国提供的紧急灾害救助和人道主义援助超过 4.61 亿美元，这项援助用于帮助洪都拉斯修复道路等基础设施、学校以及当地政府开展危机管理培训等方面，剩余部分用于打击犯罪和毒品等项目。

自 1962 年以来，美国和平队（Peace Corps）在洪都拉斯一直活动。目前，这里是美国和平队在全球开展最大的项目之一。据统计，2005 年有 220 名和平队志愿者在洪都拉斯最贫穷的地区开展活动。

洪都拉斯

　　美国政府还大力支持洪都拉斯警察队伍的专业化工作，美国驻洪都拉斯大使馆还向警官们提供特别的训练，以使其成为该国法制建设的重要力量。

　　美国的安全援助　近年来，洪都拉斯的军队职能发生了重大变化，许多原先由军队控制的职能改由文人政府负责。过去的几年，洪都拉斯的国防和警察预算年均在 3500 万美元左右，并接受来自美国的安全援助资金和培训。

　　因为缺少一个大规模的安全援助计划，洪都拉斯与美国的防务合作采取了加强洪都拉斯军队在两国军事接触中的参与以及在维和、反恐、灾害救助、人道主义援助和反毒等方面的双边和多边的演习活动。驻扎在洪都拉斯恩里克·索托·卡诺空军基地的美国联合特遣部队在联合演习中发挥了重要作用，对中美洲地区发生的自然灾害起到了救助平台的关键作用，它不仅在修复道路、满足医疗和卫生需求方面发挥作用，而且将数百万美元的私人捐赠物资转交到急需人员的手中。

　　洪美两国签有军事合作协定，美在洪都拉斯驻有军事使团，在帕尔梅罗拉设有军事基地，这是美在中美洲的唯一军事基地。1995 年 10 月美将其驻洪都拉斯的军队人数从 800 人减至 500 人。

　　尽管美国与洪都拉斯关系密切，但塞拉亚执政期间实行的"左转"政策，一度使洪美两国关系疏远。2009 年 6 月洪都拉斯发生政变后，美国不仅立即澄清它与政变无关，而且奥巴马总统发表声明，谴责洪都拉斯军人政变，称"塞拉亚应仍是洪都拉斯的总统"。随后，美国一方面采取了有限度的制裁措施（如暂停与洪都拉斯的一切军事合作项目，暂时中止对洪都拉斯的军事援助）。另一方面，通过美国的斡旋，塞拉亚与临时政府举行了两次谈判。在塞拉亚流亡国外期间，美国政府力邀哥斯达黎加总统阿里亚斯充当洪都拉斯政治危机的国际调停人；塞拉亚回国后，美国政府力促塞拉亚与临时政府达成协议。

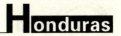

第三节　同中美洲国家的关系

一　中美洲地区一体化进程

作为 1820～1830 年期间中美洲联合省的杰出领导人，洪都拉斯的民族英雄弗朗西斯科·莫拉桑所设想的统一的中美洲终究没能够实现，其原因在于原联合省的 5 个成员——哥斯达黎加、萨尔瓦多、危地马拉、洪都拉斯和尼加拉瓜之间存在分歧，并且它们于 1938 年联邦解体后各自走向独立。随后，将五国重新结成某种形式政治联盟的希望也没有实现，直到 1960 年中美洲经济一体化的努力将它们组成了中美洲共同市场（CACM）。1960 年 12 月，萨尔瓦多、危地马拉、洪都拉斯和尼加拉瓜签署了"中美洲一体化总协议"，于是中美洲共同市场于 1961 年 6 月正式实施，一年之后哥斯达黎加加入其中。

20 世纪 60 年代，中美洲共同市场建立的目的是为了消除五国间的贸易壁垒，建立统一的共同对外关税。作为地区一体化努力的结果，中美洲共同市场建立了两个主要的机制：一是中美洲经济一体化总协定秘书处（设在危地马拉城），作为共同市场的执行机构；二是成立了中美洲经济一体化银行（总部设在洪都拉斯特古西加尔巴），作为共同市场的金融机构，主要职能是对成员国提供资金，尤其是在基础设施项目上。在此期间，共同市场的一体化进程较为成功，但在 60 年代末期，随着洪都拉斯与萨尔瓦多之间爆发边境战争——"足球战争"后，共同市场陷入混乱之中。1970 年 12 月，洪都拉斯停止参加共同市场，与萨尔瓦多的关系在 70 年代一直处于紧张状态，直到 1976 年边境冲突升级。1980 年洪都拉斯与萨尔瓦多最终签署了和平协定。

20 世纪 90 年代初，中美洲地区的一体化进程得到显著的恢

复性发展，部分原因在于中美洲各国的总统之间建立了良好的个人关系。每半年举行一次中美洲国家领导人峰会已经制度化。被称为中美洲"北部三角"的危地马拉、萨尔瓦多和洪都拉斯在推进地区一体化进程中的努力比哥斯达黎加和尼加拉瓜更为坚定和始终如一。1991年7月于圣萨尔瓦多召开的第十次中美洲国家领导人峰会上，与会总统们决定吸收巴拿马加入一体化进程。伯利兹作为观察员出席了会议。尽管1986年以来洪都拉斯积极参与中美洲峰会，但直到1992年2月，洪都拉斯与其他中美洲国家之间的过渡性多边自由贸易协定实施时，它才真正重新加入到地区一体化进程中来。

1990年6月，在危地马拉的安提瓜岛举行的第八次中美洲国家领导人峰会上，当与会总统誓言要重组、加强和重新启动地区一体化进程时，中美洲的经济一体化进程重获活力。与会领导人签署的"中美洲经济行动计划"，包含了对一体化进程的承诺和指导原则，如消除地区内部的关税壁垒，支持商业一体化，加强对外贸易、投资和旅游的地区协调，提升产业重组，形成和实行协调的农业、科学和技术政策，以及促进宏观经济调整进程等。1991年在特古西加尔巴举行的第十一次峰会上，各国总统签署了建立"中美洲经济体系"的条约，将中美洲经济体系作为一体化进程的管理机构。该条约经中美洲各国批准后，于1993年2月正式实施。中美洲经济体系是协调地区一体化的机构，其中包括中美洲经济一体化秘书处（SIECA）和中美洲经济一体化银行（BCIE）。

1993年1月，中美洲地区经济一体化进程取得了进一步的进展，中美洲五国总统一致同意将针对第三方的对外关税削减20%～40%。同年4月，中美洲北部三国和尼加拉瓜组成的"中美洲自由贸易区"开始实施。新的贸易集团将涉及5000种产品的区内贸易关税降至5%～20%。与此同时，中美洲北部三国同

意在 1994 年 4 月前建成自由贸易区和关税同盟。

在区域的政治一体化方面，中美洲国家的总统于 1987 年签署建立中美洲议会的协议，以建立一个通过协商和建议来支持一体化和民主制度的审议机构。除了哥斯达黎加以外，其他 4 个中美洲国家都批准了该协议，而中美洲议会于 1988 年正式获得通过。按照协议，每个成员国在议会中有 20 名议员，但直到 1991 年 10 月中美洲议会成立时，只有洪都拉斯、萨尔瓦多和危地马拉三个国家选出了议员，而尼加拉瓜在 1994 年初选举了议员，哥斯达黎加则由于国内的反对始终没有选出自己的代表。从 1993 年 2 月以来，中美洲议会已经成为中美洲一体化体系的一部分，在这个体系下其他的政治性组织也建立起来，其中包括中美洲法院和协商委员会等，其成员来自社会的不同阶层。

二　同萨尔瓦多的关系

"**足**球战争"　洪都拉斯和萨尔瓦多是邻国，两国之间曾因一场足球比赛而爆发过"足球战争"。其实这场历时仅 100 余小时的战争爆发是有其深刻背景的。

1968 年，洪都拉斯洛佩斯政府陷入了困境。劳工冲突增加、政治形势动荡，受到保守势力的批评。1968 年 3 月城市选举伴随着暴力和公开贿选的指控，尽管国民党赢得了大选，却激起了公众的不满以及美国驻洪使馆的高度关注，同年中期举行的对话活动收效甚微。1968 年末洪都拉斯政府采取了镇压罢工和驱逐工会领导人的行动，骚乱持续，并在 1969 年春爆发了教师和其他组织举行的新罢工。

政治形势恶化，使政府和一些私营组织将国内经济问题归咎于大约 30 万萨尔瓦多非法移民。一些保守组织将他们视为非法的土地侵占者。1969 年 1 月，洪都拉斯政府拒绝与萨尔瓦多续签两国于 1967 年签署的双边移民协定。4 月份，有消息宣布那

些在土地改革中获得了土地而本身并非是出生于洪都拉斯的非法占有者将被驱逐。洪都拉斯媒体也攻击来自萨尔瓦多的非法移民对加勒比沿海地区的失业和工资带来的不利影响。5月末，大量移民返回萨尔瓦多。

1969年6月，紧张局势持续上升。当月，洪都拉斯和萨尔瓦多两国的足球队将要进行三场1970年世界杯外围赛，在洪都拉斯首都举行的第一场比赛中洪都拉斯以1∶0胜萨尔瓦多，比赛中爆发骚乱。接着在萨尔瓦多首都圣萨尔瓦多举行的第二场比赛，洪都拉斯以0∶3不敌萨尔瓦多，球场上发生骚乱，洪都拉斯的球迷遭到殴打，国旗和国歌遭到侮辱，于是两国球迷的激动情绪被点燃。此时，在洪都拉斯国内，出现了针对萨尔瓦多人的暴力行动，包括对几名萨尔瓦多领事，但无法知道有多少萨尔瓦多人被杀或者遭到伤害，于是成千上万的萨尔瓦多人开始逃离洪都拉斯。与此同时，两国的媒体不断营造歇斯底里气氛，到了6月27日洪都拉斯断绝了与萨尔瓦多的外交关系。双方不得不进行的最后一场球赛被迫移师墨西哥，最终在延时赛中萨尔瓦多以3∶2战胜洪都拉斯。

1969年7月14日凌晨两国爆发了"足球战争"。当日，萨尔瓦多空军空袭了洪都拉斯境内目标，对连接两国的主要公路发动袭击，并攻击了位于丰塞卡湾的洪都拉斯岛屿。起初，萨尔瓦多取得了相当快速的战果，至7月15日晚，装备和规模远比洪都拉斯强大的萨尔瓦多军队将洪都拉斯军队击退8公里并占领了位于丰塞卡湾的新奥科特佩克省省会。之后，由于储油设施遭受洪都拉斯空军的攻击，萨尔瓦多军队出现了燃料短缺，弹药也出现不足的情况。

当天，美洲国家组织召开紧急会议，呼吁萨尔瓦多军队立即撤出洪都拉斯。萨方顶住来自美洲国家组织的压力，要求洪都拉斯方面首先对遭受袭击的萨尔瓦多公民进行赔偿，并保证仍然滞

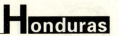

留在洪境内萨尔瓦多人的安全。直到 7 月 18 日晚，双方达成一项停火协议，然而直到 7 月 29 日萨尔瓦多还没有屈从撤军的压力。萨尔瓦多最终不得不同意于 8 月初撤军。当时萨方面临的压力主要有来自美洲国家组织的经济制裁和向洪都拉斯派遣观察员以监督滞留在洪境内萨尔瓦多人的安全。尽管这场战争只持续了 4 天，但在此后双方却花费了十余年的时间达成最终的和平协定。1980 年 10 月 30 日，两国签署和约，将领土争端交付国际法庭审理。

战争给双方造成巨大损失，有 6 万～13 万萨尔瓦多人被强制驱逐或者逃离洪都拉斯，给一些地区的经济造成了严重破坏，干扰了两国之间的贸易，边境被关闭，还威胁到了中美洲共同市场的未来发展。大约有 2000 人，其中绝大多数是洪都拉斯平民被杀害，数以千计生活在两国边境地区的洪都拉斯人无家可归。两国之间的航线也关闭了十余年。

"足球战争"后，公众对军队的支持率急转直下。虽然战争中空军表现优秀而陆军较差，但是不只是民众批评陆军，下级军官也经常流露出对高级军官的不满，他们之间的矛盾在加深。但是这场战争也激发了洪都拉斯人的民族主义和国家自豪感。战时，成千上万的工人和农民涌向政府申领武器来保卫国家；地方的国防机构组织蓬勃发展，众多普通百姓仅仅依靠佩带弯刀等武器来肩负起保卫地方安全的责任。[①]

领土纠纷 洪都拉斯和萨尔瓦多有领土纠纷，两国政府决定将争议提交海牙国际法庭（ICJ）裁决。1992 年海牙国际法庭将两国边境有争议地区中的 311 平方公里判归洪都拉斯，135 平方公里判归萨尔瓦多。两国政府均表示尊重裁决。海牙国际法庭的裁决结果被认为是洪都拉斯方面取得了胜利，但是也给两国遗留

---

① 资料来源：http://www.onwar.com/aced/data/sierra/soccer1969.htm。

了一些难题，因为这一裁决导致一万多萨尔瓦多居民留在洪境内，同时也有 1000 多名洪都拉斯居民留在萨尔瓦多境内，其中 1.5 万名滞留在洪都拉斯境内的居民认为自己是萨尔瓦多人，他们于 1992 年向两国政府提出了土地权利、在两国间自由活动并保留聚居区组织等要求。为此，洪都拉斯与萨尔瓦多成立了专门的委员会来解决争端。然而两国经常因边民问题引起冲突。此外，由于在洪境内的萨尔瓦多居民砍伐木材运回国内，与洪都拉斯警察发生对峙，两国局势一度严重紧张。

洪都拉斯与萨尔瓦多曾签署两项协议，正式宣布两国之间由边民问题引起的边境冲突已经完全解决。这两项协议是"有关设立界标协议"和"边民法定权利协议"。协议规定，两国将在边界立界标，同时因海牙国际法庭裁决而滞留在对方境内的公民的土地财产等权利也得到了保证。这两项协议解决了两国间的历史遗留问题。

但是，洪都拉斯与萨尔瓦多对拉巴斯地区的归属仍存在争议，冲突时有发生。2006 年年底，当萨尔瓦多重提位于丰塞卡湾入口处的科内霍岛（Conejo）的所有权问题时，两国关系趋于紧张。该岛作为洪都拉斯的领土已有 150 年的历史，洪方认为，有关该岛的归属问题已在 20 世纪 90 年代由海牙国际法庭作出了裁定：洪都拉斯、萨尔瓦多和尼加拉瓜拥有从其各自海岸向外延伸 3000 平方米海域的主权，而该岛距离洪都拉斯仅半英里远，距离萨尔瓦多海岸 6 英里。

三　同尼加拉瓜的关系

两国关系历来紧张，边界冲突不断，1907 年曾爆发战争。20 世纪 50 ~ 80 年代发生过多次武装冲突。1995 年 4 月，两国签署了丰塞卡海域浮标定界工作协议，但双方在主权和水资源问题上仍有争议，摩擦和冲突不断发生。1996 ~ 1997

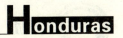

年，两国基本解决了丰塞卡湾和大西洋米斯基托海岸的边界争端，随后完成了丰塞卡湾浮标定界工作。但是，1999年洪议会批准《洛佩斯—拉米雷斯海洋界定条约》后，承认哥伦比亚拥有在尼加拉瓜的加勒比海地区数万平方公里的大陆架主权，尼加拉瓜一贯坚称拥有对该水域的主权。于是引发了洪都拉斯与尼加拉瓜的边界冲突，形成军事对峙的局面。为此，尼加拉瓜对来自洪都拉斯的进口产品加征35%的关税直到2003年，2000年双方将争议告到海牙国际法庭。直到2007年10月，海牙国际法庭对两国的争端作出了有利于洪都拉斯的裁决，认定其拥有4个岛屿的主权并重新划定了两国的海事边界。但是，两国对丰塞卡海湾地区的捕鱼权仍存在争端。

四　同其他国家的关系

19 74年12月14日，中美洲六国同委内瑞拉签署《瓜亚纳宣言》，加强经济合作，委优惠售油、提供贷款以利于地区经济发展。近年来在发展同委内瑞拉的关系上，洪都拉斯国内存在反对声音，担心同委内瑞拉发展关系将损害洪都拉斯同美国的关系，并且将妨碍2010年7月到期的《临时保护身份协议》（TPS）延长。但是洪都拉斯总统塞拉亚寻求加强与委内瑞拉的双边关系。2007年晚期，塞拉亚决定加入委内瑞拉倡导的"加勒比石油计划"，并于2008年8月宣布洪都拉斯将加入"美洲玻利瓦尔替代计划"（ALBA），该计划旨在拉美与加勒比国家之间建立一个自由贸易协定，以替代美国主导的美洲自由贸易区。塞拉亚坚持与委内瑞拉发展密切关系。

2009年6月28日，洪都拉斯政变发生后，洪都拉斯临时政府与委内瑞拉的关系尤为紧张。作为塞拉亚的盟友，委内瑞拉总统查韦斯对洪都拉斯政变表示强烈谴责，并通过由他主导的美洲玻利瓦尔联盟对政变当局采取了一系列抗议措施。然而，洪都拉

斯临时政府也采取了回应措施。7月12日，洪都拉斯临时政府驱逐了6名委内瑞拉记者。7月22日，洪都拉斯临时政府发表的声明声称，鉴于委内瑞拉曾"用武力威胁洪都拉斯"，而这一行为"严重侵犯了洪都拉斯主权"，因此决定对委内瑞拉驻洪都拉斯外交使团及相关工作人员下达72小时驱逐令，同时召回洪驻委的外交使团，而委内瑞拉政府则拒绝接受该驱逐令。7月22日，洪都拉斯临时政府还对与塞拉亚和查韦斯关系密切的伊朗采取了措施，决定自即日起取消对伊朗公民入境洪都拉斯的免签政策。

2009年政变发生后，洪都拉斯临时政府与拉美国家的关系全面恶化。一是与拉美大国的关系全面恶化。政变发生后，"里约集团"轮值主席、墨西哥总统卡尔德龙宣布，"里约集团"不承认洪都拉斯临时政府。阿根廷总统克里斯蒂娜不仅坚决支持塞拉亚，而且还曾计划陪同他回国复职。巴西驻洪都拉斯大使馆成为塞拉亚回国后的栖身之地。在洪都拉斯公布大选结果后，巴西和阿根廷都不承认选举结果。二是与美洲玻利瓦尔联盟成员国的关系全面恶化。为支持塞拉亚，委内瑞拉、古巴、玻利维亚、厄瓜多尔、尼加拉瓜、多米尼克、圣文森特和格林纳丁斯、安提瓜和巴布达一致同意召回各自国家驻洪都拉斯的大使。三是与中美洲邻国的关系全面恶化。危地马拉、萨尔瓦多、尼加拉瓜等国曾一度关闭与洪都拉斯的陆地边境，中止与洪都拉斯的各种商贸往来，并表示视其政局的变化来决定制裁的力度。

政变发生后，全球性和地区性的组织纷纷作出强烈反应：第63届联合国大会通过的决议，不结盟运动国家首脑会议秘书处发表的声明，由"中美洲一体化体系"、"美洲玻利瓦尔替代计划"和"里约集团"成员国举行的联合紧急会议通过的决议，都强烈谴责这场政变并要求立即无条件恢复塞拉亚总统的职位。美洲国家组织中止了洪都拉斯的成员资格。欧盟对洪都拉斯的这

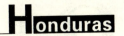

场政治危机和破坏宪法秩序的行为"深表关注",并表示欧盟在洪都拉斯驻有使节的成员国已召回其使节。然而,洪都拉斯临时政府也采取了针锋相对的措施,先是议会通过了退出美洲玻利瓦尔联盟的决议,后来临时政府还宣布退出美洲国家组织。

2007 年,塞拉亚政府向古巴派驻了大使,打破了 46 年来该国在哈瓦那没有外交官的历史。洪都拉斯此举,并非不再重视与美国的关系,而是希望与古巴加强在医疗和教育领域的合作。①

第四节　同中国的关系

洪都拉斯与中国尚未建立外交关系,但两国间存在经贸、科技、文化和政党交往。1980 年 2 月 20 日,李先念会见来访的洪都拉斯共产党(马列)总书记阿加比多·罗夫莱多。1988 年 2 月,杨尚昆主席和万里委员长会见洪副议长何塞·安东尼奥·费尔南多·古斯曼。1991 年 7 月 24 日,全国人大常委会委员长万里会见来访的洪都拉斯国民党总书记、国民议会秘书长卡洛斯·卡丹。1993 年 4 月 8 日,全国人大常委会副委员长陈慕华会见来访的洪都拉斯国民党总统候选人奥斯瓦尔多·拉莫斯。1994 年 3 月,洪外长帕斯会见我外交部副部长刘华秋和中国驻联合国大使李肇星。1995 年 9 月,洪副总统和赫雷萨诺女士率团来华出席第四次世界妇女大会,钱其琛外长与她会见。2000 年 10 月,洪改革党总书记罗夫莱达率团访华。2001 年 11 月,应洪都拉斯国民党领导成员、国会议员卡丹邀请,中共中央对外联络部派团访洪,洪安全部长丰塞卡、自由党主席兼议会第一副议长雷纳设宴欢迎,国民党总书记卡兰萨、议会党团领袖博塔西、圣佩德罗苏拉市市长拉里奥斯等分别会见或

① EIU, *Country Profile—Honduras*, 2007.

宴请。2001 年 12 月，应中国国际交流协会邀请，洪国民党领导成员、国会议员卡丹访华。2002 年 3 月，中联部副部长蔡武率团访洪。2006 年 1 月，应中联部邀请，以政治局委员阿尔曼多·富内斯为团长的洪都拉斯改革党代表团访华。2007 年，在中国共产党第十七次全国代表大会召开之际，洪都拉斯改革党中央政治局致函表示热烈祝贺。

近年来，中国与洪都拉斯的经贸往来逐年增多。2005 年 10 月，由洪都拉斯与危地马拉、哥斯达黎加、尼加拉瓜和巴拿马的 78 名进口商和商会代表组成的经贸访问团，参加了第 98 届中国出口商品交易会第一期的活动，并与中国供应商签订了大量订单。2008 年 9 月 17 日至 9 月 21 日，中华人民共和国贸易展览会在圣佩德罗苏拉科特国际展览中心举行，展出面积 3000 平方米，来自北京、上海、重庆、山东、浙江、广东、福建、黑龙江等 8 个省、市的 28 家企业参展。这是中国国际贸易促进会第四次在洪都拉斯举办展览。

洪都拉斯与我国台湾建有"外交关系"，双方在对方互设"使馆"。

1993 年，洪都拉斯联署支持台湾"重返联合国"的提案；1994 年，未联署；1995 年，再次联署；1996、1997、1999 和 2000 年为提案国；1998 年为台"重返"说项，但未联署；2001 年未提案、未联署、未说项。

据统计，2000 年洪都拉斯与台湾的贸易总额为 7574.6 万美元，其中洪都拉斯出口额 155.4 万美元，进口额 7419.2 万美元。据悉，截至 2004 年，台湾在洪都拉斯的正式投资项目达 22 项，金额约 9000 万美元，其中 11 家纺织成衣业在北部工业区内设厂，从事纺纱、织布、染整、印花、成衣制造，产品销往美国。洪都拉斯台湾商会共有会员厂商 16 家，个人会员 6 名。除纺织业外，台湾对洪都拉斯的投资主要集中于建材业、水产养殖及餐

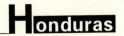

饮服务业等。此外，2007年5月台湾与萨尔瓦多和洪都拉斯两国签订自由贸易协定，该协定已于2008年生效。

此外，台湾负责对外援助的机构——"国际合作发展基金会"与洪都拉斯有多项金融业务和技术合作项目，其中有的已经完成，有的正在实施中。台湾"国际合作发展基金会"正在洪都拉斯开展的金融业务包括：玛雅世界观光计划机场建设；公路建设；中美洲经济一体化银行中小企业融资；社会转型特别基金；中美洲经济一体化社会转型特别基金贷款计划；中美洲经济一体化银行中小企业融资计划；学校互联网网络教育计划；米斯坦（Quimistan）山谷灌溉计划；"米奇"飓风重建计划；小农（稻种）信贷计划和小农信贷（网箱养殖）计划等。台湾"国际合作发展基金会"在洪开展的技术合作项目包括：食品加工产业技术援助计划；洪都拉斯与尼加拉瓜沼气再生能源技术援助计划；农业企业国际视频会议；美洲与全球青年科技创新竞赛等。①

---

① 资料来源：http：//www.icdf.org.tw/chinese/c_co_project.asp？coarea = 05&country = 29。

附　录

一　洪都拉斯主要的经济指标

年　份	2006a	2007a	2008b	2009c	2010c
GDP					
名义 GDP(百万美元)	10832.7	12321.6	14292.6	14373.6	13698.5
名义 GDP(百万伦皮拉)	204685	232817	270130	304242	339836
实际 GDP 增长率(%)	6.3	6.3	4.0	1.9	2.5
支出占 GDP 比重变化(%,实际)					
私人消费	6.0	7.9	5.5	2.0	3.0
政府消费	6.5	11.5	6.5	5.0	3.0
固定资产投资	12.7	15.4	7.8	-3.5	2.2
商品和服务的出口	-0.4	3.6	3.5	-1.0	2.3
商品和服务的进口	3.8	8.0	7.1	-1.4	2.9
GDP 构成的比例变化(%,实际)					
农业	9.4	5.0	3.8	3.5	3.0
工业	5.6	4.4	3.4	-1.6	1.7
服务业	5.9	7.5	4.2	3.1	2.7
人口与收入					
人口(百万)	7.0	7.1	7.3	7.4	7.5
人均 GDP(购买力平价,美元)	3472	3715	3927	3980	4046
有记录的失业率(平均,%)	3.5b	3.1b	3.5	5.5	6.5

续表

年　份	2006a	2007a	2008b	2009c	2010c
财政指标(%,占 GDP 比例)					
中央政府收入	18.2	19.0	18.4	18.0	17.8
中央政府支出	19.3	21.4	22.3	22.6	22.0
中央政府收支平衡	-1.1	-2.3	-3.9	-4.6	-4.2
净公共债务	28.9	21.9b	21.9	28.1	29.6
物价与金融指标					
汇率(伦皮拉：美元,平均)	18.90	18.90	18.90	21.17	24.81
汇率(伦皮拉：美元,期末)	18.9	18.90	18.90	23.60	25.50
消费价格指数(期末,%)	5.3	8.9	11.0	10.0	9.2
狭义货币 M1 存量变化(%)	24.0	16.3	11.2	6.3	7.6
广义货币 M2 存量变化(%)	22.6	19.3	9.0	0.7	3.1
贷款利率变化(%,平均)	17.4	16.6	17.0	17.5	18.3
经常项目账户(百万美元)					
贸易平衡	-2122	-2962	-3810	-2207	-2403
货物出口(离岸价)	5195	5594	6195	5619	5689
货物进口(离岸价)	-7137	-8556	-10005	-7825	-8092
服务平衡	-298	-287	-335	-282	-292
收入平衡	-539	-598	-684	-720	-757
经常项目转移平衡	2450	2622	2870	2700	2760
经常项目平衡	-509	-1225	-1959	-509	-692
外债(百万美元)					
总额	4076	3201b	3538	3754	4023
到期债务	325	514b	482	501	507
本金支付	201	314b	307	320	323
利息支付	124	199b	174	181	183
国际储备(百万美元)					
全部储备额	2642	2546	2478	2368	2233

注：a. 实际值；b. 估计值；c. 预测值。
资料来源：英国经济学家情报社（EIU）。

二 洪都拉斯历届国家元首

起讫年份	国家元首姓名	备　注
1824～1827	迪奥尼西奥·埃雷拉	自本栏起为中美洲联邦时期本邦政府首脑
1827	何塞·胡斯托·米利亚	
1827～1828	弗朗西斯科·莫拉桑	
1829～1832	迭戈·比希尔	
1832	何塞·安东尼奥·马尔克斯	
1832～1833	弗朗西斯科·米利亚	
1833～1834	华金·里维拉	
1834～1837	弗朗西斯科·费雷拉	
1837～1838	何塞·胡斯托·埃雷拉	自1838年起为共和国总统
1839	何塞·马里亚·马丁内斯	
1839	利诺·马图特	
1839	胡安·弗朗西斯科·莫利纳	
1839～1840	胡安·何塞·阿尔瓦拉多	
1841～1845	弗朗西斯科·费雷拉	
1845～1847	科罗纳多·查维斯	
1847～1852	胡安·德林多·塞拉亚	
1852	特立尼达·卡瓦尼亚斯	
1852～1853	弗朗西斯科·戈麦斯	
1853～1855	特立尼达·卡瓦尼亚斯	
1855～1856	弗朗西斯科·阿吉拉尔	
1856～1862	桑托斯·瓜迪奥拉	
1862～1864	（临时政府）	
1864～1869	何塞·马里亚·梅迪纳	
1869～1870	弗朗西斯科·克鲁斯	
1870～1872	何塞·马里亚·梅迪纳	
1872～1873	塞莱奥·阿里亚斯	
1874～1876	庞西亚诺·莱瓦	
1876～1883	马尔科·奥雷利奥·索托	
1883～1891	路易斯·博格兰	
1891～1893	庞西亚诺·莱瓦	
1893～1894	多明戈·巴斯克斯	
1894～1900	波利卡诺·博尼利亚	

续表

起讫年份	国家元首姓名	备　注
1900~1903	特伦西奥·谢拉	
1903~1907	曼努埃尔·博尼利亚	
1907~1911	米格尔·达维拉	
1911~1912	弗朗西斯科·贝特兰德	
1912~1913	曼努埃尔·博尼利亚	
1913~1919	弗朗西斯科·贝特兰德	
1919~1924	拉斐尔·洛佩斯·古铁雷斯	
1924~1925	维森特·托斯塔	
1925~1929	米格尔·帕斯·巴拉奥纳	
1929~1933	维森特·梅希亚·科林德雷斯	
1933~1949	蒂武西奥·卡里亚斯·安迪诺	
1949~1954	胡安·曼努埃尔·加尔维斯	
1954~1956	胡利奥·洛萨诺·迪亚斯	
1956~1957	（军事执政委员会）	
1957~1963	拉蒙·比列达·莫拉莱斯	
1963~1970	奥斯瓦尔多·洛佩斯·阿雷利亚诺	1963~1965年为军事执政委员会主席
1971~1972	拉蒙·埃内斯托·克鲁斯	
1972~1975	奥斯瓦尔多·洛佩斯·阿雷利亚诺	
1975~1978	胡安·阿尔维托·梅尔加·卡斯特罗	
1978~1982	波利卡诺·帕斯·加西亚	1978~1982年为军事执政委员会主席
1982~1986	罗伯托·苏亚索·科尔多瓦	
1986~1990	何塞·西蒙·阿斯科纳·德尔奥约	
1990~1994	拉斐尔·莱昂纳多·卡列哈斯	
1994~1998	卡洛斯·罗伯托·雷纳	
1998~2002	卡洛斯·罗伯托·弗洛雷斯	
2002~2006	里卡多·马杜罗	
2006~2009年6月28日	曼努埃尔·塞拉亚	
2009年6月28日~2010年	罗伯特·米切莱蒂	临时总统
2010~	波尔菲里奥·洛沃·索萨	

　　资料来源：中国社会科学院拉丁美洲研究所编《拉丁美洲历史词典》，上海辞书出版社，1993年；维基百科全书，http://en.wikipedia.org/wiki/；EIU，*Country Report—Honduras*，December 2009等整理。

三　洪都拉斯省级行政区

省　份	西班牙语名称	面　积 （平方公里）	人　口	首　府
阿特兰蒂达	Atlántida	4251	372532	拉塞瓦
乔卢特卡	Choluteca	4211	420350	乔卢特卡
科隆	Colón	8875	284900（2007年）	特鲁希略
科马亚瓜	Comayagua	5196	390643	科马亚瓜
科潘	Copán	3203	320562	圣罗莎
科尔特斯	Cortés	3954	1365497	圣佩德罗苏拉
埃尔帕拉伊索	El Paraíso	7218	383565	尤斯卡兰
弗朗西斯科·莫拉桑	Francisco Morazán	7946	1680700	特古西加尔巴
格拉西亚斯·阿迪奥斯	Gracias a Dios	16630	76278	伦皮拉港
因蒂布卡	Intibucá	3072	202140	拉埃斯佩兰萨
巴伊亚群岛	Islas de la Bahía	239	22062（2006年）	罗阿坦
拉巴斯	La Paz	2331	173731	拉巴斯市
伦皮拉	Lempira	4290	277910	格拉希亚斯
奥科特佩克	Ocotepeque	1680	118558	新奥科特佩克
奥兰乔	Olancho	23905	500000	胡蒂卡尔帕
圣巴巴拉	Santa Bárbara	5115	368298	圣巴巴拉
巴列	Valle	1565	160346	纳考梅
约罗	Yoro	7939	503886	约罗

资料来源：http：//en.wikipedia.org/wiki/Yoro_（department）。

主要参考文献

中文参考文献

李春辉、杨生茂主编《美洲华人华侨史》，北京，东方出版社，1990。

李明德主编《简明拉丁美洲百科全书》，北京，中国社会科学出版社，2001。

李明德主编《拉丁美洲和中拉关系——现在与未来》，北京，时事出版社，2001。

毛相麟等编著《中美洲加勒比国家经济》，北京，社会科学文献出版社，1987。

孟淑贤主编《中美洲各国概况》，北京，世界知识出版社，1997。

苏振兴主编《拉丁美洲的经济发展》，北京，经济管理出版社，2002。

汤小棣、张凡编著《列国志——尼加拉瓜、巴拿马》，北京，社会科学文献出版社，2009。

〔苏〕叶菲莫夫、托卡列夫主编《拉丁美洲各族人民》（上），李毅夫等译，北京，三联书店，1978。

〔苏〕斯洛尼姆斯基：《拉丁美洲的音乐》，吴佩华译，北

京，人民出版社，1983。

国际货币基金组织：《贸易统计指南》。

联合国拉美经委会：《拉美经济研究：洪都拉斯，1981 年》，1982 年 8 月。

中国外交部网站。

中国商务部网站。

中国国际贸易促进委员会：《洪都拉斯投资环境简介》，2006。

中国网，http：//www. china. com. cn。

《维基百科全书》，http：//zh. wikipedia. org/。

外文参考文献

CIA, *World Factbooks*, http：//www. cia. gov/library/publications/the-world-factbooks.

CIA, http：//www. nationmaster. com/red/country/ho-honduras/lab-labor&b_ cite =1。

EIU, *Country Report—Honduras*, April 2008.

EIU, *Country Profile—Honduras*, 2007.

EIU, *Country Profile—Honduras* 2008.

EIU, *Country Risk Service—Honduras*, April 2008.

FIDE, http：//www. investinhonduras. hn/en_ 04b. asp

Library of Congress US, http：//lcweb2. loc. gov

Soccer War 1969, http：//www. onwar. com/aced/data/sierra/soccer 1969. htm

Travel, Tourism and Recreation in Honduras, http：//www. mbendi. com/indy/trvl

United Nations Environment Programme, World Conservation

Monitoring Centre (UNEP-WCMC), International Union for Conservation of Nature and Natural Resources (IUCN).

U. S. Department of State, Background Note: Honduras, http: //www. state. gov.

Wikipedia, the free encyclopedia, http: //en. wikipedia. org/ wiki/Military_ of_ Honduras.

World Tourism Organization, *In* 2008, *international tourist arrivals grew by* 2% *to reach* 924 *million*, *up* 16 *million over* 2007, http: // www. unwto. org/index. php.

哥斯达黎加
（Costa Rica）

方旭飞 编著

列国志

第一章

国土和人民

哥斯达黎加位于中美洲中部，面积虽小，但是与其他美洲国家相比，不仅自然环境优美，人民生活富足，而且拥有稳定而延续的民主制度，因此被誉为"中美洲的瑞士"。

第一节 自然地理

一 地理位置

哥斯达黎加，全称哥斯达黎加共和国（La República de Costa Rica）。1502 年 9 月 18 日，哥伦布在第四次航行中，率领船队到达加勒比海沿岸距今利蒙港一公里的乌维特（Uvit）岛，看到繁花似锦的优美环境，也收到土著人首领赠送的大量金子。他在给西班牙王室的报告中写道："这里河流纵横，林木茂盛，到处都是参天大树、美洲蒲葵、野生杏树以及各种各样的其他树种。"① 从此，关于这块土地尤其是金子的各种传说不绝于耳。到 1539 年左右，希望找到丰富金银矿藏的西班

---

① Meg Tyler Mitchell and Scott Pentzer, *Costa Rica: A Global Studies Handbook*, Santa Barbara, Califonia, 2008, p. 3.

牙殖民者，把这一小块地方称为"Costa Rica"（富饶的海岸）。

哥斯达黎加位于中美洲地峡中部，北纬 08°02′26″～11°13′12″、西经 82°33′48″～85°57′57″，几何学中心位于圣伊斯德罗科罗纳多（San Isidro de Coronado）附近北纬 10°和西经 84°的交点。国土面积 51100 平方公里（陆地面积 50660 平方公里，水域面积 440 平方公里），仅占世界总面积的 0.03%，相当于美国西弗吉尼亚州，在中美洲国家中仅比萨尔瓦多稍大。最南端位于布里卡角，最北端在萨波阿河与尼加拉瓜交界处，最东端是锡克绍拉河河口，最西端位于圣埃莱娜角（Cabo Santa Elena）。北与尼加拉瓜接壤，国境线长 300 公里；东南与巴拿马毗连，国境线长 363 公里。[①]

哥斯达黎加东西两面分别濒临加勒比海和太平洋，海岸线绵延 1466 公里。东部加勒比海海岸线，北起与尼加拉瓜界河圣胡安河河口的卡斯蒂利亚角（Punta Castilla），南至锡克绍拉河河口，全长 212 公里，较为平直。西部海岸线北起与尼加拉瓜交界处，南至与巴拿马交界的布里卡角，全长 1254 公里，曲折蜿蜒，岛屿众多。哥斯达黎加宣布 200 海里专属经济区和 12 海里领海。

二　行政区划

哥斯达黎加行政区划分为省（provincia）、县（cantón）、区（distrito）三级，共 7 省、81 县、470 区（2005 年）。7 省分别是：圣何塞（San José）、卡塔戈（Cartago）、阿拉胡埃拉（Alajuela）、埃雷迪亚（Heredia）、瓜纳卡斯特（Guanacaste）、蓬塔雷纳斯（Puntarenas）和利蒙（Limón）。从地图上看，7 省分布就像一个从中心（圣何塞）向外辐射的车轮。

---

① 哥斯达黎加国家统计局网站。http：//www. inec. go. cr/INEC_ DIS/Sobre%20CostaRica/Clima/clima. htm

表1-1　哥斯达黎加各省基本情况表

单位：人，平方公里

省	所辖县数	所辖区数	人口	面积	省会
圣何塞（San José）	20	120	1583194	4966	圣何塞
阿拉胡埃拉（Alajuela）	15	109	854198	9758	阿拉胡埃拉
卡塔戈（Cartago）	8	51	500315	3125	卡塔戈
埃雷迪亚（Heredia）	10	46	434273	2657	埃雷迪亚
瓜纳卡斯特（Guanacaste）	11	59	280424	10141	利韦里亚
蓬塔雷纳斯（Puntarenas）	11	57	369356	11266	蓬塔雷纳斯
利蒙（Limón）	6	28	429502	9189	利蒙

资料来源：Unidad de Cartografía del INEC y División Territorial Administrativa, 2005。
人口数据来自哥斯达黎加国家统计局网站 http：//www. inec. go. cr/。

　　圣何塞省　位于中部高原，向东北延伸，跨越中央山脉。按顺时针方向，圣何塞省从北到南与阿拉胡埃拉、埃雷迪亚、卡塔戈、利蒙及蓬塔雷纳斯省相邻。大部分地区海拔在 700~1300 米之间，全国最高峰奇里波山也在境内。气候温和，11 月中旬到第二年 5 月中旬属旱季，其他时间为雨季。由于地形复杂，气候类型较多，国内各种气候类型在该省都可以出现，有许多国家公园和雨林保护区，著名的如布劳里奥·卡里略（Braulio Carrillo）国家公园、奇里波（Chirripó）国家公园和卡拉拉（Carara）国家公园等。面积 4965.9 平方公里，下辖 20 县，2008 年人口158.32 万，占全国的 35.6%，是人口第一大省。[1] 省会圣何塞从 1823 年起就成为哥斯达黎加首都，是全国政治、经济、交通、文化和技术中心。

　　卡塔戈省　位于哥斯达黎加中部圣何塞省和利蒙省之间，是唯一内陆省份。境内有中央山脉和塔拉曼卡山脉，最高峰是海拔

---

　　[1]　http：//www. inec. go. cr/

3600 米的穆耶德（Muerte）山。有 5 个火山口的伊拉苏（Irazú）火山海拔 3432 米，是哥斯达黎加海拔最高的火山，至今仍在活动。雷文塔松河、萨拉比奇河等河流都发源于此。卡塔戈省地处热带气候区，气候宜人，全年凉爽，平均气温在 20～24℃ 之间。境内有 5 个国家公园：伊拉苏火山国家公园、奇里波国家公园、布劳里奥·卡里略国家公园、塔潘蒂国家公园、瓜亚博国家历史文物保护区。全省总面积 3124.61 平方公里，下辖 8 个县，2008 年人口 50.03 万，占全国 11.2%。① 省会卡塔戈，是一座建于殖民地时期的古老城市。②

埃雷迪亚省　位于哥斯达黎加北部。北与尼加拉瓜接壤，东、南、西部分别与利蒙省、圣何塞省和阿拉胡埃拉省相连。平均海拔 1150 米，休眠火山巴尔瓦火山海拔 2906 米。年平均气温 23℃。山区气候温和，人口稀少，景色非常优美。布劳里奥·卡里略国家公园是哥国内生物物种最丰富的国家公园之一，其中的热带雨林栖息着上千种动植物，可以观赏到绿咬鹃（quetzal，格查尔）等多种鸟类。萨拉皮基河流经茂密的雨林，水流湍急，适合激流探险活动。该省总面积 2656.98 平方公里，是面积最小的省份。③ 下辖 10 个县。2008 年全省总人口 43.43 万，占全国的 9.7%。省会埃雷迪亚城建于 1706 年，是著名的“花城”，可以欣赏到许多奇异的植物和殖民地时代的建筑。哥斯达黎加国立大学位于埃雷迪亚城，是最重要的公立大学之一。

阿拉胡埃拉省　位于哥斯达黎加中北部，与尼加拉瓜接壤，相邻省份包括埃雷迪亚、圣何塞、蓬塔雷纳斯和瓜纳卡斯特。境

---

① http：//www.inec.go.cr/
② 关于卡塔戈城的具体情况，请参考第四章的“旅游业”部分。
③ http：//www.inec.go.cr/

内的阿雷纳尔火山、波阿斯火山是哥斯达黎加最重要的两座活火山。有波阿斯火山、胡安·卡斯特罗·布兰科等国家公园。以富饶的土地与温和的气候闻名，是哥斯达黎加最主要的咖啡和水果生产基地，被誉为"芒果之乡"。总面积 9757.53 平方公里，下辖 15 个县，总人口 85.42 万，占全国总人口的 19.19%。省会阿拉胡埃拉，建于 1782 年，是哥斯达黎加第二大城市。其东南2.5 公里的胡安·桑塔马利亚国际机场是哥斯达黎加最大的国际机场。

瓜纳卡斯特省　位于哥斯达黎加西北部，北与尼加拉瓜接壤，东部与南部分别与阿拉胡埃拉省和蓬塔雷纳斯省相邻，西部濒临太平洋。地域广袤，几乎涵盖整个北部太平洋沿岸地区。气温较其他省份高，雨量较少。11 月至来年 4 月，天气炎热；5 月到 10 月，每天有雷阵雨。具有发展旅游业的得天独厚的优越条件，旅游业是经济支柱。瓜纳卡斯特在哥斯达黎加文化发展中占据重要地位。土著文化与西班牙文化的成功融合，造就了该地区独特的音乐、民间故事、民俗与民风。面积 10140.71 平方公里，仅次于蓬塔雷纳斯省，下辖 11 个县。总人口 28.04 万，是人口最少的省。省会利韦里亚，是该省最大的城市和重要港口，丹尼尔·奥杜维尔（Daniel Oduber）国际机场是哥斯达黎加第二大国际机场。

利蒙省　位于东部加勒比海沿岸，西与埃雷迪亚、卡塔戈和圣何塞省相接，西南与蓬塔雷纳斯省相连，东南与巴拿马接壤。受加勒比海温暖、湿润的东北季风的影响，利蒙省气候炎热、潮湿，几乎没有明显的季节变化。历史最低气温 15℃、最高气温35℃，日平均气温在 25~30℃ 之间，夜晚空气凉爽而清新。3~4 月和 9~10 月降雨量较少，6~8 月和 11~12 月较多。国家公园和生态保护区主要有：巴拉德尔·科罗拉多国家野生动物保护区、托图盖罗国家公园、卡维塔国家公园等。总面积 9188.52

平方公里，共有 6 个县。人口 42.95 万，占全国总人口的 9.6%。黑人占该省总人口的一半，主要是牙买加人的后裔。居民主要说英语、克列奥尔语和西班牙语。利蒙省的文化特征是多元性，土著印第安人文化、非裔加勒比文化、白人文化与中国文化有机融合，黑人和加勒比文化成为区别于哥斯达黎加其他地区的重要文化特征。工业化程度较低，最重要的经济部门是农业，主要农产品有香蕉、可可、竹子、大豆、水果、椰子等。省会利蒙港靠加勒比海，早在 1867 年就被辟为外贸港，如今是哥斯达黎加最重要的港口，也是拉美地区最大的集装箱装运码头之一，全国 90% 的进出口货物在此装卸。

蓬塔雷纳斯省　主要包括太平洋沿岸的大部分地区、尼科亚半岛的东南部、奇拉岛、卡尼奥岛以及尼科亚海湾的其他一些岛屿，距离大陆 500 多公里的太平洋岛屿科科岛也归该省管辖。蓬塔雷纳斯省被誉为"太平洋珍珠"，拥有一直延伸到巴拿马边境的海岸线，旅游业、渔业和农业是其主要经济部门。面积 11265.69 平方公里，是面积最大的省，总人口 36.94 万，下辖 11 个县，43 个区。省会彭塔雷纳斯城，西班牙语意为"多沙的地方"，是该省最大城市。

三　地形地貌

哥斯达黎加面积虽小，但是地形复杂，山峦起伏、河流纵横，景色秀丽、花木繁生，有"美洲花园"之美誉。科迪勒拉山脉从西北向东南纵贯全境：北部是瓜纳卡斯特山脉、中部是中央山脉、南部是塔拉曼卡山脉。绵延高耸的大山如同一条脊柱将西部的太平洋沿岸平原和东部的加勒比沿岸平原分开。全境可以分成三大地形区：东部加勒比沿海低地、西部太平洋沿海低地和中部高地。不仅三个地形区各具特色，而且每个地形区的不同地段之间也有显著差别。

1. 加勒比沿海低地

主要特征是北部和南部较宽广，中部狭窄。北部低地地区夹杂着一些小山和火山。多沙滩、沼泽和湿地，广布热带雨林。海岸线较平直，岸滩平坦开阔。常年降水量充沛，湿度较高，因此河流密布，每年 9～11 月，圣胡安河口三角洲一带易泛滥成灾。主要河流发源于中央高原，多数注入加勒比海，较大的有雷文塔松河、锡克绍拉河、奇里波河以及哥斯达黎加与尼加拉瓜的界河圣胡安河等；注入太平洋的河流大多是短小的时令河，主要有塔尔科莱斯大河和特拉瓦大河等。该地区虽然经济比哥斯达黎加其他地区落后，但是拥有美丽的海滩和原始质朴的国家公园，受到旅游者和冲浪爱好者青睐。塔拉曼卡旧港有世界著名的冲浪胜地。托图盖罗国家公园和卡维塔国家公园是该地区最著名的两个国家公园。前者是绿海龟最重要的筑巢地之一，后者以美丽的珊瑚礁著称。与其他地区相比，加勒比海沿海地区人口较少。大部分少数民族生活在该地区，包括黑人、印第安民族、少数华裔。在靠海的村庄和小镇，居民们过着从容不迫的悠闲生活。

2. 中部高地

主要由瓜纳卡斯特山脉、中央高原和塔拉曼卡山脉组成。瓜纳卡斯特山脉为中美洲火山带的一部分，其间耸立着 4 座火山，最高的是米拉瓦耶斯火山，海拔 2028 米，时有地震活动。塔拉曼卡山脉有 10 座海拔逾 3000 米的高山。中央高原由中央山脉和中部谷地组成，海拔 900～1800 米。中央山脉自北向南分布着波阿斯、巴尔瓦、伊拉苏和图里阿尔瓦 4 座火山，其中波阿斯和伊拉苏为活火山，有公路直通火山口，是游览胜地。中部谷地位于中央山脉和塔拉曼卡山脉之间，面积 10101 平方公里，平均海拔1000 多米，是中央高原最平坦的部分。该地区土壤肥沃，雨量充沛，植被茂盛，是哥斯达黎加人口最密集的地方，首都圣何塞就位于这一地区。中部谷地也是农业经济重地，历史上一直以咖啡种植业为主。中部谷地南部是大河谷，多山，地势崎岖。中央高原地区是著名的热带云雾林分布区（云雾林是指生长在海拔超过914米、云雾笼罩地带的雨林），湿润的环境滋养着多种动植物。雨林带以上的高山，主要分布着一些矮小耐寒的灌木林和草地。

3. 西部太平洋沿海低地

是一个相对较狭窄的沿海低地走廊，包括西北部的瓜纳卡斯特平原和沿岸狭长的冲积平原。主要特征是沙滩众多、悬崖峭壁林立和大量露岩。西部海岸线呈锯齿状，有众多海湾、半岛和岛屿。主要海湾有帕帕加约湾、尼科亚湾、科罗纳多湾、杜尔塞（Dulce）湾。向外呈弧形突出的尼科亚半岛、奥萨半岛及与巴拿马接壤的布里卡半岛主要是丘陵，人口稀疏。其中尼科亚半岛气候干旱，以牧牛场和海滩度假胜地著称；奥萨半岛则气候较湿润。太平洋沿海地区的植被主要是热带草原和干性雨林（旱雨林）。热带干性雨林是一种罕见的生态系统，主要特点是植被很稀疏，比常见的湿雨林的树种要少得多，树干较粗，树冠呈扁平状，树底下往往衍生多刺的灌木丛，这与湿雨林常见的草木葱翠的景观大不相同。干性雨林曾经覆盖整个太平洋沿岸低地地区，但是幸存下来只有2%，且依然受到火灾等自然灾害的威胁。

四　山脉、高原、平原、河流、湖泊与岛屿

（一）山脉

斯达黎加的山脉是由太平洋板块和加勒比板块碰撞隆升后形成的，贯穿南北，西北部最宽，而东南端最窄。这里地震和火山活动频繁，是太平洋火山地震带的组成部分。在中美洲地峡的42座活火山中，哥斯达黎加占了7座，还有一些休眠火山和死火山。哥斯达黎加山脉从西北到东南主要分以下几部分：瓜纳卡斯特山脉、中央山脉（也叫中部火山山

脉）、塔拉曼卡山脉和沿海山脉。

（1）瓜纳卡斯特山脉。总长 112 公里，以阿雷纳尔湖为界分为两段。北半段是一条从西北向东南走向的火山带，分布了 6 座海拔 1500 米以上的火山。东南半段叫做蒂拉兰山脉，形成于第三纪火山岩，没有火山锥，地势也不高，蕴藏着丰富的矿产资源。

阿雷纳尔火山（参见第四章"旅游业"部分）。

米拉瓦耶斯火山。位于瓜纳卡斯特省省会利韦里亚以东，海拔 2028 米，是瓜纳卡斯特山脉最高峰。据推断，约 6000～15000 年前的火山爆发导致大量以英安岩—流纹岩为主要成分的岩浆流出，形成现在的火山口。唯一一次有历史记载的爆发 1946 年发生在西南坡。

老妇人角火山。位于瓜纳卡斯特山脉西北部、利韦里亚以东 40 公里，海拔 1905 米。有 9 个活火山口，是哥斯达黎加第三大活火山，1983、1984、1991、1996、1998 年多次喷发。

特诺里奥（Tenorio）火山。位于米拉瓦耶斯火山以东，海拔 1916 米。是休眠火山。地势较高的一些区域仍没有完成勘探，但在火山脚附近已开发区域，人们可以徒步旅行或骑马，观赏丰富的野生动物。

欧罗斯（Orosí）火山。位于与尼加拉瓜接壤的瓜纳卡斯特山脉，海拔 1487 米。是一座休眠火山，最后一次喷发是在 3500 年前，在半山腰就可以看见过去火山爆发的痕迹。

（2）中央山脉，又称中央火山山脉。位于哥斯达黎加中部，西北与蒂拉兰山脉相连。这里耸立着十多座高耸入云的火山锥，其中最著名的是波阿斯、巴尔瓦、伊拉苏，其火山口都有巨大的、色彩绚烂的火山湖。巴尔瓦火山位于北纬 0°8′6″、西经 84°6′0″，海拔 2906 米，是一座安山岩盾形火山，有历史记载的最后一次爆发发生在 1760 年。山顶有 12 个不同的火山爆发点，山的侧翼分布着一些寄生火山锥。从中部谷地可以清楚地看到 3 个并排的山峰，

因此当地人称其为"三个玛莉亚"火山（Las Tres Marías）。

波阿斯火山和伊拉苏火山的具体情况请参见第四章"旅游业"部分。

（3）塔拉曼卡山脉。位于哥斯达黎加最南端，全长约180公里，是与巴拿马的自然国界线。许多地区属于国际友谊公园，由哥斯达黎加和巴拿马两国共管。塔拉曼卡山脉是全国最大、最高、最老的山脉，没有活火山。特有植被"哥斯达黎加荒原"，又叫"塔拉曼卡荒原"，是生长在3000米以上区域的高山草原和灌木林，总面积31平方公里。陡峭的斜坡、低冷的温度、较高的海拔将人类活动对它的破坏减少到最低程度。最高峰奇里波山海拔3820米，是哥斯达黎加最高峰。

（4）沿海山脉。是与太平洋沿岸平行的石灰质山脉，中间被格兰德·德特拉瓦河入海口切断。

（二）高原和平原

哥斯达黎加的高原一般地势比较平坦，四季气温适中，雨量充沛，在哥伦布到来之前就已有土著人居住。中央高原位于中部，四周被高山环绕，地势较低，海拔在600~1000米之间。南北长70公里，东西平均宽度只有20公里。这里气候温和，适合人们居住和农作物生长，是哥斯达黎加最重要的政治经济中心和人口聚集地，集中了首都圣何塞、卡塔戈、阿拉胡埃拉和埃雷迪亚等重要城市，人口约占全国总人口的一半。将军－科托布鲁斯高原，邻近巴拿马，是将军河与科托－布鲁斯河交汇时冲积而成的一个三角洲。由于交通困难，这里开发得比较晚，到19世纪初还只有印第安人居住。19世纪末政府修筑通往中部地区的道路后，该地区才与外部有所来往。

平原一般位于山脉"脊梁"两侧、从山脉向太平洋和加勒比海延伸的地区。加勒比沿海平原位于中央山脉以北，海拔不到120米，面积占哥斯达黎加总面积的1/5。其土壤主要是河水冲刷下来的火山灰淤泥、河流冲积土、火山岩等。这里气候湿热，人烟稀少，有重要港口城市利蒙。太平洋沿海平原由几个小谷地和平原组成，呈狭长状，只占国土面积的 1/10，除了北部宽 75 公里以外，其他地区都很狭窄，有些地方只有几百米宽。瓜纳卡斯特平原呈马蹄形，位于滕皮斯克山谷和尼科亚海湾，气候适宜且交通方便，经济比较发达。南部平原主要环绕着杜尔塞海湾。

（三）河流

哥斯达黎加约有大小河流 130 多条，一般都源自瓜纳卡斯特山脉、中央山脉和塔拉曼卡山脉。除了北部平原，大部分地区的河流短促，水流湍急，利于发展水电但难以通航。这些河流分成太平洋水系和加勒比海水系。

（1）太平洋水系。太平洋沿岸的山脉与海岸相距不远，因此太平洋水系的河流一般都比较短小，在许多地方，山高谷深、落差很大。

特拉瓦河发源于塔拉曼卡山脉，全长 160 公里，为哥斯达黎加最长、水量最大的河流，在一个布满热带低地丛林的三角洲流入太平洋。主要支流有科托－布鲁斯河与将军河。

滕皮斯克河发源于瓜纳卡斯特山脉的欧罗斯火山附近，全长 144 公里，流经北方重要的农牧业区，最终注入尼科亚海湾。主要支流有贝贝德罗（Bebedero）河、卡尼亚斯（Cañas）河、萨尔托（Salto）河、利韦里亚河、科罗拉多河等。位于帕罗贝尔德（Palo Verde）城的滕皮斯克河大桥连接尼科亚半岛和瓜纳卡斯特以南的地区，大大缩短了尼科亚半岛至圣何塞的距离。

塔尔科莱斯大河（Río Grande de Tarcoles）发源于中央火山山脉南部斜坡，全长 111 公里，汇入尼科亚湾。因流经中央谷地的众多城镇，塔尔科莱斯大河是哥斯达黎加污染最严重的河流，被倒入大量未经处理的有机物和工业废弃物。

（2）加勒比水系。加勒比沿海平原比较宽广、地势落差不

大，因此这里的河流更长、更宽。河流夹带着的大量沉积物堵塞河道出口，导致河流排水能力差。在河汊和支流交汇处，河水往往与地面等平，一场暴雨后河水经常改道。

圣胡安河发源于尼加拉瓜湖东南角，向东南注入加勒比海，全长192.06公里。最早的出海口被河水夹带的沉积物堵塞，现在的出海口在哥斯达黎加境内的陶罗河口。该河是两国界河，也是哥斯达黎加通向加勒比海最主要的水路，巴拿马运河开凿前曾经是大西洋和太平洋之间的重要通道。主要支流有科罗拉多河、圣卡洛斯河、萨波阿河、萨波特河等。

雷文塔松河又名帕里斯米纳河，源于中央高原，注入加勒比海，全长145公里。水力资源丰富，是哥斯达黎加水力发电最主要的河流。主要支流包括如西蒙内斯河、阿提罗河、佩西瓦耶河与欧罗斯河等。

锡克绍拉河发源于塔拉曼卡山脉，流经利蒙省南部后汇入加勒比海，全长146公里。该河是哥斯达黎加利蒙省与巴拿马博卡托罗省之间的界河，河上建有古老的铁路桥。主要支流有尤金河、乌伦河、拉里河、科恩河和特里雷河等。

帕瓜雷河发源于塔拉曼卡山脉，汇入加勒比海，长108公里，是皮艇冲浪、激流漂筏运动的绝佳场所，生态环境得到较好保护。

（四）湖泊

阿雷纳尔湖是哥斯达黎加最大的湖泊，位于阿雷纳尔火山以西、蒙特维德云雾林附近，湖面面积85.5平方公里。建于1979年的阿雷纳尔水电站，发电量占全国的9%。[①] 湖周围是绵延起伏的草场和林地，湖光山色，美不胜收。温暖清澈的湖水和强大稳定的风速是帆板运动最好的条件，每年11月至来年4月，大

---

① http：//www.arenal.net/lake-arenal.htm

量帆板运动员都会聚集在阿雷纳尔湖西部进行训练。阿雷纳尔湖常见的鱼是玛查卡鱼和瓜婆特鱼，属棘鳍类热带淡水鱼和丽鱼科鱼，肉色白，肉质细嫩味美，牙齿锋利，个性活跃，最好在日出和日落时分捕钓。阿雷纳尔湖及其周围区域是鸟类的天堂，常见鸟类有蜂鸟、啄木鸟、翠鸟、巨嘴鸟和阿里卡里鸟。

（五）岛屿、半岛和海湾

哥斯达黎加主要的岛屿、半岛和海湾都分布在西部。有大小岛屿 30 多个，其中较大的有卡莱罗岛（Calero，面积 151.6 平方公里）、布拉瓦岛（Brava，44.4 平方公里）、奇拉岛（43 平方公里）等。太平洋上的科科岛（Isla de Coco）面积 26 平方公里，距离哥斯达黎加本土 550 公里，1978 年被宣布为国家公园，1997 年被联合国教科文组织列为世界遗产。2002 年，联合国教科文组织将科科岛国家公园世界文化遗产区扩大到 1997 平方公里的海洋区域。

主要半岛有尼科亚半岛、奥萨半岛等。尼科亚半岛是哥斯达黎加最大的半岛，位于太平洋海岸，北部属瓜纳卡斯特省、南部属蓬塔雷纳斯省。尼科亚是半岛最主要的文化、商业、交通、旅游中心，也是哥斯达黎加最古老的城市之一，有许多殖民地时代的建筑。建于 1644 年的圣布拉斯教堂是哥斯达黎加最古老的天主教堂之一。

主要海湾有尼科亚海湾、杜尔塞海湾等。尼科亚海湾位于尼科亚半岛与大陆本土之间，是哥斯达黎加太平洋沿岸北部地区最大的海湾。海湾北部地区水较浅，南部水较深。杜尔塞海湾又称甜海湾，位于西南部太平洋海岸奥萨半岛与大陆本土之间。

五　气候

哥斯达黎加大部分地区属热带海洋性气候，主要特征是高温多雨。受地形地势影响，各地气温存在差异。炎

热的沿海低地地区，海拔在 0～800 米之间，年平均气温在25～30°C 之间；温和的中央谷地，海拔在 800～2000 米之间，年平均气温 14～22°C；凉爽甚至寒冷的高山地带，海拔 2000 米以上，年平均气温 5～10°C 之间。季风（当地人称之为 alisios）是影响降雨的重要因素。11 月底至第二年 4 月是旱季，干燥少雨。5 月至 11 月中旬是雨季，在太平洋上吹来的西南风影响下，降水丰沛。加勒比沿海地区的降雨量普遍比太平洋沿海地区大。全国降水量最多的地区是中央山脉朝向加勒比的东北部斜坡地带，年降水量可达 5000 毫米。

哥斯达黎加国家气象局将全国分为 6 个不同的气候区。[①]

（1）北部太平洋气候区。太平洋沿岸塔尔科莱斯河以北的部分区域，包括瓜纳卡斯特省和阿拉胡埃拉省的部分地区以及蓬塔雷纳斯省北部。年平均气温 28°C，最炎热的 4 月气温可达 38°C。旱季和雨季变化分明：5～10 月为雨季，6 月、9 月和 10 月降雨量最多，相对湿度为 80%～85%；11 月至第二年 4 月为旱季，很少下雨，相对湿度只有 60%～65%。

（2）中部太平洋气候区。从塔尔科莱斯河向南延伸至巴鲁河河口，包括圣何塞及蓬塔雷纳斯省的西部区域。沿海地区年平均气温 27°C，1～5 月白天最高气温 32°C，晚上气温一般也不会低于 22°C；而在山区，夜间气温会下降到 9°C 左右。每年 1 月到 3 月是旱季，其他时间为雨季，2 月和 10 月分别是最干旱和降雨最多的月份。沿海低地地区年均降水量 3625 毫米，而海拔780 米以上的山区可多达 6665 毫米。

（3）南部太平洋气候区。12 月至第二年 4 月为旱季，年平均气温为 26°C，相对湿度 75%。5 月至 11 月为雨季，年平均降水量为 4000 毫米，在奥萨半岛年平均降水量可超过 5000 毫米。

---

① http://www.vacationcity.com/costa-rica/information/

雨季相对湿度稍高，7月、10月和12月可达90%。

（4）中北部气候区。中央谷地北部至尼加拉瓜边境和尼加拉瓜湖之间的地区。海拔高度是影响该地区降水量的主要因素。但是不论在平原还是在山区，1~4月是最干燥的季节。气温也受到海拔高度的影响：低地地区，白天气温在30°C左右，夜间最低气温在20°C左右；山区的白天平均气温只有21°C，夜间气温可降到13°C。该区域主要刮南风，全年平均风速为5.5公里／小时左右，但是随着海拔的升高，风速逐步增加。

（5）中央谷地气候区。包括埃雷迪亚、圣何塞、阿拉胡埃拉及卡塔戈省的部分地区，人口较密集、旅游业较发达的城市大多在这个地区。年平均气温22~24°C，年平均降水量1967毫米，平均相对湿度75%。12月到第二年4月为旱季，湿度相对较低，常刮东北风，风速30公里／小时左右，日照充分，平均每天可有8个小时以上的日照时间。5月到11月为雨季，光照少、降雨多，上午6点至10点天气晴朗，中午或午后就变成了暴风雨。9月、10月之间是雨量最丰沛和最潮湿的季节，月平均降雨量可达到650毫米。

（6）加勒比气候区。涵盖整个加勒比沿岸地区。全年温差不大，年均气温25~27°C。5月、6月和10月最热，白天最高气温可达31°C。晚上天气凉爽，气温在20~22°C之间。一年中除7月外，平均每天有4.5~5小时的日照时间，3~4月光照最多，平均每天日照5~6小时。这一气候区没有旱季，雨量较为丰沛，年降水量为3575毫米。降雨最多的月份是7月、11月和12月，最少的月份是2~3月和9~10月。往往早上天气晴朗，下午或者晚上倾盆大雨。该地区因此是哥斯达黎加湿度最高且稳定的区域，6月、7月、11月和12月湿度最高，一般在90%左右，湿度相对较低的3月和4月一般也可达84%。

第二节 自然资源

一 矿产资源

哥斯达黎加矿产资源比较贫乏，主要矿产有：铝土、铁、煤、硫黄、金、银、汞、锰、铜、盐、铅、锌、钨、镁等。铝土矿主要分布在中央谷地和科托布鲁斯高原，铜矿分布在塔拉曼卡山脉，锰矿分布在尼科亚半岛，金矿主要分布在奥萨半岛及太平洋斜坡地区。南部加勒比海沿岸地区潜藏着丰富的石油资源。

二 植物和动物

哥斯达黎加是世界上 20 个生物种类最多的国家之一，素有美洲野生动植物园的美称。哥国土面积只占地球陆地两积的万分之三，却拥有 12 个不同的生态区，生息繁衍的生物物种占世界的 5%。在物种密集程度方面，没有一个国家能与哥斯达黎加相媲美。

（一）植物

目前，森林占哥斯达黎加国土面积的 47% 左右，植物特别是树木、羊齿类植物（约 800 种）与花卉（共有 6000 多种，仅兰花类就有 1500 多种）种类繁多。

全国植物分布如下。（1）潮湿炎热的沿海平原分布着热带雨林，主要树种有：大西洋雪松、月桂树、木棉树、独籽角树、轻木、山番荔枝、桃花心木、防臭木等。（2）海拔 800 米至 1500 米的地方，树木比平原低矮、稀疏，主要树种有圣栎树、月桂树、栎树、椰枣树、巨榕、合欢等。（3）干燥的热带地区，每年有半年是干旱季节，植物多为落叶树、灌木和牧草。每到旱季，山坡一片金黄。尼科亚半岛上的瓜纳卡斯特平原一带过去也有热带森林，但是现在从太平洋沿岸到海拔 1500 米高的地方，草地已经代替了森林。这一地区的树木主要属豆科类，还有栎树、坚果面包树、太平洋雪松、黄花孪生豆、巨榕和番石榴树。在森林里还有体积比较小的蕨类植物、灌木和木本植物。在最干旱的地方生长着一些喜旱植物。（4）中部火山山脉和塔拉曼卡山脉海拔 1500 米至 3000 米的地区，气候十分潮湿，终年云雾缭绕，主要分布着高地森林，如香棉菊、安第斯松柏。在多雨的上风山坡，生长着豆科植物、樟科植物、桃金娘科植物。在比较干燥的背风山坡，生长着喜旱植物，如圣栎木和爱神木。（5）海拔 3100 米以上的高山或火山，如波阿斯火山、伊拉苏火山、奇里波山以及塔拉曼卡山脉的一些山峰，属荒凉高寒地带，不适于高大的乔木植物，主要生长着低矮茂盛的灌木林和牧草。

瓜纳卡斯特树是哥斯达黎加国树。树形高大，树枝宽阔如盖，有利于各种各样的动物藏身。其荚果呈耳垂形，因此又被称为"耳垂树"。木材呈栗色，可以用来做家具和建筑用材。哥斯达黎加另一特有树种红树林是盐生植物，主要生长在含盐分的土壤里，有黑红树、锥果木红树、普通红树、茶红树和白红树等 5 种。

（二）动物

哥斯达黎加动物种类繁多。哺乳动物有 230 多种，如猴、食蚁兽、树獭、鹿、野猫、黄鼠狼、水獭和狐狸等。飞禽有 800 多种，两栖动物和爬行动物 400 多种（其中蛇就有 200 多种），蝴蝶 2000 多种，鸟类 850 多种，昆虫 3 万多种，淡水鱼 130 多种。

原始森林、热带雨林、国家公园和保护地是各类动物主要的

栖息地。在这些地方生活的禽类有鸭、草鹭、鹦鹉、鸫、鹰、游隼、猫头鹰、兀鹫、燕、蜂鸟、格查尔鸟等，灵长类动物有吼猴、卷尾猴、赤吼猴和犹，猫科动物有美洲豹、美洲狮和美洲虎，爬行动物有各种各样的蛇、龟和鳄鱼，此外还有各种熊类、鹿类、臭狐、海牛、犰狳、美洲獾、貘。在干燥的热带地区，因森林面积不断缩小以及严重的乱杀滥捕，动物品种和数量不断减少，许多动物已濒临灭绝。在这些地方生活的主要有禽类如兀鹫、喜鹊、隼、野鸭、翠鸟、小鸢、鹦鹉等，松鼠、豪猪、刺豚鼠、浣熊、鹿、美洲獾，各种蝙蝠，各种猴子。在河边有鬣蜥、寄居蟹、水蛇等。海拔较高且气温较低的高地，动物品种和数量比较少，主要有鹰、猫头鹰、鸡、鸽子、格查尔鸟、松鼠、狐狸、山鼠、树懒等。

饮誉世界的格查尔鸟，拥有绿色的羽毛、红色的腹部、长长的尾翎，身姿华丽多姿，被认为是世上最美的鸟。古代印第安人奉之为神明，用其尾羽做成的羽冠只有国王和最高职位的神职人员才有权佩戴。蜂鸟是世界上最小的鸟，这种鸟只有人的拇指大小，以花蜜为食。由于翅膀的高速振动消耗大量能量，它每天要吃掉自身重量一倍以上的花蜜。

三　资源保护

哥斯达黎加曾经是真正的"森林王国"，公元 1800 年左右 91.3% 的国土被森林覆盖。但是在经济发展过程中，大量森林被砍伐，以满足工农业用地需求。哥斯达黎加人一度把森林看成阻碍农业发展的障碍，认为必须砍伐森林、开荒种粮才能体现森林的价值。瓜纳卡斯特地区、太平洋北部沿海平原、加勒比沿海平原和杜尔塞海湾周围的森林被大量砍伐而改建成种植园。20 世纪七八十年代，哥斯达黎加原始森林每年缩减 2% ~ 4%，这一森林破坏率不仅在中美洲最高而且在世界上也首屈一指。到 1987 年，哥斯达黎加森林覆盖面积降到了 25 %。①

针对这种状况，哥斯达黎加政府采取了一系列措施，保护自然资源。

首先，制定和实施一系列环保法规，如《森林法》《公共服务监管法》《环境法》《土地保护法》和《生物多样性法》等。1995 年颁布的《环境法》规定，所有建设项目开工前都必须进行环境影响评估。环境和能源部下属的国家环境技术秘书处负责相应执法，有权中止破坏环境的项目，采取惩罚措施。

其次，实施保护区计划，建立各种保护区。（1）国家公园，用于保护自然美景和重要的动植物资源，便于民众欣赏并进行环保教育。（2）生物保护区，用于保护自然环境及研究。（3）野生动物保护区，主要保护濒临灭绝的动物。（4）国家历史文物保护区，主要保护一些具有重要历史意义的名胜古迹和古文化遗址。（5）"多功能发展的"自然保护区，包括缓冲区。（6）世界遗产公园。目前，哥斯达黎加已经有联合国教科文组织命名的世界遗产三处：太平洋上的科科岛国家公园、巴拿马与哥斯达黎加共管的国际友谊公园和瓜纳卡斯特保护区。（7）印第安人保留区，主要目的是保护印第安人文化。保护区制度在保护自然资源方面起到了非常重要的作用。

再次，加强公民环保意识，鼓励开展植树造林活动。政府每年投入一定资金用于植树造林，并规定有可能破坏生态平衡和造成环境污染的企业或单位必须植树。

---

① Meg Tyler Mitchell and Scott Pentzer, *Costa Rica: A Global Studies Handbook*, Santa Barbara, Califonia, 2008, p. 6.

表 1 - 2　哥斯达黎加的各类保护区

种　类	数　量	面积(公顷)	占国土总面积的百分比(%)
国家公园	25	623771	12.23
生物保护区	8	21674	0.42
自然保护区	32	155817	3.06
森林保护区	11	227834	4.47
野生动物保护区	58	180035	3.53
湿地/红树林保护区	15	77869	1.53
其他	12	17306	0.34
总　和	161	1304306	25.58

资料来源：http://www.costarica-nationalparks.com/。

第三节　居民与宗教

一　人口[①]

18 21 年，哥斯达黎加只有 52000 人。而截至 2008 年年底，人口总数达到 4451262，人口密度 87.1 人/平方公里。其中 15 岁以下人口 1155652，占总人口的 26%；60 岁以上人口 402553，占 9%。人口老龄化趋势较明显。[②]

自 1864 年以来，哥斯达黎加国家统计局一共进行了 9 次人口普查。第一次人口普查于 1864 年进行，第二到第八次分别于 1883 年、1892 年、1927 年、1950 年、1963 年、1973 年和 1984

---

① 如无特殊表明，该部分资料主要来源于哥斯达黎加国家统计局。

② 一般认为，一个国家如果 15 岁以下的人口占 40%～45%，65 岁以上的人口占 3%～4%，这个国家属 "年轻型国家"；而如果 15 岁以下的人口占 25% 左右，65 岁的人口占 10% 以上，这个国家就属 "年老型国家"。

年进行。最后一次于 2000 年 6 月 28 日零时进行，人口总数为
3810179，男性 1902614 人、女性 1907565 人，分别占总人口的
49.9% 和 50.1%，人口密度每平方公里 75 人（1984 年为 47
人）。与 2000 年相比，2008 年哥斯达黎加人口增加了 64 万，增
长率为 14.4%。

　　20 世纪 60 年代，哥斯达黎加属"年轻型国家"。1960 年总
人口 120 万，其中 15 岁以下约占 46%，45 岁以上只占 14%。但
是到了 2000 年，由于出生率和死亡率均呈下降趋势，15 岁以下
的只占人口总数的 31.9%，而 65 岁以上的人占到 5.6%。2008 年，
15 岁以下和 60 岁以上的分别占总人口的 26% 和 9%。可以说，哥
斯达黎加已逐渐进入到老年社会。中部高原仍是人口密集地区。
圣何塞省人口 158.3 万，占全国人口的 35.56%。城市人口在全国
总人口中的比例，1960 年为 37%，到 2000 年增至 59%。

　　外来移民是哥斯达黎加人口的重要组成部分，极大地丰富了
其历史，影响了其民族特征。19 世纪，外国移民主要来自德国、
意大利和英国；到 20 世纪 70 年代，主要来自阿根廷、智利和哥
伦比亚等拉美国家；80 年代，尼加拉瓜以及其他中美洲国家的
经济衰退和政治军事冲突导致成千上万的难民涌入哥斯达黎加。
21 世纪以来，哥斯达黎加成为美国等西方发达国家的公民退休
后养老的目的地。2000 年的人口普查显示，哥斯达黎加有近 30
万外国移民，占人口总数的 7.8%（1973 年和 1984 年分别只有
1.2% 和 3.7%）。外国移民中最多的是尼加拉瓜人（22.6 万
人），其次是巴拿马人（1 万多人）、美国人（9500 多人）、萨尔
瓦多人（8700 多人）和哥伦比亚人（5900 人）。

二　民族

哥斯达黎加人种高度单一，居民以欧洲人特别是西班牙
人后裔为主。据 2000 年第 9 次人口普查统计，白人及

印欧混血种人占总人口的 93.7% 以上，土著印第安人只占 1.7%，非洲后裔或黑人占 1.9%，华人占 0.2%，其他占 2.6%。①

印第安人共 63876 人（2000 年），主要分布在塔拉曼卡山区和西南部太平洋沿岸崎岖山地，分属 8 个部落：乔罗特加人（Chorotega）、布里布里人（Bribri）、卡维卡尔人（Cabécar）、维塔尔人（Huetar）、瓜伊米人（Guaymi/Nobegue）、瓜图索人/马勒库人（Guatuso/Maleku）、特拉瓦人（Térraba）和布伦卡人（Brunca）。除布里布里人和卡维卡尔人有上万人之外，其他都只有几千甚至几百人。1977 年，政府通过《土著居民法》，决定建立印第安人保留地。1992 年，印第安人获得公民权，1994 年第一次获准参加选举。大部分印第安人依靠农业生存，且处在极端贫困状态。

黑人主要分布在加勒比海沿岸地区，尤以利蒙省为多，主要来自西印度群岛的牙买加等地。历史上，黑人尽管为经济发展作出重要贡献，但长期被歧视，直到 1949 年才拥有公民权。

与中美洲其他国家相比，哥斯达黎加的华侨人数不多，约为 8000 人②，大多原籍广东。多数居住在首都圣何塞、利蒙及其他城市，从事零售业和餐饮业、开娱乐场所和洗衣店，也经营咖啡园或果园、一些小型食品加工厂和日用品厂等。

三　语言

西班牙语是官方语言。利蒙省的黑人后裔除西班牙语外，也讲利蒙克列奥尔语。利蒙克列奥尔语是一种以英语（尤其是牙买加英语）为基础的克列奥尔语，许多词汇来源于英语，19 世纪通过移入的牙买加人传入，目前有 10 万人说

---

① http：//www.inec.go.cr/

② http：//www.inec.go.cr

该种语言。印第安人的主要语言包括布里布里语、卡韦卡尔语、马勒库亚伊奇（Maléku Jaíka）语、博鲁卡语和特拉瓦语等，属于奇布查语语系。

四　宗教

罗马天主教是哥斯达黎加绝大多数居民信奉的宗教，宪法规定其为国教。宪法第 75 条，除规定罗马天主教为国教之外，还规定，国家不阻止共和国内其他不违背普遍道德和善良习俗的自由信仰。① 据统计，全国有一个大主教区、6 个教区，有主教 561 人、教士 192 人、神职人员 284 人。② 教会的最高权力机构是全国主教会议。天主教不但每年得到政府拨款，且可免财产税。

宪法保证其他宗教的信仰和活动自由。部分居民信奉基督教新教，主要分布在利蒙省。国际四方福音会是最大的新教教派。20 世纪 50 年代，美国亚拉巴马州一些贵格会教徒移民哥斯达黎加，建立了蒙特维德镇，为该地区云雾林生物保护区的建立作出重要贡献。

第四节　民俗与节日

一　民俗

哥斯达黎加的生活习俗接近西班牙，印第安人的传统痕迹较少。居民的日常食物是大米、玉米、豆类、禽蛋、牛奶、蔬菜和水果等，肉类主要是猪肉、牛肉、鸡肉和鱼虾

---

① http://www.costaricalaw.com/constitutional_law/constitution_en_06.php
② http://www.mundilink.com/cecor/

等。最传统的食品叫做"花公鸡"（gallo pinto），几乎无所不在。做法是把煮熟的米饭、黑豆放在油里炒，根据自己的爱好放上切碎的辣椒、洋葱、香菜、火腿或香肠，再加上奶酪或酸奶油。如果是早餐，上面放上一个煎鸡蛋、一块炸香蕉；如果是午餐就配上蔬菜、土豆沙拉和煎肉。圣诞节吃粽子，做法是：先在两张香蕉叶上抹上玉米糊，然后放上一小片烤肉和一些菜豆，加上切好的胡萝卜丁和红辣椒粉，裹好蒸熟。聚会时吃炸猪皮（Chicharrones），吃的时候先在上面撒一点橙汁。特色小菜主要有：chimichurri，是一种用酸橙汁泡制的西红柿和洋葱；chifrijo，菜豆，一般与米饭、炸猪皮以及 chimichurri 搭配起来吃；ceviche，用酸橙汁泡制的鱼或虾；vigorón，酸橙汁泡卷心菜和丝兰。

哥斯达黎加人偏爱本国生产的水果饮料，香蕉食用较多。成熟的香蕉较甜，一般用黄油煎，加上蜂蜜或甜酱烤着吃，也可放在汤里煮着吃。未成熟的绿香蕉淀粉含量多，切成圆形薄片并炸成松脆的香蕉片（patacones），然后放在汤里或直接食用。还有一种红色的甜香蕉，外形较小，吃起来像山莓。在加勒比沿岸地区，人们还把香蕉做成叫做 patty 的肉馅卷饼。

除了日常必备的咖啡，哥斯达黎加人喜欢喝一种以蔗糖汁为主料的甜饮料，做法是：先把蔗糖汁倒在一种叫做特拉皮切（trapiche）的锅里煮熟，然后浇在一个圆锥形的模子里，待冷却变硬后，切成块状（叫做 tapa de dulce）。饮用时，把这些圆锥形的糖块溶解在热水或牛奶里，制成独具风味的甜饮料。"瓜罗"（Guaro）是从甘蔗汁中经蒸馏提取出来的烈性酒，清澈透明，味道微甜，喝时加果汁或汽水。"瓜罗"的生产和销售都由政府垄断，最著名的品牌是卡西克（Cacique）。

哥斯达黎加人忌讳"13"和"5"这两个数字，认为它们不吉利；喜欢"3"和"7"，认为它们吉利。

二　节日

一年有 20～30 个全国性或地方节日。它们在很大程度上反映了哥斯达黎加的历史、宗教、文化和风俗习惯。主要有：

圣约瑟节，3 月 19 日。是纪念首都圣何塞的守护神圣约瑟的日子。

圣周，一般是 3 月的最后一个星期或 4 月初。

民族英雄纪念日（里瓦斯战役纪念日），4 月 11 日。为纪念民族英雄胡安·桑塔马利亚而设。1856 年 4 月 11 日，桑塔马利亚（1831 年 8 月～1856 年 4 月 11 日）在反对美国人威廉·沃克入侵的战争中，在里瓦斯城英勇牺牲，后被尊为民族英雄。哥斯达黎加最大的国际机场也以他的名字命名。

教徒日，6 月 29 日。又称圣保罗和圣彼得日。

瓜纳卡斯特省合并纪念日，7 月 25 日。为纪念 1824 年瓜纳卡斯特省脱离尼加拉瓜合并到哥斯达黎加而设。全国放假一天。

天使圣女节，8 月 2 日。是哥斯达黎加最重要的全国性宗教节日，用来纪念保护神天使圣母。全国放假一天。

母亲节，8 月 15 日。庆祝自己的母亲以及天主教圣母马利亚升天。全国放假一天。

儿童节，9 月 9 日。

独立日，9 月 15 日。庆祝哥斯达黎加 1921 年从西班牙殖民者手中独立出来。

哥伦布日（种族日），10 月 12 日。

亡灵节，11 月 2 日。纪念已故亲朋好友的日子。

文化节，11 月 12 日。

圣母受孕日，12 月 8 日。

著名的地方性节日有 1 月 15 日的阿拉胡埃拉节、2 月最后一周的蓬塔雷纳斯狂欢节、3 月在埃斯卡苏的圣安东尼奥举办的牛仔节、10 月在利蒙举办的文化节等等。这些节日不仅有五彩缤纷的游行，还有一些相关的集贸市场或博览会。

第五节　国旗、国徽与国歌

一　国旗

斯达黎加国旗曾经过多次修改，共有 8 个版本。现在的国旗是根据 1906 年 11 月 27 日的 18 号法令正式颁布启用的。国旗呈长方形，长宽之比约为 5∶3。旗面由五道平行宽条相连组成，自上而下依次为蓝、白、红、白、蓝，比例为 1∶1∶2∶1∶1。红色部分偏左处绘有国徽图案。蓝、白两色来自原中美洲联邦国旗的颜色，红色部分是 1848 年成立共和国时增加的。蓝色代表天空、机会、理想主义和坚忍；红色代表热忱和为独立所流的血；白色代表和平、智慧和快乐。

二　国徽

哥斯达黎加国徽为盾形。盾面上有从海面升起的旭日，象征新时代的黎明。海中有三座大山，代表巴尔瓦、伊拉苏和波阿斯三座火山。近景的加勒比海和山后的太平洋海面各有一艘古老的白色帆船，象征哥斯达黎加与其他国家的海上贸易往来；上方的 7 颗白色五角星代表 7 个省，星上方的白色饰带上用西班牙语写着"REPUBLICA DE COSTA RICA（哥斯达黎加共和国）"。盾徽上端为皇冠样蓝色饰带，上写"AMERICA CENTRAL（中美洲）"，表达出哥斯达黎加人对原有联邦的缅怀。两侧为咖啡色长卵形叶子图案代表咖啡豆，为该国主要经济作物。

三　国歌

国歌由曼努埃尔·马利亚·古铁雷斯（Manuel María Gutiérrez）1853 年作曲，何塞·玛莉亚·塞莱东·布雷内斯（José María Zeledón Brenes）1900 年填词。歌词全文如下。

敬爱的祖国，你美丽的旗帜，
向我们展示生命的活力。
在你清澈的蓝天下，充满神圣和纯洁的和平。
辛勤劳动和顽强斗争，让人们红光满面。
朴实的农夫子孙，获得永久的威望、尊敬和荣耀。
向富饶的大地致敬！向至爱的慈母致敬！
如果有人胆敢玷污你，刚强的人民将英勇奋起，
把简陋的工具变成武器。
向祖国致敬，你富饶的土地，
令我们衣食无忧，
在你清澈的蓝天下，
人们永享劳动与和平。

第二章

历　史

第一节　哥伦布到达前的哥斯达黎加

据考证，1.2 万年以前就有约 20 万人居住在哥斯达黎加。[①] 哥伦布到达前，多个印第安部落生活在不同地区。

乔罗特加人（Chorotega）是最强大、最富足的部落，分布在西北部。他们于公元 500 年前后来到今天的瓜纳卡斯特一带，然后向南迁移，最终定居在尼科亚半岛及其附近区域。其农业文明受玛雅文化影响，是中美洲文明的重要组成部分。劳动工具主要是尖木棍、石斧或铜斧、锄头，种植玉米、粮棕（pijibaye）和棉花，会用棉花纺织出染色的布。村庄里修有举行宗教和其他仪式的广场、道路、引水渠和防御工事。居住的房屋呈矩形，屋顶为斜面，主要用木材和干草盖成，屋内有装饰品和金银首饰。出土的陶器中有陶制阴茎和人格化了的美洲虎、青蛙、蛇等，被涂成显眼的黑、白、红等颜色。他们与邻近部落交换货物，换取刀和玉石，并用线锯技术将其加工成精美的小雕像。在哥斯达黎

---

① 〔美〕克里斯托弗·P. 贝克著《哥斯达黎加》，王尚胜译，辽宁教育出版社，2003，第 12 页。

加各个土著民族中，只有乔罗特加人拥有书面语言和日历，这两者都是从玛雅人那里学来的。他们说一种名叫"纳胡亚语"的阿兹特克方言，在鹿皮上书写象形文字。宗教仪式中有放血的习俗，每逢满月用童女祭神。

布伦卡人、布里布里人和卡维卡尔人主要散居于西南部的塔拉曼卡大山脉与太平洋海岸南部等地，以狩猎和捕鱼为生，过着半游牧的生活，也种植丝兰、南瓜和一些块茎植物。他们善于制作精巧的黄金饰品，受南美文化影响较大。西南部太平洋沿岸还有一个部落叫迪基思人，实力较强，实行与乔罗特加人相同的祭祀仪式和奴隶制。公元 500～800 年，他们接触到喜欢航海的哥伦比亚人或秘鲁人，其文化有了重大变化，开始制造金雕像，成了熟练金匠，所使用黄金来自奥萨半岛。西南部印第安人部落基本上还处在母系社会阶段。

科罗比西斯人居住在中央高原，以打猎、采集和种植作物为主，擅长黄金雕刻，崇拜青蛙。他们大多居住在带围栏的村庄里，用黄金与周围低地各部落交换货物。公元 1000 年前后，他们在图里阿尔瓦火山脚下建立了瓜亚博镇，是哥斯达黎加境内发现的前哥伦布时代的唯一小镇。镇上居民约有 1000 人，有鹅卵石铺就的街道以及坟丘、引水渠和石砌蓄水池等。该镇于公元 1400 年前后被遗弃，原因不明。来自加勒比海的维塔尔和格塔尔人散布在中央谷地及其周围地区，擅长石工。

加勒比海沿岸的印第安人主要从事狩猎和捕鱼。捕鱼用鱼网、金属或植物制的鱼钩、毒药、箭等，狩猎用弓箭、陷阱、火圈、吹箭筒等。东南部地区的印第安人居住的是尖顶的圆形房子，明显受到南美洲文明影响。

在这些印第安部落中，酋长（又称卡西克）是最高领袖，负责分配生产资料，拥有最好的住房、个人用品、墓地，可借助巫术或宗教力量动员人们进行大规模工程。酋长们都有为数不多的亲信，类似贵族，其职衔可以世袭。

哥斯达黎加一直是中美洲与南美洲文明交流的桥梁。据考证，安第斯地区印第安人的金属冶炼和加工技术在 3 世纪通过巴拿马进入哥斯达黎加，以后又传到中美洲北部和墨西哥的玛雅地区。在哥斯达黎加加勒比沿岸的旧里纳亚，考古学者曾发现一个集市，囊括了委内瑞拉、哥伦比亚、厄瓜多尔等南美洲地区和中美洲北部、西部的物品。

第二节　殖民时代的哥斯达黎加

一　西班牙的征服

1502 年 9 月 18 日，哥伦布在第四次航行中抵达哥斯达黎加东海岸的卡里阿伊（Cariay），即今天利蒙港所在地，并在此停留 18 天。他对当地印第安人各种各样的黄金饰品大为称羡，将见闻一一记录。在他的宣传下，许多贪求财富的征服者陆续来到哥斯达黎加的加勒比海沿岸地区。由于印第安人顽强抵抗、自然条件不利，西班牙人在东部的殖民步履维艰。1513 年，西班牙人巴尔沃亚（Vasco Nuňez de Balboa）发现太平洋后，殖民者把探险重点转移到太平洋沿岸。1524 年，弗朗西斯科·德·科尔多瓦（Francisco de Córdoba）在尼科亚湾东岸建立布鲁塞拉斯（Bruselas）政府，这是西班牙人在哥斯达黎加建立的第一个机构。从西部太平洋海岸开始，殖民者逐渐向内地进军。1561 年，胡安·德·卡瓦隆（Juan de Cavallón）率领 90 个西班牙士兵和一些非洲奴隶，带着一些牲畜和种子从尼科亚湾出发，在现在圣安娜（Santa Ana）附近建立了一个小定居点加尔西穆尼奥斯（Garcimuñoz）。加尔西穆尼奥斯后迁移到气候比较温和的格瓦尔科山谷，并改名为卡塔戈。以此为基地，殖民者逐渐从政治、经济、社会、文化等各方面控制了整个哥斯达黎加，1569 年建立了劳役分配制和委托监护制。1560～1570 年期间，西班牙人在哥斯达黎加基本上建立起了殖民统治秩序。

二 西班牙的殖民统治

西班牙殖民者的入侵，给哥斯达黎加三万印第安人带来了灭顶之灾。印第安人尽管进行顽强抵抗，但遭到残酷镇压，人口急剧减少，到 1611 年已剩下不到一半。幸存者被分赏给殖民者，从事艰难的劳动，在劳役分配制下接受剥削。印第安人的政治和社会结构发生深刻变化，古老村社逐步消失。

政治上，哥斯达黎加归属新西班牙总督辖区之下的危地马拉都督府，是危地马拉都督府的 5 个殖民 "省"（危地马拉、萨尔瓦多、洪都拉斯、尼加拉瓜和哥斯达黎加）之一。总督和都督之下设郡守，是管理城市和乡村地区的官吏。世俗权力之外，天主教会也是殖民统治的重要支柱。为便于控制农民，天主教会要求当地人居住到教堂周围，并以此为基础于 1706 年建立了（当时称为老村）埃雷迪亚教区、1736 年建立了圣何塞（新村）教区、1790 年建立了阿拉胡埃拉（美好村）教区。这些教区就是以后城市的雏形。宗主国、新西班牙总督、驻危地马拉都督、各城市和乡村的郡守、教会和传教士等构成了殖民地时期哥斯达黎加的统治阶级，而印第安人以及黑人处于社会的最底层，遭受残酷剥削。

经济上，殖民统治下的哥斯达黎加可以用闭塞、孤立、贫穷、落后等词来概括。这是一个几乎与世隔绝的地区，尽管属危地马拉都督府管辖，但在社会和经济上与危地马拉几乎毫无联系。主要经济活动是可可种植、畜牧业和烟草生产，但可可产量不高且没有市场，畜牧业因与洪都拉斯和尼加拉瓜竞争而发展缓

慢，而烟草业则受政府定价制度和种植许可制度的制约。靛蓝一度成为重要出口作物，但后来主要市场英国在印度进行种植，对中美洲的需求锐减。直到后来引入咖啡，哥斯达黎加经济才有了相对稳定的发展。其他殖民地常见的大庄园在哥斯达黎加很少见，取而代之的主要是落后的小农经济。经济的缓慢发展使哥斯达黎加成为危地马拉都督府范围内最贫穷的地区之一，大多数居民生活在饥饿和贫困中。

第三节　独立至 19 世纪 70 年代的哥斯达黎加

一　独立及独立初期

殖民地时期，哥斯达黎加教育水平十分低下，愚昧无知笼罩着社会所有阶层，即使在大城市也没有几个人会读书写字，因此国外进步思想很难传入。1814 年，圣何塞居民创办了圣托马斯教育之家，教人们读书、写字、学习哲学和神学。米格尔·德·博尼利亚神甫、拉斐尔·弗朗西斯科·奥塞霍学士等自由主义者积极宣传人权、自由贸易和民族自决思想。随着欧洲启蒙思想的传入，哥斯达黎加人的独立意识、共和思想逐渐发展起来，圣何塞、卡塔戈等城市开始出现小规模的反政府起义，预示着哥斯达黎加的独立即将到来。

哥斯达黎加是通过和平和搭便车的方式取得独立、结束殖民统治的。在风起云涌的拉美独立运动中，1821 年 9 月 15 日，危地马拉都督府代理都督加维诺·加因萨（Gabino Gainza）在危地马拉主持召开各省"名流"会议，宣读独立宣言。哥斯达黎加人没有参加这次会议，一个月后的 10 月 13 日才得到消息。10 月 25 日，哥斯达黎加人在卡塔戈成立代表委员会，任命了临时政府委员会，取代西班牙殖民政权。12 月，来自卡塔戈、圣何塞、埃雷迪亚和阿拉胡埃拉的代表起草了临时宪法《哥斯达黎加临时基本社会公约》（即《肯考迪亚公约》Pacto de Concordia），共 7 章 58 条，涉及宗教、公民、政府、选举等多方面。

独立初期，哥斯达黎加的政治地位一直没有完全确定下来。先是在 1822 年与地区邻国一道宣布并入奥古斯丁·伊图尔维德（Agustín de Iturbide）统治的墨西哥帝国，1823 年又并入中美洲联邦。中美洲联邦又称中美洲联合省，由危地马拉、萨尔瓦多、洪都拉斯、尼加拉瓜和哥斯达黎加五省组成，首都设在危地马拉城。根据联邦宪法，各省实行自治，拥有自己的行政首脑，自主处理省内事务，但在外交以及各省之间关系方面必须听从联邦总统。1828 年，联邦总统弗朗西斯科·莫拉桑（Francisco Morazán）被推翻，联邦分崩离析。哥斯达黎加随后要求退出，但 9 个月后态度趋缓、重新加入。一直到 1838 年 11 月 14 日，哥斯达黎加才正式宣布脱离中美洲联邦，成为真正的独立共和国。

和多数拉美国家一样，哥斯达黎加在独立后相当长时间内政局不稳，政变频发，难以胜数。特别是，由于经济发展不平衡，各地区之间主要是重要城市之间矛盾尖锐，直至兵戎相见。圣何塞、卡塔戈、埃雷迪亚和阿拉胡埃拉是四大城市，掌握着实际权力。其中卡塔戈、埃雷迪亚封建残余严重，而圣何塞、阿拉胡埃拉经济发达、渴望自由和独立发展。1822 年，双方围绕是否加入墨西哥帝国议题爆发激烈冲突。卡塔戈、埃雷迪亚的保守派和贵族是"帝国派"，要求加入；而圣何塞、阿拉胡埃拉的"共和派"反对加入、主张建立独立的共和制政权。双方最后诉诸武力，在位于圣何塞和阿拉胡埃拉之间的奥乔莫戈（Ochomogo）激战，结果"共和派"获胜。几乎同时，墨西哥帝国垮台。十多年后，围绕首都问题，这种城市间的矛盾再次引发战争。四大

城市都想成为国家的首都，为此曾在 1834 年签订协约，规定轮流充当首都。1835 年，新任总统卡里略强硬地把首都定在圣何塞，引起另外三大城市不满。三城市结成联盟，选出新的国家元首，并组建起 4000 人的军队，著名的联盟战争就此爆发。经过 1835 年 10 月的三次战斗，圣何塞获胜，巩固了其作为首都的地位。正是在这种斗争中，哥斯达黎加逐步成为统一的民族国家。

二　民族国家的逐步形成

19 世纪 80 年代前，新独立的哥斯达黎加局势动荡，政变频繁，并遭到外来侵略，国家在曲折中发展。

早期的主要国家领导人有胡安·莫拉·费尔南德斯（Juan Mora Fernández，1824～1833）、布劳里奥·卡里略·科利纳（Braulio Carrillo Colina，1835～1837，1838～1842）、何塞·马利亚·卡斯特罗·马德里斯（José María Castro Madriz，1847～1849，1866～1868）、胡安·拉斐尔·莫拉·波拉斯（Juan Rafael Mora Porras，1849～1853，1853～1859）和托马斯·米盖尔·瓜迪亚·古铁雷斯（Tomás Miguel Guardia Gutiérrez，1870～1876，1877～1881）等。

莫拉政府　胡安·莫拉·费尔南德斯是哥斯达黎加第一任政府首脑，在和平条件下连续执政 9 年。他曾在阿拉胡埃拉的一所小学任校长，是强烈的自由主义者，积极参与中美洲争取独立的斗争。任内颁布第一部宪法——《哥斯达黎加自由国家基本法》，制定第一个国徽，创建货币局，鼓励农业发展，支持咖啡种植，推动渔业和制盐业发展，修建道路；创办第一份报纸《世界新闻》（*Noticioso Universal*），颁布出版自由法令，建立印刷厂，被称为"哥斯达黎加新闻之父"。莫拉政府时期采取的许多措施都为哥斯达黎加民族国家的建立和发展作出了贡献。

布劳里奥·卡里略政府 卡里略年轻时就读于尼加拉瓜莱昂大学法律系。担任政府首脑前，曾任哥斯达黎加最高法院院长、立法大会议员、中美洲联邦共和国国会议员。他是哥斯达黎加历史上最有争议的领导人，既有"哥斯达黎加民族国家的建筑师"、"祖国之父"的美誉，也有"暴君"的恶名。第二次执政是通过军事政变上台。任内实行独裁统治，但大力推动改革，为国家发展作出重要贡献。主要措施如下：第一，正式脱离中美洲联邦，偿还中美洲联邦强加在哥斯达黎加头上的债务。第二，颁布《哥斯达黎加基本法》、《刑法》和《民法程序法》等法典，废除殖民时期遗留下来的宗教法律。第三，废除什一税，限制宗教节日的天数。第四，整顿行政机构。第五，鼓励农业特别是咖啡业发展，设法增加小土地所有者数量，免除面积在10曼萨纳（manzana）以上的农场的赋税。第六，改善交通状况，开辟从中央谷地的马提纳至加勒比海沿岸的道路。因其在交通方面的贡献，今天位于利蒙和圣何塞两省之间的布劳里奥·卡里略国家公园以及一条贯穿圣何塞至瓜皮莱斯的公路以他的名字命名。

1841年，卡里略废除宪法，颁布《保障法》，宣布国家元首终身制，引起反对派强烈不满。次年4月，军队首领比森特·比利亚塞尼奥尔（Vicente Villaseñor）将军和前中美洲联邦共和国总统弗朗西斯科·莫拉桑·科萨达（Francisco Morazán Quesada）里应外合，推翻卡里略并将其驱逐出国。1845年，卡里略在萨尔瓦多被暗杀。

莫拉桑成为领导人后，力图再次建立中美洲联邦，要求所有身体健全的成年男性在所谓新中美洲军队里服兵役。但是绝大多数人坚决反对中美洲联邦的复辟。1842年9月11日，上台仅仅5个月、起初作为解放者受到人民欢迎的莫拉桑在人民起义的浪潮中被罢免，并在15日即哥斯达黎加独立日这一天在圣何塞被处决。

卡斯特罗政府　卡斯特罗是哥斯达黎加"共和国之父"，任内推动宪法改革，制定 1848 年宪法，扩大和加强总统权力，肯定言论和结社自由权，建立非常严格的选举制度。确定了哥斯达黎加的国旗和第六版国徽。强调教育应该成为政府要务，大力推动公共教育特别是妇女教育，1847 年 5 月 19 日建立第一个女子师范学校。经济方面，成立国家银行，宣布利蒙为对外贸易港口，连接从卡塔戈至彭塔雷纳斯的第一条电报线，在圣何塞铺设第一条管道系统。

拉斐尔·莫拉政府　拉斐尔·莫拉是哥斯达黎加"祖国之父"。执政期间，他修改宪法，废除了只有出生于哥斯达黎加的男性才能获得公民身份并有权参与投票的规定，改为以年收入作为获得公民身份的条件。实行一系列军事改革，扩大军队规模到9000 人，雇用波兰和法国军事顾问，推动军队迈向专业化。修建公路特别是通向大西洋沿岸的公路，以促进经济发展。在此期间，西班牙正式承认哥斯达黎加为独立主权国家。

1855 年，美国冒险分子威廉·沃克率领一支私人军队进入尼加拉瓜，疯狂干预政局，直至掌握政权。之后，在美国南部奴隶主们支持下，沃克以尼加拉瓜为基地，侵略中美洲其他国家。哥斯达黎加各阶层人民在莫拉总统的领导下，坚决抗击沃克的入侵。1856 年 3~4 月，哥斯达黎加军队在圣罗莎、萨迪纳尔、南圣胡安、里瓦斯等地与侵略者激战，取得一系列胜利，并进入尼加拉瓜，后因军中流行鼠疫，被迫从尼加拉瓜撤退。数月后，其他中美洲国家组成联军，与沃克作战，哥斯达黎加军队也再次投入战斗，控制圣胡安河，切断侵略军的物资供应线。1857 年 5 月，各国联军攻克侵略者大本营里瓦斯城。沃克后来又从洪都拉斯登陆，但被当地军队捕获，1860 年 9 月被枪决。这场战争极大地激发了人民的爱国热情，国家、民族意识进一步加强。战争中英雄辈出，其中最有名的是胡安·桑塔马利亚（1831 年 8

月 ~ 1856 年 4 月 11 日）。桑塔马利亚出生在阿拉胡埃拉一个贫穷的单亲家庭。第一次里瓦斯战役中，沃克军队占据一家旅馆作为指挥所，向哥斯达黎加军队猛烈开火。哥斯达黎加军队欲摧毁这家旅馆，但屡试屡败。击鼓手桑塔马利亚自告奋勇，成功摧毁旅馆，自己却英勇牺牲。为纪念这位民族英雄，哥斯达黎加政府在阿拉胡埃拉修建了一座纪念碑，并把 4 月 11 日定为民族英雄纪念日。哥斯达黎加最大的国际机场也以他的名字命名。

反侵略战争结束不久，尼加拉瓜政府宣布对圣胡安河拥有主权，引起哥斯达黎加不满。在萨尔瓦多调停下，两国 1858 年 4 月 15 日签署《卡尼亚斯—赫雷斯条约》（Tratado Cañas-Jerez），肯定尼加拉瓜对圣胡安河的主权，但哥斯达黎加获得在圣胡安河下游自由航行的权利和对瓜纳卡斯特的主权。

莫拉总统推行宗教改革，限制教会权力，与教会发生激烈冲突。1852 年，莫拉政府与罗马天主教会签订协约，把教会财产的裁判权由教会转移到政府手中。1859 年又下令对牧师征税，驱逐拒绝纳税的安塞尔莫·约伦特·拉富恩特（Anselmo Llorente y Lafuente）主教。此外，莫拉政府下令将圣何塞四郊的公有土地分配给穷苦农民，创办了不利于高利贷的银行，触犯了富人的利益。国内保守势力于 1859 年发动军事政变，推翻莫拉总统并将其枪杀。

瓜迪亚政府　19 世纪 60 年代，哥斯达黎加政局动荡，军事政变频频发生，总统宝座走马灯似的换人，一些政客上了下、下了上，有的任期只有几个月。1870 年，瓜迪亚·古铁雷斯上台，政局才相对稳定下来。与过去的多数总统不同，瓜迪亚不属于任何显赫家族，而是依靠在军队的势力，实行了 12 年开明独裁统治。1876 ~ 1877 年间，他尽管没有直接担任总统，但仍在幕后掌握着政局。历史学家对其评价是："这位总统在许多方面是进

步的，但在行动上往往很独裁。"①

政治上，瓜迪亚政府 1871 年颁布了自由主义新宪法。宪法规定法律面前人人平等，公民享有言论自由和通信自由，废除死刑；总统有权任命和撤销内阁部长，有权召集国会，有权任命各省省长和地方政府官员；保证私人财产的所有权。该宪法一直实行到 1948 年，保持了相当的稳定性，长期对哥斯达黎加政治生活发挥着作用。瓜迪亚政府打击寡头集团，将家族势力最显赫的蒙特亚莱格雷兄弟驱逐出国，以削弱保守派对国家的影响。扩大军队规模，改良武器，但对军人实施严厉的管制措施，使其无法介入政治。

经济上，瓜迪亚制止大咖啡园主们的垄断倾向，没收大土地所有者手中的土地，分配给无地农业工人。提高咖啡和蔗糖生产，鼓励外国投资，刺激贸易。瓜迪亚把自己看成国家现代化的推动者，对如何实现物质和社会进步有自己的宏伟蓝景，其最伟大的成就是修建了连接两大洋的铁路。1871 年，美国工程师约翰·梅格斯·基思应瓜迪亚总统邀请，来哥斯达黎加负责施工。到瓜迪亚的统治临近结束时，利蒙港至里奥苏西奥、卡塔戈至圣何塞（靠近大西洋一侧）、圣何塞至阿拉胡埃拉、彭塔雷纳斯至埃斯帕尔塔（在太平洋岸）的铁路都已竣工。这些铁路对国家经济产生了长远影响。此外，瓜迪亚政府还兴建了大批公共工程项目，改善了城市地区的卫生条件，教育也有了长足进步。瓜迪亚获得了广大人民特别是小土地所有者的支持。

不过，瓜迪亚政府的政策付出了沉重代价。为修建铁路，哥斯达黎加从英国借贷 340 万英镑，背上了沉重的财政负担。

---

① 〔哥〕弗朗西斯科·甘博亚著《哥斯达黎加》，南开大学历史系译，天津人民出版社，1974，第 96 页。

第四节 19 世纪末至 20 世纪 40 年代的 哥斯达黎加

一 1889 年总统选举

1882 年，瓜迪亚总统去世后，普罗思佩罗·费尔南德斯（Próspero Fernández, 1882~1885）任总统。费尔南德斯总统执政期间，采取了一系列措施严厉打击天主教会。颁布法令禁止宗教团体招募青年人加入僧侣团，把反对这一政策的贝尔纳多·奥古斯托·蒂尔主教和耶稣会士驱逐出境；禁止在寺院以外组织宗教性的游行；无偿没收天主教墓地；允许世俗婚姻和离婚；废除在公立学校中实施宗教教育的规定。

1871 年哥斯达黎加政府曾与美国工程师约翰·梅格斯·基思签署的修建连接两大洋铁路的协定。但是，由于资金不足和地形复杂，该公司最终没能完成这一工程。费尔南德斯政府重新启动通往大西洋的铁路建设，1884 年与约翰·梅格斯·基思的侄子迈纳·库珀·基思（Minor Cooper Keith）签订合同。根据合同，基思代替哥斯达黎加偿还欠英国的债务，完成通往利蒙港的铁路工程。作为回报，基思拥有该铁路 99 年的经营许可权，有权在任何地方占用 80 万英亩熟荒地（约占全国领土的 8%）。他还获得在利蒙建造码头和码头仓库的两大块地段，以及免税向国内输入为修建和管理铁路所必需的设备、机车、车辆和一切器材的特权。[①] 随着铁路工程的进行，基思开始组织在哥斯达黎加广泛种植香蕉。1884 年，哥斯达黎加的香蕉生产量已经达到 40 万株以上。[②]

---

① 〔哥〕弗朗西斯科·甘博亚著《哥斯达黎加》，南开大学历史系译，第 103 页。
② 〔哥〕弗朗西斯科·甘博亚著《哥斯达黎加》，南开大学历史系译，第 105 页。

1885～1890年执政的是贝尔纳多·索托（Bernardo Soto）政府。该政府最大的成就在国民教育领域。1888年，哥斯达黎加的文盲率仍高达80%。① 索托政府颁布《普通教育总法》（Ley General de Educación Común），建立义务教育体系，引导教育制度适合实际生活特别是工商业的需要，创办国家博物馆和国家图书馆。其任内建立的著名学校有：哥斯达黎加学院、哥斯达黎加高级女子学院、阿拉胡埃拉学院。此外，1888年制定《民法典》，使离婚以及世俗婚姻有法可依；1889年海关总署正式挂牌；卡塔戈至雷文塔松河河口的铁路接近竣工。

1889年的总统选举在执政党进步自由党（Partido Liberal Progresista）的阿斯塞西翁·埃斯基韦尔和反对党民主立宪党（Partido Constitucional Democrático）的何塞·华金·罗德里格斯·塞莱东之间进行。后者得到天主教会支持，并在投票中胜出。执政党不甘失败，试图强行把埃斯基韦尔推上台。索托总统宣布首都戒严，支持两方的军队和民众严重对峙，剑拔弩张，内战一触即发。最后，执政党承认败选，索托总统在11月7日提前下台，将权力交给代总统卡洛斯·杜兰。翌年5月，当选总统罗德里格斯如期就职。

这次选举是哥斯达黎加历史上第一次真正的选举。尽管妇女和黑人仍然不能参加投票，但是它开启了民主政治发展的新时代，被誉为民主政治发展的里程碑，11月7日因而被定为哥斯达黎加民主日。

二 罗德里格斯政府与卡斯特罗政府（1890～1902）

1890～1894年，在哥斯达黎加掌权的是何塞·华金·罗德里格斯·塞莱东（José Joaquín Rodríguez Zeledón，

---

① http：//www.ticocentral.com/timeline.htm

1890～1894），而 1894～1902 年则是由他的女婿拉斐尔·伊格莱西亚斯·卡斯特罗（Rafael Yglesias Castro）当政。

罗德里格斯政府继续前任对教育的重视，在首都和各个省会城市建立专门面向成人的夜校，并在 1890 年动工修建国家剧院。经济上，取消国家对烟草的垄断，建设电话服务网络，积极吸引欧洲移民以缓解劳动力不足。圣何塞至利蒙的铁路在此期间完成，4000 多工人为此献出生命。曾经受到打击的教会势力有所恢复。罗德里格斯废除了公立学校不许进行宗教教育的法令，天主教团结党（Catholic Union Party，简称 PUC）也于 1890 年成立并参加了 1893 年大选。

伊格莱西亚斯是一位具有进步思想和远大抱负的总统。他早年游历欧美，接受西方先进思想。竞选期间，他访问英、法两国，拜会了维多利亚女王，对欧洲的技术进步留下了深刻印象，回国后决心励精图治，努力使国家改变落后面貌，以新的姿态进入 20 世纪。伊格莱西亚斯政府在各方面都表现不俗，对哥斯达黎加发展作出了较大贡献。经济上，确定金本位制，1896 年统一货币，用科朗代替比索；建立土地登记、核算和统计制度；大西洋至太平洋的铁路完工，交通运输大为改观，显著促进了咖啡和香蕉出口。卫生方面，在各省建立紧急卫生保健体系，在各个城市成立专门管理医疗卫生保健的部门，1895 年建立医药监督管理部门，规定全国所有大夫、外科医生和药剂师都必须得到国家认证才能上岗，1902 年成立第一家药学院。文化教育方面，规定教科书必须由本国公民撰写，建立第一家美术学校，派科学考察队详细考察科科岛生态环境，国家剧院完工并在落成典礼上演出著名歌剧《浮士德》。

三　民族联盟党政府（1902～1910）

20 世纪上半叶即 1948 年内战之前，主导哥斯达黎加政局的主要是民族共和党（Partido Republicano Nacional）

和民族联盟党（Partido Unión Nacional，PUN）。二者都没有意识形态方面的政治纲领，都反对教权主义，信奉自由主义经济哲学。

1902～1910 年，民族联盟党连续执政，先后由阿斯塞西翁·埃斯基韦尔·伊瓦拉（1902～1906）和克莱托·冈萨雷斯·比克斯（1906～1910）任总统。在此时期，美国联合果品公司对哥斯达黎加经济发展造成重大负面影响。1899 年，迈纳·基思合并"普拉特河信托放款与代理公司"和安德鲁·普雷斯顿的"波士顿果品公司"，成立了"联合果品公司"。该公司控制了哥斯达黎加、哥伦比亚、巴拿马、尼加拉瓜、牙买加和危地马拉等国家的香蕉种植园。埃斯基韦尔执政时期，哥斯达黎加遭遇严重的经济困难。一方面，咖啡价格下跌，收入减少；另一方面，人口剧增，1910 年达到 36 万人左右，几乎是 1860 年的 3 倍。① 在人口增长的巨大压力下，哥斯达黎加政府不得不进口粮食。然而，在如此巨大的财政困难和压力下，政府却不能对香蕉出口征税，因为根据 1900 年及以后哥政府与基思签订的系列合同，联合果品公司可以免税出口香蕉。比克斯担任总统后，国内对与基思签订的合同的合法性进行了激烈讨论，但仍未解决对香蕉出口征税的问题。联合果品公司还成立了"北方铁路公司"控制了哥斯达黎加的铁路运输线。

此外，基思成立了"哥斯达黎加电灯和电车公司"，获得在圣何塞建设电车线路和装设电灯的许可权。20 世纪初，瓜纳卡斯特省发现黄金后，"联合果品公司"又占据矿山地区的土地，从哥斯达黎加政府手中获得了进口设备和运输黄金的许可。

尽管遇到了经济方面以及执政党在国会中议席不占多数等困

① Richard Biesanz，*The Costa Ricans*，Englewood Cliffs，N. J.：Prentice-Hall，1982，p. 22.

难，但是比克斯政府在其他方面获得了一些成就。他提出了尊重法律和公民自由的口号，在建设公共工程和公共卫生方面，做了许多工作，扩大了首都圣何塞的管道系统，加强了市政服务设施。

四 民族共和党政府（1910～1917）

1910～1917 年，民族共和党的里卡多·西门尼斯·奥雷亚穆诺（1910～1914）和阿尔弗雷德·冈萨雷斯·弗洛雷斯（1914～1917）任总统。

1910 年，西门尼斯就任总统后不久，卡塔戈省就发生了强度很大的地震，卡塔戈城大部分被摧毁，数百人丧生。因此他上任后一方面着手重建卡塔戈，另一方面稳定国家外债，偿付欠法国的巨额外债。

冈萨雷斯是第一位经由直接选举产生的总统。1913 年，国会通过宪法修改案，宣布总统由直接选举产生，改变了过去先选举选民、后选举总统的间接选举制。宪法修正案规定，如果所有的候选人都没有获得绝对多数票，那么就由国会从两名得票最多的候选人中投票选出总统。1913 年，哥斯达黎加进行了历史上第一次直接选举，投票结果所有候选人都没有获得绝对多数票。经过妥协，民族共和党的冈萨雷斯成为总统。

冈萨雷斯政府时期正值第一次世界大战，哥斯达黎加咖啡业急剧衰落，出口锐减，资本外逃严重。为应对经济危机、刺激工商业、提高财政收入，政府改革税制，征收各种直接税（土地税、所得税和对熟荒地课税），提高咖啡出口税，对富人征收重税。冈萨雷斯总统提出"让穷人按穷人的标准纳税，富人按富人的标准纳税"的口号。政府还在 1915 年成立国际银行以及乡村储蓄所，发行货币，笼络资本，改变过去由私人银行控制金融的局面。

五　蒂诺科军事独裁统治（1917～1919）

萨雷斯政府的改革措施遭到富人强烈反对，国防部长费德里科·蒂诺科借机发动军事政变推翻冈萨雷斯政权，自己出任总统。蒂诺科上台后实行血腥的独裁统治，疯狂镇压反对派，国家陷入恐怖状态；取消前任政府的经济紧缩政策，不惜用国家财产结党营私；参加协约国，宣布对德国作战，但始终没有得到美国威尔逊政府承认。在巴黎和会上，威尔逊总统阻止哥斯达黎加代表签署《凡尔赛条约》。

蒂诺科的军事独裁统治激起人民的强烈不满，抗议游行乃至武装斗争不断发生。1919年6月，学校教师及中学生组织反独裁示威游行，得到人民群众支持。8月初，蒂诺科的弟弟华金·蒂诺科被暗杀。8月13日，蒂诺科在内外交困的情况下被迫辞职，逃亡欧洲，1931年死于巴黎。他是哥斯达黎加历史上唯一一位肖像没有进入国会大厅的前总统。

蒂诺科逃走后，立法大会1919年8月20日任命胡安·包蒂斯塔·基罗斯为临时总统。但是美国政府进行干预，要求把政权交给比基罗斯观点更右的弗朗西斯科·阿吉拉尔·巴尔克罗。结果，基罗斯在9月20日被迫辞职，由弗朗西斯科任临时政府总统。后者也仅仅担任了8个月的总统，其主要成就是使国家回到了资产阶级自由民主政治的发展轨道。

六　20世纪20～30年代的哥斯达黎加

1920年，曾经担任外交部长、领导了反蒂诺科武装起义的胡里奥·阿科斯塔·加西亚（1920～1924）当选总统，哥斯达黎加重新回到资产阶级民主政治轨道上来。此后，政权主要掌握在民族共和党手中。除1928～1932年期间由前总统冈萨雷斯重新担任总统外，其余均由民族共和党执政。先

后担任总统的有前总统西门尼斯（1924～1928 年在位，1932～
1936 年）、莱昂·科尔特斯·卡斯特罗（1936～1940 年在位）、
拉斐尔·安赫尔·卡尔德隆·瓜迪亚（1940～1944 年在位）、特
奥多罗·皮卡多·米查尔斯基（1944～1948 年在位）等。总体
而言，选举基本都能定期、和平举行，民主制度不断深化。1923
年大选中，获胜的西门尼斯仅仅领先阿尔伯特·埃昌迪·蒙特罗
4000 票。为了避免在最后一轮选举中出现暴力冲突，阿尔伯特毅
然退出选战，表示"总统一职不值得任何一个哥斯达黎加人为其
流一滴血"。这种态度被认为代表哥斯达黎加的政治妥协精神，阿
尔伯特本人也作为一名伟大的爱国主义政治家而被纪念。

　　1929 年世界经济危机沉重打击了哥斯达黎加经济，以初级
产品为主、严重依赖国际市场的经济模式的脆弱性暴露无遗。出
口大幅度下降，科朗贬值，财政收入锐减，外债激增，国际收支
出现严重赤字。国内商品价格上涨，失业率增加，工资下降，人
民生活严重恶化。在复杂的社会矛盾中，左派力量逐渐壮大，登
上历史舞台。1920 年，圣何塞的工人和手工业者发动总罢工，
争取 8 小时工作制，要求增加工资 40%。1931 年，共产党成立
并创办机关报《劳动报》（*Trabajo*）。1934 年，共产党在立法大
会中赢得两席，开始利用议会合法维护工人权利。当年，共产党
提出一项法案，要求在种植园内备置救治蛇毒的血清。在这一并
不过分的要求被否决后，共产党组织罢工委员会，在卡洛斯·路
易斯·法利亚领导下，发起针对联合果品公司的大罢工，提出了
减少劳动时间、增加工资、取消计件工作、规范商店商品价格、
设置医疗所等要求。1.6 万名工人参加的这场罢工，在这个人口
小国产生重要影响，迫使联合果品公司作出让步，并带动了缝
衣、面包制作等其他行业工人的一系列罢工，政府也制定了第一
部最低工资法。不仅如此，它还是当时拉美反对美国垄断组织规
模最大的工人运动之一。

在工人阶级开展斗争的同时，改良主义者也大力宣传其主张，希望唤起人们对当时社会问题的觉悟。比森特·萨恩斯和豪尔赫·博利奥·西蒙内斯就是两位先驱。萨恩斯主张保护劳动者权益、保护自然资源，公共服务实行国有化，支持中美洲的团结，支持建立一个西班牙美洲国家联盟。博利奥早年在欧洲学习神学，深受教皇利奥十三世思想的影响。1912年回国后，他创办杂志，提出"社会基督教"理论，一度成为对现状不满的中产阶级和工人阶级的代言人。他创建了改良主义党（Partido Reformista）并参加1923年总统竞选，竞选纲领提出进行广泛的社会改革，包括改善收入分配、工会合法化、保障工人劳动的合理报酬、建立合作社、扩大对贫困阶层的教育、对高收入者征收所得税、尽早结束垄断、减小外国公司的影响等。竞选失败后，他承认新政府并担任第二副总统职务。尽管改良主义党不久解散，但是博利奥倡导的社会基督教哲学逐渐为人所知，成为传统自由主义的替代思想之一。这两位改良主义先驱的理论在20世纪40年代的卡尔德隆政府得到实践。

第五节　20世纪40年代的哥斯达黎加

一　卡尔德隆时代（1940～1944）

斐尔·安赫尔·卡尔德隆·瓜迪亚（Rafael Ángel Calderón Guardia，1940～1944年在位）1900年3月生于圣何塞，曾留学比利时，后从医。1940年，他作为民族共和党候选人参加总统竞选，得到教会和中产阶级的大力支持，以85%的得票率高票当选。

卡尔德隆上台后的头两年，国家经济恶化，人民生活困苦。因正值第二次世界大战，哥斯达黎加如同许多拉美国家一样，在

经济上陷入危机。二战爆发前,哥斯达黎加主要出口产品为香蕉、咖啡和可可。香蕉出口受美国联合果品公司控制,政府只能获得极少的出口税,其在国民经济中的作用远不如咖啡和可可重要。而咖啡和可可主要输往德国,二战爆发导致咖啡和可可的出口急剧缩减。1940 年,哥斯达黎加出口额只有 1937 年的 1/3。[①]在经济恶化和政治腐败堕落之时,共产党提出了重大的经济和社会改革纲领,主张在反法西斯斗争中必须执行彻底的民族团结政策,实行大规模的社会改革。在各种压力下,卡尔德隆政府在社会、经济、政治等各方面进行了顺应社会潮流的改革。

卡尔德隆政府的突出特点是在社会保障领域采取了一系列措施。第一,修改 1871 年宪法,增加《社会权利保障》专章。该章规定了最低工资、8 小时工作制,所有领取工资的人有权每年享受休假;同工同酬;工人可以自由组织工会,有权罢工,被无理解雇的工人有权要求发放补助金,保护失业者;老板与合法工会之间的集体劳动契约具有法律效力;劳资冲突的解决必须交由劳动法庭仲裁。第二,颁布《劳动法》。该法保障劳动自由、不允许随意解雇工人,要求实行社会保险,规定劳工法律应服从工人利益和社会协议,雇主必须在工作地点实施卫生和保护措施等。第三,通过保护租户的房租法以及保护贫苦佃农的法令。第四,建立社会保险基金,对疾病、生育、残疾、失业等进行强制性社会保险。第五,建立社会保障局和劳动部。这些措施从制度上维护了人民权益,健全了社会保障体系,促进了社会进步,具有里程碑意义。

经济方面,卡尔德隆政府在私有财产、自由企业、市场体制和吸引外资等方面,深化了国家干预。为了应对二战带来的经济

---

① 〔哥〕弗朗西斯科·甘博亚:《哥斯达黎加》,南开大学历史系译,第 164 页。

危机，政府采取了一系列保护工农业的措施。1940年成立了全国农业委员会和保护甘蔗委员会，协调和规范相关部门的活动。政府还宣布了鼓励出口和工业发展的措施，对全国水资源实行国有化，规范土地出租和荒地使用政策，颁布国家垄断盐业的法令，解除了国家对汽油出口和零售的垄断，采取措施保护外国石油公司的机构。

教育方面，卡尔德隆政府建立哥斯达黎加大学；废除将天主教会从教育活动分离的法令，规定宗教教育合法化，在小学进行义务宗教教育；建立最高教育委员会；创办农业学校、实用艺术学校和职业学校；对中等教育实行免费，增加教师薪资。

此外，卡尔德隆政府采取反法西斯立场，在珍珠港事件后对德、意、日三个轴心国宣战，监禁德裔哥斯达黎加人并没收其财产。

二 皮卡多政府（1944～1948）及1948年内战

19 44年上台的特奥多罗·皮卡多·米查尔斯基政府（Teodoro Picado Michalski，1944～1948年在位）尽管没有进一步扩大社会改革，但是基本保留和延续了前任的改革成果。然而，国内政治斗争日趋激烈，反对民族共和党的势力不断整合，日益壮大。前总统莱昂·科尔特斯·卡斯特罗因反对卡尔德隆政府的改革和反法西斯政策而脱离民族共和党，另组民主党，得到亲法西斯势力和反对卡尔德隆改革的寡头势力集团的支持。1944年参选失败后，他继续从事反对皮卡多政府的活动。被卡尔德隆政府流放国外的何塞·菲格雷斯·费雷尔（José Figueres Ferrer）领导的民主行动党（Acción Demócrata）与国家问题研究中心（Centro de Estudios para los Problemas Nacionales，CEPN）在1944年大选后不久合并，成立社会民主党（Partido Social Democrata，PSD）。该党认为只有深刻反省现行政治制度，才能在其他领域获得有意义的变革。社会民主党在年轻人、知识界以及中产阶层中影响较大。1947 年，另一个反对派集团——保守派、著名编辑奥蒂略·乌拉特·布兰科（Otilio Ulate Blanco）重新组织了民族联盟党，获得了许多传统政治家、商业精英、大土地所有者以及仇视卡尔德隆的派别的支持。

反对势力与卡尔德隆和皮卡多政府的矛盾错综复杂，既有围绕 40 年代社会保障改革的争执，也有不同阶层的利益冲突，还有政客之间的权力之争。40 年代后期哥斯达黎加内部的政治斗争是当时徐徐拉开帷幕的冷战的折射。二战中哥斯达黎加共产党显著壮大，并在共产国际关于建立反法西斯统一战线战略指导下，与民族共和党结成联盟，对卡尔德隆政府有相当影响。这也是该届政府能大力推行社会改革的原因之一。1943 年，共产党改名为人民先锋党。皮卡多尽管曾是反共产主义者，但支持卡尔德隆政府进步的社会经济改革政策。人民先锋党因而继续与民族共和党结盟，支持其竞选总统和执政。然而，上述几股反对势力却在冷战思维下持坚定的反共立场，对政府容纳人民先锋党的政策极为不满。菲格雷斯 1962 年曾说：“我们的第一个由共产主义当权的共和国并非古巴。这是国际报刊传播的一个错误。第一个国家是哥斯达黎加，第二个是危地马拉，古巴是第三个。”①

错综复杂的矛盾在 1948 年大选中爆发并引发内战。民主党、社会民主党和民族联盟党组成的反对派联盟提名奥蒂略·乌拉特·布兰科为总统候选人，而皮卡多政府、民族共和党、人民先锋党支持前总统卡尔德隆。2 月 8 日的计票结果是乌拉特获胜，但是卡尔德隆以对手舞弊为由不承认败选。3 月 1 日，民族共和

---

① 〔哥〕弗朗西斯科·甘博亚著《哥斯达黎加》，南开大学历史系译，第 215 页。

党控制的立法大会以 27 对 18 票支持卡尔德隆的主张，宣布选举无效，引发矛盾骤然激化。3 月 11 日，菲格雷斯在南部起兵，率领由"加勒比军团"及其新招募的 600 多名拥护者组成的"民族解放军"，与政府军及人民先锋党的工人民兵激战。4 月 12 日，反对派占领首都，皮卡多随后下野。这场内战尽管仅仅持续 40 多天，人员伤亡也有限，但在政治、经济、社会等方面具有重要意义，标志着哥斯达黎加历史进入新阶段。

三 菲格雷斯改革（1948～1953）

何塞·菲格雷斯·费雷尔是哥斯达黎加当代史上最重要的人物之一，在拉美地区也有着广泛影响。他生于 1909 年，原为咖啡庄园主，1940 年投身政界，1942 年因在电台发表反政府的演讲而被驱逐出境。1944 年 5 月回国后，菲格雷斯成为社会民主党领袖。该党 1951 年更名为民族解放党（Partido Liberación Nacional，PLN），成为当代哥斯达黎加最主要的政党，长期掌握国家发展方向，菲格雷斯本人也多次上台执政，实践治国理念。

菲格雷斯首次执政是 1948 年 5 月到 1949 年 11 月。1948 年内战是因选举结果争议引起的，但在战争结束后，当选总统乌拉特并未马上执政。菲格雷斯与其达成协议，成立过渡性的执政委员会，自任委员会主席，执掌政权 18 个月，之后才将政权交回乌拉特。执政委员会大肆镇压卡尔德隆派，在国家机构中清洗异己派别，成立审判流亡政府官员的法庭——"快速审判法庭"。其颁布的第 105 号法令，禁止所有"反对共和国民主代议制政府以及威胁国家主权的政党"的存在。人民先锋党因而被宣布为非法，哥斯达黎加共产主义运动的创始人马努埃尔·莫拉被禁止公开发表言论。约有 7000 名卡尔德隆派人士和共产党人被迫移民墨西哥、尼加拉瓜和巴拿马，3000 人被监禁，几十个工会被解散。执政委员会政治方面最重要的成绩是组织制定了哥斯达黎加的第 9 部宪法——1949 年宪法。该宪法一直使用至今，开辟了哥斯达黎加历史新篇章（参见第三章第一节）。

经济领域，菲格雷斯宣布近期目标是通过工业化和最大限度开发国内资源促进生产活力。执政委员会颁布了 834 项法令，解决内战后的混乱状况，满足经济社会的紧急需求。建立鼓励农业生产部、全国贷款委员会、农业专家学校以及森林委员会等多个机构，推动农业发展；鼓励工业生产，以减少基本消费品对国外的依赖和减少外汇支出；吸引外国工业企业在哥斯达黎加建厂；保护小生产者；加强国库，银行国有化；对 5 万科郎以上的资本征收 10% 的税；创办电力局，负责逐步实现电力国有化；建立管理银行系统、公共工程设施、土地垦殖和管理、铁路、医疗、社会保障制度、教育、职业训练及公共住房等方面的独立机构，每个机构都设置董事局。这些法令的颁布和实施打击了金融寡头势力，削弱了商业资产阶级的经济权力，促使新的企业和企业家纷纷出现，社会结构发生深刻变化，为二战后哥斯达黎加资本主义的发展奠定了基础。

在外交方面，执政委员会批准《泛美互助条约》，把本国安全防务与拉美地区集体安全挂钩。

1949 年 11 月，菲格雷斯将权力移交给乌拉特和立法大会。执政委员会尽管存在时间不长，但却意义重大。正如有的学者所指出的那样，"菲格雷斯已经把哥斯达黎加带入了新的历史进程"。① 从此，哥斯达黎加开始了 20 世纪后半叶新的政治经济进程。乌拉特政府（1949～1952）废除了对资产征收 10% 税收的规定；规定私人银行可以与公共银行进行竞争；建立全国生产委

---

① Harold D. Nelson, *Costa Rica*, *A Country Study*, Foreign Area Studies, the American University, 1983, p. 52.

员会、中央银行、负责管理政府和公共机构预算支出的共和国总审计署；修建胡安·桑塔马利亚国际机场；利用世界银行贷款在圣何塞附近修建大型机场；接受美国援助在雷文塔松河上修建大坝和发电厂；颁布年终奖金法案，确立第13个月工资制度。这些措施也为菲格雷斯第二次执政、全面推行发展主义战略做了铺垫。

第六节　20世纪50年代以来的哥斯达黎加

一　"发展主义战略"的全面推行

1953年，菲格雷斯以民族解放党候选人身份参加总统选举并顺利当选，第二次上台执政。此后25年即到1978年，哥斯达黎加先后经历了6届政府：菲格雷斯（1953～1958）、民族统一党的马里奥·埃昌迪·西门尼斯政府（1958～1962）、弗朗西斯科·奥利奇政府（1962～1966）、何塞·华金·特雷霍斯·费尔南德斯政府（1966～1970）、再度执政的菲格雷斯政府（1970～1974）、丹尼尔·奥杜维尔·基罗斯政府（1974～1978）。民族解放党不但在四届政府执政，而且在反对党两次执政期间仍然在议会中占有优势，拥有足够的制衡力量。菲格雷斯本人更是先后两次直接出任总统。正是在这种执政优势下，菲格雷斯领导下的民族解放党在20世纪50～70年代全面推行被称为"菲格雷斯主义"的发展主义战略。

"菲格雷斯主义"是二战后以普雷维什为代表的拉美发展理论在哥斯达黎加的具体表现形式。在冷战格局下，该战略的宗旨是在这个小而有特色的"外围资本主义国家"快速发展经济、推动社会进步、实现现代化，从而缓和阶级矛盾、避免走向共产主义。"发展主义战略"的主要理论依据是所谓"私有财产的社会职能"理论。民族解放党 1951 年成立宣言承认私有制，但是同时强调其具有社会职能，表示要"本着为全体民众谋福利的精神来行使私有财产的这种社会职能"。民族解放党的前身社会民主党就反对共产主义，倡导用战前的欧洲社会民主党的模式进行系统的国家改革。而社会民主党的前身之一、国家问题研究中心，是菲格雷斯等年轻知识分子组成的研究机构，从 1940 年起就致力于研究国家发展过程中出现的各种问题，提出了发展主义的改革模式，把实现国家的现代化、农业的多样化、工业化、建立一个完全独立的选举法庭作为主要目标。这些早期的探索形成了民族解放党和菲格雷斯本人对国家发展的基本思路，并在 50～70 年代大力推行。其主要做法如下。

实行多党制但宣布人民先锋党非法，禁止其活动，也禁止出版、进口、展览和出售有共产主义倾向的书籍。

加强国家对经济的干预力度。菲格雷斯认为要"本着为全体民众谋福利的精神来行使私有财产的这种社会职能"，必须依靠国家干预。为此，对银行、电力、通信及交通运输等行业实行国有化。新建或健全了一些经济职能机构，如经济—社会委员会、农牧业技术委员会、全国渔业委员会、全国棉花委员会等，特别是全国生产委员会负责促进工农业生产和稳定基本食品及工业原材料的价格，电力委员会控制发电和销售并制定满足全国电力需求的总体计划。1972 年，菲格雷斯政府成立哥斯达黎加发展公司（Corporación Costarricense de Desarrollo，CODESA），以国家实力为后盾广泛投资于各行业。"菲格雷斯主义"因国家对经济生活的强力干预而被称为"国恩资本主义"（capitalismo de estado-benefactor）。

实施进口替代工业化战略，大力发展民族工业。埃昌迪政府颁布的《工业保护和发展法》规定对与本国工业竞争的外国产品征收 3 倍的进口关税，对工业生产所需要的机械设备和原材料免征进口税，对新工业企业提供免税待遇。提供优惠贷款、免除税收、对进口商品高筑关税壁垒成为保护本国仍然脆弱的工业的基本手段。各届政府实施了多个工业发展计划，如 1965～1968 年制造业计划、1962～1972 年工业计划、1974～1978 年中期发展计划等。1962 年，哥斯达黎加加入中美洲共同市场。

积极促进农业发展。颁行《土地及垦殖法》，强力推行土地改革。早在执政委员会时期，菲格雷斯就任命了一个专门委员会负责起草土地法规。1961 年 10 月 14 日，埃昌迪总统正式签署《土地及垦殖法》，10 月 25 日公布并生效。土地改革是民族解放党与反对派斗争的焦点之一，双方围绕《土地及垦殖法》进行了多年角逐。民族解放党 1955 年起草的法案因反对派议员阻挠而被立法大会搁置，1958 年提出的法案则完全被反对派总统埃昌迪压下，没有提交立法大会。最后通过的法案 1960 年提出后，经过激烈辩论于次年 5 月 17 日才获得立法大会通过，但却被埃昌迪总统否决。直到最高法庭裁决否决了总统的否决后，法案才得以顺利实施。土地和垦殖委员会为农民建立农业合作社以提高劳动生产率，帮助无地农民垦殖荒地，并从大土地所有者手里购买土地出售给农民，调解因土地问题造成的冲突。在推动咖啡生产方面，政府采取的措施有：改良品种、大量使用肥料和提供贷款来改善咖啡种植；在国际上为出口本国咖啡创造条件，1962 年签署国际咖啡协定；在咖啡农中推行合作化，1962 年成立咖啡农合作社联合会，部分替代了过去传统的特权出口商。

利用外资方面加强对民族利益的保护。1954 年，菲格雷斯政府与美国联合果品公司签署一项新协议，后者缴纳 30% 的所得税，哥斯达黎加从香蕉生产中的获利大大提升。该公司还向国家提供一笔 150 万美元的贷款，以改善香蕉业的基础设施。

社会政策方面，菲格雷斯继续实行 40 年代的《社会保障法》、《劳工法》，推行更大规模的社会福利计划和公共工程计划。1954 年成立了住宅和城市化委员会，以改善居民住房状况。1955 年成立劳工部，推动社会福利计划的实施。制定新的工资政策，将节假日奖金制度化，增加工资层次。1970 年再次执政后，菲格雷斯提出"同极端贫困做斗争"的口号，建立了社会援助混合委员会，实行收入再分配计划。继任的奥杜维尔政府又实行"社会发展与家庭抚恤金计划"。

持续 20 多年的发展主义战略使哥斯达黎加发生显著变化。工业化有了长足进展。工业部门 1952～1962 年年均增长率为 6.9%，而 1962～1976 年年增长率高达 17.1%。不仅传统工业如纺织、制鞋、烟草、木材、食品（灌肠、制糖、奶粉、饮料等）增长迅猛，而且许多新兴行业应运而生，如化肥、轮箍、板材、杀虫剂、面粉、石油化工、医药品、电子产品、金属框架等。在这种情况下，工业在国内生产总值的比重 1952 年只有 12.5%，1962 年增至 14%，1976 年进一步增至 20.1%，而农业的比重从 1952 年的 39.3% 减少到 1976 年的 20.1%。工业产品在出口份额中的比重也随之增长，1962 年只占 4%，到了 1971 年增至 27%。社会发展方面，1978 年的医疗保健设施覆盖面达到 85%，大学由 1970 年的 1 所增至 1980 年的 4 所，大学生人数占居民总数的 2.16%。随着经济的发展，特别是以工业发展为标志的生产结构的变化以及政府部门的扩大，社会结构发生重要变化，其主要特点是包括企业主、专业人员、知识分子和国家官僚机构官员的中产阶层的扩大。占人口 60% 的中等收入者的收入所占国民总收入的比例由 1971 年的 44% 提高到 1978 年的 47%，而占人口 10% 的最高收入者和占人口 20% 的最低收入者的收入所占比例则分别由 1971 年的 34.4% 和 5.4% 下降到 1978 年的 32% 和 4%。中产阶层的地位更加突出，其所占自立人口的比例由 1970 年的 23% 上升到 1980 年的 27.5%。[①] 传统寡头集团的经济权力有所削弱。中产阶级的扩大缩小了收入分配的差距，缓和了社会矛盾，有利于代议制民主制度得以保持，有利于社会的稳定。

二 债务危机及向新自由主义转型

20 世纪 80 年代以来，哥斯达黎加发生重大变化，政治上表现为民族解放党的强势地位相对衰落，经济上表现为新自由主义改革成为主流，而引发变化的直接原因是债务危机。

20 世纪 80 年代，拉美全地区深陷债务危机，而哥斯达黎加首当其冲。其外债总额，1978 年为 8.8 亿美元，1982 年骤增至 17 亿美元，1984 年、1985 年进一步攀升到 24 亿美元和 48 亿美元。1981 年，人均外债额达到 1200 美元，外债总额占国内生产总值的 57%，还本付息占总出口额的 35%，50% 的公共收入用来还本付息。哥斯达黎加实际上已经无力正常偿还外债。1981 年 9 月，哥斯达黎加政府宣布停止偿付债务，成为拉美地区第一个陷入债务危机的国家。

债务危机的爆发有深刻的内外原因。外部因素主要包括 70 年代国际市场上两次石油危机的冲击，80 年代初世界经济衰退以及随之而来的外贸条件恶化，中美洲动乱导致地区内贸易减少等。而发展主义模式的弊端是无法回避的内因。发展主义战略对民族经济的发展起到了积极推动作用，但随着时间推移，其弊病日益突出。高度的保护主义和国家干预，使得生产资源得不到有效配置，企业效率低下、缺乏竞争力，私人资本缺乏积极性。工业在

---

① 李春辉、苏振兴、徐世澄主编《拉丁美洲史稿》第三卷，商务印书馆，1993，第 253 页。

1979 年和 1980 年两年低速增长后，1981 年变为负增长（-5%）。咖啡和香蕉减产，农牧业连续三年呈停滞状态。经济 1980 年只增长了 1.2%，1981 年出现了 1.5% 的负增长。贸易赤字长年居高不下，过去一直靠公共债务和外资来填补亏空。主要出口产品价格下跌和国际金融市场利率上升，导致哥斯达黎加国际收支严重恶化，外债激增且超短期外债比重增加，债务危机爆发在所难免。

发展主义的困境传导到政治上，就是民族解放党在政治生活中的传统优势地位受到削弱。1978 年，民族解放党败选，基督教社会团结党候选人罗德里戈·卡拉索·奥迪奥（Rodrigo Carazo Odio）当选总统。1982～1990 年，民族解放党连续执政，路易斯·阿尔贝托·蒙赫（Luis Alberto Monge）和奥斯卡·阿里亚斯·桑切斯（Óscar Arias Sánchez）先后上台。然而，在深刻的危机面前，蒙赫总统不得不同反对派达成政治协定，修订选举法，允许共和党、民主革新党、基督教民主党、人民团结党等四个主要反对党联合成立基督教社会团结党。该党的成立使各方反对派形成合力，对民族解放党多年来的优势地位构成持续而严峻的挑战。90 年代以后，基督教社会团结党 1990、1998、2002 年三次赢得大选，拉斐尔·安赫尔·卡尔德隆·福涅尔、米格尔·安赫尔·罗德里格斯、阿韦尔·帕切科先后出任总统，特别是 1998～2006 年期间前所未有地实现了连续两届执政。而民族解放党仅在 1994～1998 年执政，即何塞·马利亚·菲格雷斯政府。直到 2006 年，前总统、诺贝尔和平奖获得者阿里亚斯再度出山，民族解放党才夺回执政地位。

在政治生态发生变化的情况下，哥斯达黎加发展战略逐步偏离坚持多年的发展主义，而向新自由主义靠拢。基督教社会团结党提出"国家的辅助作用原则"，反对"国家的家长式统治"，明确主张新自由主义经济纲领，推崇商品逻辑的自发性，认为要想生产获得持续增长，必须把不适当的市场干预所束缚和扭曲的

经济力量解放出来，充分发挥市场在确定价格和引导经济主题方面的自发机制作用，反对国家干预，主张完全向国际市场开放，废除工业保护主义。该党籍总统执政期间，迎着全球化浪潮，采取一系列措施，大力推行这些主张。例如卡尔德隆政府改革政府职能，重组公共部门，裁减公共部门职工，缩减公共开支；以本国高素质人才的竞争优势，积极吸引外资。1997年美国英特尔（Intel）公司在哥斯达黎加建立了一家6万平方米的奔腾微处理器的装配及调试厂。而民族解放党面对发展主义战略的现实困境、反对党的挑战以及全球化浪潮也逐渐调整政策，从蒙赫政府就开始采取一些有利于私人资本的自由化措施，如逐步减少关税保护、出卖国有企业、恢复私人银行地位等。阿里亚斯第一次执政时启用一贯主张减少国家调节作用的专家埃·利萨诺和费·纳兰霍作为领导经济的关键人物，从法律上多方限制哥斯达黎加发展公司的活动，直至该公司最终破产。

需要特别指出的是，在哥斯达黎加从发展主义向新自由主义转向的过程中，美国和国际货币基金组织从外部施加了压力。蒙赫政府在应对债务危机时，积极争取到国际货币基金的多笔贷款，但前提是在整顿外汇市场、缩减财政赤字等方面满足后者的要求。美国通过国际开发署提供了大量资金，但也要求哥斯达黎加修改《金融法》《中央银行组织法》等法规，以加强私人资本，削弱国家对银行的控制。和拉美其他国家一样，在走向新自由主义的道路上，美国及其主导下的国家金融机构是重要推手。

新自由主义改革推动了哥斯达黎加经济的发展。2003～2007年，经济增长率分别达到6.4%、4.3%、5.9%、8.8%和7.8%，同期人均GDP增长率为4.4%、2.4%、4.0%、6.9%和6.0%。①

---

① CEPAL: Economic Survey of Latin America and the Caribbean, 2008 – 2009, pp. 56 – 57.

政府的财政状况得到明显改善，2007 年实现财政盈余 867.53 亿科朗，占当年国内生产总值的 0.65%。这是自 1957 年以来哥财政首次出现盈余。但另一方面，经济改革也带来了不少负面影响。政府减少公共开支导致社会福利、卫生事业的经费下降，经济结构的改革和国家机构的压缩使失业增加，直接影响了人民生活和社会治安的稳定。2000 年 3 月，议会通过了电信电力私有化法，遭到了国内各界人士的强烈反对，民众纷纷走上街头示威抗议。2004 年，罗德里格斯、卡尔德隆、菲格雷斯等多位前总统曝出腐败丑闻，更引发民众不满，圣何塞街头出现上万人参加的游行示威。

第三章

政　治

哥斯达黎加是拉美地区实施民主政治最悠久和最稳定的国家之一。1821 年独立以来，哥斯达黎加逐渐形成了现代政治体制和文人政府制度。1948 年短暂的内战结束之后，文人政府和民主选举的模式得到确认和巩固。此后，哥斯达黎加政局一直非常稳定，从未发生过任何政变或内战，被称为"和平的绿洲"和"中美洲的瑞士"。

第一节　宪法

一　宪法的发展

哥斯达黎加制定过 9 部宪法。1825 年的《哥斯达黎加自由国家基本法》确立了哥斯达黎加作为中美洲联邦组成部分的部分独立地位，是第一部宪法。后来哥斯达黎加脱离联邦、联邦解体，但该宪法一直沿用到 1844 年。1844、1847、1848、1859、1869 年，多部宪法相继出台，对国家政治经济生活的设计频繁改动。总统时而直接选举产生、时而间接选举产生；行政机构的权力时而加强、时而削弱；国会时而两院、时而一院；军队时而废除、时而恢复。短时间内对国家根本大法的这种反复调整，与这一历史时期的政治动荡密切相关，也是哥斯达黎加人在立国之初对国家发展方向的曲折探索。

托马斯·瓜迪亚总统上台后，制定了第7部宪法即1871年宪法。其重要内容包括：法律面前人人平等，公民享有言论、通信自由，保证私人财产所有权，废除死刑；废除两院制议会，实行一院制立法大会制度；总统有权任命和撤销各部部长、召集议会、任命各省省长和地方政府官员，但不得连任；地方政府官员有权监督选举等。这是一部具有资产阶级自由主义倾向的宪法，在保证个人权利、实行立法权和行政权分立制衡方面迈出一大步。实际上，该宪法在制定者瓜迪亚总统去世后才得以完全实施。

1871年宪法经过多次修正。卡斯特罗总统（1894~1902）为了达到第三次连任的目的，修改了总统不得连任的规定。西门尼斯政府（1910~1914）将总统产生方式由间接选举改为直接选举。1943年，卡尔德隆政府在宪法中增加了"社会权利保障"专章。1949年之前，除1917~1919年独裁者蒂诺科制定的宪法外，哥斯达黎加长期沿用1871年宪法。该宪法长期有效，表明哥斯达黎加人对国家发展已经形成较为稳定的构想。

二　现行宪法

内战结束后，临时掌权的执政委员会自称"第二共和国"创立委员会，雄心勃勃地要建立区别于1821~1948年"第一共和国"的"第二共和国"，制定新宪法成为重要工作。1948年底，制宪会议在圣何塞召开，制定了新宪法，并于1949年11月7日正式生效。这是哥斯达黎加历史上第9部宪法，一直沿用至今。

宪法共18章197条，内容涵盖国家主权、国民资格、公民个人权利及保障、公民社会权利及保障、公民政治权利和义务、宗教、教育和文化、立法机构、行政机构、司法机构、市政府、国家财产、公务人员等广泛内容。第1条就国家主权开宗明义宣布："哥斯达黎加是一个自由、独立的民主共和国。"关于公民权利，宪法规定公民享有言论、集会、通信、迁徙、住所不受侵犯等自由权和人身保护权。最低工资、工作时长、年度休假等劳工权益和老病残孕的社会保障均有明确规定。关于政权架构，该宪法在哥斯达黎加历史上第一次规定了三权鼎立、相互制衡的国家制度。第9条规定："共和国政府是民众的、代议制的、轮换的和负责任的政府。立法、行政、司法三权分立，独立行使政府权力。"[①] 宪法有意把立法机构的章节置于行政机构的章节之前，凸显对后者的约束，防止强人出现。议员和总统都不得连任，为了防止滥权。除了这三种基本权力机构，宪法规定设立被视为政府"第四机构"的最高选举法院（Tribunal Supremo de Elecciones,TSE）。第99条规定该机构负责管理选举过程、决定参选政党名单、评估选举结果，其宣布的选举结果具有决定性意义。最高选举法院由立法大会选出的中立法官组成，任期6年。关于武装力量，第12条规定"军队被永久废除"，只有国家主权和领土面临外部入侵威胁的情况下才能进行军事动员。教育方面，宪法规定高教机构享有独立地位，教育部必须把预算的至少10%拨付哥斯达黎加大学和其他高教机构。此外，宪法还规定在经济、金融、社会等领域建立一些自治机构，例如咖啡办公室、哥斯达黎加发展公司、中央银行、社会安全基金等。宪法修正案须在议会先后两个会期表决，每次都要2/3通过。总统有权提出意见但无权否决。50多年来，宪法进行过多次修正。例如，宪法原本禁止人民先锋党开展活动，但1975年修正案允许该党合法活动并参加选举。

---

① http：//www.costaricalaw.com/constitutional_ law/constitution_ en_ 01. php

第二节　行政机构

一　国家元首和政府首脑

宪法第 130 条规定，总统是国家元首和政府首脑，行使行政权。另设副总统二人，在总统绝对缺席时以提名顺序代理总统；在总统临时缺席时，则可召请其中任何一位副总统代理。本土所生的哥斯达黎加国民，年满 30 周岁、具有完全民事责任和权利而且不是教士，均可当选总统或副总统。选举年 2 月的第一个星期日，同时进行总统和副总统的直接选举，获得 40% 以上有效选票者当选；如各候选人均未获得规定多数票，则同年 4 月的第一个星期日，在获得最多票的两名候选人中进行第二轮普选，得多数票者当选。总统和副总统 5 月 8 日在议会或最高法院宣誓就职，任期 4 年，不得连任。2003 年 4 月宪法修正案规定，前总统在离任 8 年后可再次参加总统竞选。

总统专属权包括：自由任免政府各部部长；在官方性质的行为中代表国家；行使武装部门最高指挥权；向议会提交有关各种行政事务和本国政治形势的书面咨文，提出有利于国家进步的重要措施。

总统与有关政府部长共同的权力与责任：指导国家的国际关系；接见外国元首与外交代表，并容许他国派驻领事；召集议会的常会与特别会议；在宪法规定的时间向议会提交国家预算案；指挥国家的武装部队以保持国家的秩序、防卫与安全；自由任免武装部队成员、居机要职务的官员与雇员以及其他文官法所明确规定的人员；监督各行政机构与人员的职能；核准并颁布法律，规定法律的施行，执行法律，并监督法律的确实执行；在法律的执行中行使提案权和否决权；维持国内秩序与安宁，采取必要的

预防措施以保卫公众自由；依法律规定国家年度收入的征集与支出；缔结协定、公共条约和协议，并予以公布和施行；颁布航行许可证等等。

宪法第 147 条规定，总统和各部部长组成政府委员会（内阁），总统任主席。内阁行使以下职能：请求议会宣告紧急状态，授权征兵，组织军队与媾和；依法行使赦免权；任命隶属行政机构的自治机构的董事；解决总统提出的其他事务。

总体而言，宪法对总统的权力进行了多方限制，改变了1871 年宪法中总统权力过分集中的情况，使得哥总统成为拉美"行政权最弱的总统"。总统不能使用否决权，不能否决议会通过的国家预算，不能通过颁布政令的手段颁布法律，等等。宪法甚至规定总统必须在征得议会许可的情况下才能出国，1975 年宪法修正案有所放宽，允许总统不经议会同意出访中美洲其他国家和巴拿马 10 天。

2006 年以来，哥斯达黎加总统选举竞争主要在民族解放党和公民行动党之间进行。2006 年 2 月，民族解放党的奥斯卡·阿里亚斯·桑切斯（Oscar Arias Sanchez）以 0.12% 的微弱优势战胜公民行动党（Partido Acción Ciudadana）的奥通·索利斯·法亚斯（Ottón Solís Fallas），当选总统。2010 年 2 月，民族解放党的女候选人劳拉·钦奇利亚·米兰达（Laura Chinchilla Miranda）在第一轮选举中以 46.72% 的选票打败了再次参加竞选的奥通·索利斯，成功当选总统。阿尔菲奥·皮瓦·梅森（Alfio Piva Mesén）当选为第一副总统，路易斯·利伯曼（Luis Liberman）为第二副总统。

二　政府各部

宪法第 141 条规定，为处理行政事务，应依法设置若干部。部长的当选资格是：哥斯达黎加本土所生的国民，或取得国籍后在国内居留满 10 年以上；年满 25 周岁，有完全民事和政治权利；非教士。各部部长不能兼任其他任何公职（但副总统可以担任部长），每年应在议会常会开始后 15 日内向议会提交关于本部事务的报告。

劳拉·钦奇利亚政府于 2010 年 5 月成立，现任内阁各部包括：总统府部，外交和宗教事务部，农业和畜牧部，文化、体育和青年部，司法部，经济和工商部，教育部，环境和能源部，财政部，对外贸易部，卫生部，住房与人居部，劳动和社会保障部，计划和经济政策部，公共安全部，公共建设工程和交通部，科技部，旅游部。

总统府部[1]现部长马尔科·巴尔加斯·迪亚斯（Marco Vargas Díaz）。外交和宗教事务部[2]始建于 1844 年 4 月 9 日，现部长雷内·卡斯特罗（René Castro）。农业和畜牧部[3]始建于 1942 年 8 月 29 日，现部长格洛丽亚·阿夫哈姆（Gloria Abraham）。经济和工商部[4]始建于 1960 年 11 月 1 日，现部长迈伊·安蒂利翁（Mayi Antillón）。教育部[5]现部长莱昂纳多·加尼尔·里莫罗（Leonardo Garnier Rímolo）。环境和能源部[6]始建于 1888 年，现部长特奥菲洛·德拉托雷（Teófilo de la Torre）。财政部[7]始建于 1825 年 10 月 14 日，现部长费尔南多·埃雷罗（Fernando Herrero）。对外贸易部[8]始建于 1986 年，现部长阿纳

---

[1]　www. casapres. go. cr
[2]　www. rree. go. cr
[3]　www. mag. go. cr
[4]　www. meic. go. cr
[5]　www. mep. go. cr
[6]　www. minae. go. cr
[7]　www. hacienda. go. cr
[8]　www. comex. go. cr

贝尔·冈萨雷斯（Anabel González）。卫生部①现部长玛丽亚·路易莎·阿维拉·阿古埃罗（María Luisa ávila Agüero）。劳动和社会保障部②始建于1928年6月，现部长桑德拉·皮斯克（Sandra Piszk）于2009年8月6日上任。公共安全部③始建于1923年，现部长何塞·马里亚·蒂赫里诺（José María Tijerino）。公共建设工程和交通部④始建于1860年10月20日，现部长弗朗西斯科·西蒙内斯（Francisco Jiménez）。科技部⑤始建于1986年，现部长为欧亨尼娅·弗洛雷斯·（Eugenia Flores Vindas，女）。旅游部⑥始建于1917年，现部长卡洛斯·贝纳维德斯·西蒙内斯（Carlos Benavides Jiménez）。计划和经济政策部⑦部长罗贝尔托·加利亚多·努涅斯（Roberto Gallardo Núñez）。文化、体育和青年部部长玛丽亚·埃莱娜·卡瓦略（Manuel Obregón）。住房与人居部部长伊雷内·坎波斯（Irene Campos）。司法部部长埃尔南多·帕里斯（Hernando París）。

三　地方政府

宪法第168条规定，为提高行政效率，全国领土分为若干省，省分为若干县，县下面为区。不过，省并非一级地方政府而仅是地理区划，在政治生活中所起的最大作用就是议会选举时作为选区而存在。议员选举严格以各省人口为基础，每3万居民选一名议员。总统任命的省长仅是中央政府在省会的

---

①　www. ministeriodesalud. go. cr/

②　www. ministrabajo. go. cr

③　www. msp. go. cr/

④　www. mopt. go. cr

⑤　www. micit. go. cr

⑥　www. visitecostarica. com

⑦　www. mideplan. go. cr

代表，没有实际权力，也没有省级行政机构。

县是唯一以自治方式设置的地方政府的行政区划。宪法第169条规定，各县行政由县政府负责管理。县政府应公布日常与特别预算，预算经总审计署批准方能生效，并由总审计署监督执行。各县均设立县长，由民主选举产生，任期4年。2002年之前，县长职位不存在，由县政委员会主席负责所在县的行政事务。第一次县长选举于2002年12月举行。最近的一次全国范围内的县长选举是2006年12月进行的，下一次县长选举将在2010年12月举行。地方行政没有独立的立法机关，地方法院院长由最高法院任命。宪法第171条规定，县议员任期4年，为义务任职。县行政当局于相应年份的5月1日就职。各区在其相应的县政府派驻一名正式代表与一名候补代表，代表只有发言权，而无表决权。① 过去的30年里，地方政府已经逐步失去了过去所拥有的特权，只负责诸如垃圾清运、公共照明、街道保养等公共日常事务。②

第三节　立法与司法机构

一　立法机构

立 法权由议会即立法大会（Asamblea Legislativa）行使。该机构实行一院制，由57名议员组成，是国家最高权力机关。议员当选资格是：年满21周岁，具有完全民事行为能力和权利，在本土所生或加入国籍并在本土居留满10年。以下人员没有议员被选举权：担任总统职务或选举时替代总统职

① http://www.costaricalaw.com/constitutional_law/constitution_en_12.php
② http://costaricacenter.com/free_hot_deals_search/government_organization.htm

务，政府部长，最高法院法官，最高选举法院法官、候补法官，户籍登记局局长，现役军人，独立机构的行政首脑，总统的二等血亲或姻亲以内亲属，以及在选举日之前 6 个月内担任上述职务的人员。

议员选举与总统选举同时进行，根据比例代表制从各省直接选举产生。每次进行人口普查后，最高选举法院按各省人口比例分配议员名额。议员只能代表国家利益而非地方利益。1969 年宪法修正案规定议员任期 4 年，不得连任，但是可以隔一届后再次当选。当选议员要在议长面前宣誓就职。

在哥斯达黎加，议会的权力相对于总统是比较大的。议会高度独立，行政机构对议员没有任何正式或非正式的纪律惩戒权。立法大会具有如下职权：（1）立法权。制定、修改和废除法律，并给予正确解释，有关最高选举法院条款内所述的规定除外。（2）制定捐税、科教文艺等发展制度。颁布日常预算和特别预算；确定国家捐税，并授权各地方政府征税；确定货币单位法，并对货币、信贷、度量衡立法；促进科学和艺术的发展，并在一定时期内确保作者的著作权和发明家的发明专利；建立科学、艺术的教育和发展制度，并为其拨款；设立各级法院与其他国家事业机构。（3）人事任免权。选举和任命最高法院的正式法官与候补法官、审计长和副审计长。总统、副总统、议员和外交使节受到普通犯罪的追诉时，有权停止其职务；有权处理出任共和国总统者可能发生的身体或精神能力情况，并决定是否召请人替代其职务；（4）监督和质询权。对政府部长进行质询，此外，如议会认为政府官员犯有违宪或违法行为，或对公共利益造成严重损害，经出席议员 2/3 多数通过，对其进行谴责。（5）批准或否决权。批示转让国家财产或挪为公用；批准或拒绝行政机构的贷款；批准或否决国际协约、公共条约和协定；同意或拒绝外国军队进入国家领土、军舰停靠港口以及飞机降落机场；准许或拒绝对总统、副总统、最高权力机构成员及外交使节的弹劾起诉，经全体议员 2/3 宣告起诉理由是否充足，如宣告予以肯定，则将弹劾案交最高法院审理；接受最高权力机构成员法律上的宣誓或辞职；（6）授权职能。授权地方政府征税；授权行政当局宣战或媾和。此外，立法大会还有赦免权。宪法第 121 条第 21 款规定，经全体议员 2/3 以上多数通过，可以大赦或特赦政治犯（与选举有关的犯罪除外）。行政机构必须就维持公共秩序或维护国家安全所采取的措施报告给议会。有权选定会议场所，开会与闭会，在议员同意时休会或继续开会。议长有权要求行政机构将警察力量交给议会指挥。有权对国家作出杰出贡献的外国公民授予荣誉国民资格，并颁布勋章以纪念其卓越功勋。

宪法对议会的职权作出了如下限制：如出席人数未达到 2/3，议会不得举行会议；为确立货币单位法，议会需事先求得负责货币调节的技术机构的意见。议会无权对有关官行行为投赞同票，不得就未经司法机构宣告或行政机构接受的国库债券予以承认，也无权授予奖学金、年金、退休金或奖金。

宪法对行政机构与议会发生矛盾的情况作了若干规定。宪法第 126 条规定，行政机构应该在 10 天内对一项被议会通过的法案有所回应，如总统没有提出异议和修改意见，法案就自动生效。第 127 条规定，若行政机构提出修改意见，议会必须重新审议。如不接受政府提出的修改意见，并经全体议员 2/3 赞成票再度通过，该法案即生效。另据宪法第 128 条规定，若行政机构否决议会通过的法案，议会应将该法案移交最高法院。如果最高法院以全体法官 2/3 赞成票支持行政机构的意见，即发现该法案的确违宪，则议会应将违宪部分删除。

立法大会每年 5 月 1 日集会，会期包括常会和特别会议。常会分两个阶段，第一阶段从 5 月 1 日至 7 月 31 日，第二阶段从 9

月1日至11月30日。议会和行政机构都有权向常会提出新法案。行政机构有权召集特别会议。特别会议一般在8月以及12月1日至翌年4月30日期间召集。议会如无全体议员的2/3以上人数出席不得举行会议。会议一般公开举行；特殊情况下，经出席议员2/3以上人数通过，可以举行秘密会议。

立法大会下设委员会和监察办公室。委员会有4种：第一种是6个普通常设委员会，即农业与自然资源委员会、经济事务委员会、政府与行政委员会、预算与税收委员会、法律事务委员会及社会事务委员会，主要负责对法案进行审核与评估；第二种是11个特别常设委员会，包括环境、地方事务和参与地方发展、宪法咨询、收入与公共开支、青少年和儿童、妇女、毒品、任命、起草、国际关系和对外贸易以及旅游等；第三种是专门委员会；第四种是完全立法权委员会。[①] 监察办公室是依据1992年通过的第7319号法令成立，直接向立法大会负责，可以自发或依据第三方诉求驳回政府议案。

当选议长必须具备三个条件：享有公民权利的哥斯达黎加本土所生公民；非教士；年满30周岁。议长一般是立法大会中政党的领导人，是立法大会的行政领导和主要代表。主要职责是：负责引导和组织立法大会的辩论；制定投票规则；负责会议的开幕、召集和中止；安排程序和问题的决定；提出议会的财政年度预算案；批准议员和工作人员的开支，支付议员和助理人员的工资；在议会的文件原件上签名和盖章，这些文件包括：法律、决议、声明和官方的通信。现任议长是路易斯·赫拉尔多·比利亚努埃瓦（Luis Gerardo Villanueva）。

本届立法会议于2010年5月成立。当前的议会中，民族解

---

① http：//www.asamblea.go.cr/Centro_de_informacion/Comisiones_Legislativas/Lists/Tipos_comision/AllItems.aspx

放党是议会第一大党，占 23 个席位。公民行动党为第二大党，占 12 个席位。自由运动党占 9 席。基督教社会团结党占 6 席。下一届立法议会选举将于 2014 年 2 月举行。

二 司法机构

司法机构的独立性是几十年来哥斯达黎加民主制度保持稳定的基石。宪法第 152 条规定，司法权由最高法院及依法设立的其他法院行使。司法机构的职能是坚定不移地履行法律，审判违法行为，审理的范围是民事、刑事、劳动及行政争议案件，以及法律规定的其他案件。宪法第 154 条规定，司法机构只服从于宪法和法律，并对所作出的判决负责。

哥斯达黎加最高法院成立于 1825 年 1 月 25 日宪法第 156 条规定，最高法院为司法机构的最高级法院，一切法院及司法机构的官员与职员，均隶属于最高法院，但不得侵害宪法有关文官制度的规定。

最高法院有 22 名法官，由议会选出并任命，任期 8 年。任满时，如无议会 2/3 多数反对，则自动连任。担任最高法院法官的资格条件为：必须出生于哥斯达黎加，或取得哥斯达黎加国籍后居住满 10 年以上，具有完全民事责任和权利，非教士，年满 35 周岁，具有哥斯达黎加颁发或承认的律师证书并从事律师业务 10 年以上。此外，宪法第 160 条规定，凡最高法院法官三代之内的血亲或姻亲，不得当选为法官。

最高法院分为 4 个分庭，一庭为民事法庭，负责裁决民事与行政纠纷；二庭为商事法庭，对涉及家庭法、房地产法和劳工法的民事纠纷具有上诉管辖权；三庭为刑事法庭，分管刑事诉讼案件；四庭为宪法法庭，1989 年 9 月依据宪法修订案成立，对一切宪法事务拥有专属管辖权。

目前最高法院院长为路易斯·保利诺·莫拉（Luis Paulino

Mora），1999年6月12日任职，2003年和2007年连任，他同时兼任宪法法庭法官；副院长阿方索·查韦斯·拉米雷斯（Alfonso Chaves Ramírez），兼任第三庭法官。最高法院有22名法官，其中前三庭分别设5名法官、25名候补法官，宪法法庭设7名法官、12名候补法官。所有法官都由立法大会任命。① 宪法第159条规定，最高法院院长必须是本土出生的哥斯达黎加国民。下级法院法官由最高法院任命。地方法院分省、县、区三级。

目前哥斯达黎加司法机构的最主要问题是效率低。各司法机构因大量小案件而不堪重负，甚至交通罚款这样可以由其他机构审理的小案件也摆在了各级法院法官的面前。在哥斯达黎加，一件民事诉讼案件可以持续6年不结案。即使是有优先审理特权的刑事诉讼案件，也可以延续几年不结案。以上问题的症结在于司法机构管理程序落后，资金匮乏。2000年4月，哥斯达黎加对司法制度进行改革，提高了服务效率。2001~2006年，法官和审判员人数增加，但是司法机构效率低下的问题依然存在，司法制度有待进一步深入改革。

三　最高选举法院

19 48年9月14日，由菲格雷斯主持的执政委员会通过第171号法令，将原有的国家选举委员会改名为最高选举法院。为了确保行政与立法机构选举的合法性，1949年宪法正式设立最高选举法院，并赋予其高度的独立性。

宪法第99条规定，有关选举活动的组织、领导和监督，由最高选举法院专门负责，其他选举机构隶属于该法院。最高选举法院被称为继立法、行政和司法之后的国家第四权力机构，是确

---

① http：//www.poder-judicial.go.cr/

保其他政治制度合法性的关键机构。

宪法第 102 条规定，最高选举法院的职能包括如下几个方面：组织普选；依法任命选举委员会成员；解释宪法及法律中有关选举的各项条款；处理针对户籍登记处和选举委员会的裁决所提出的起诉；统计总统和副总统、议员、县政当局成员及制宪大会代表的选举票数；公布选举结果。最高选举法院还包括以下权力和职能：发放选票，培训投票站工作人员；解决与选举有关的争端；有权干预政党内部事务，督促党内民主，督促女党员必须占党员人数的 40%；罢免渎职的民选县政官员；有权在大选前 6 个月及大选后的两个月内调配全国警力，以确保选举和计票在绝对自由与保障的条件下进行。最高选举法院的裁定不得上诉。另外，宪法第 97 条规定，议会在讨论和通过有关选举事务的法律草案时，必须咨询最高选举法院；否则，需经议会全体议员 2/3 票数通过。如最高选举法院对某项有关选举事务的草案持反对意见，议会在普选前 6 个月和普选后 4 个月内不得将其制定成法律。

宪法第 103 条规定，户籍登记处隶属最高选举法院，其职能包括户籍登记；编制选民名册；裁决国籍资格的获得、丧失和恢复；颁发身份证等。

最高选举法院拥有高度的民众支持和尊重。最高选举法院设 3 名法官和 6 名候补法官，其选任均须最高法院法官 2/3 票数通过，任期 6 年。每两年改选法官 1 人、候补法官 2 人，可连选连任。在大选的前一年至大选后 6 个月，最高法院应从候补法官中增选 2 人，以组成 5 人法院。目前，最高选举法院院长是路易斯·安东尼奥·索布拉多·冈萨雷斯（Luis Antonio Sobrado González）。[1]

---

[1]　http：//www.tse.go.cr

第四节　政党和团体

一　主要政党

斯达黎加登记注册的政党约有 100 多个。其中比较重要的全国性政党有民族解放党、公民行动党、基督教社会团结党、自由运动党、民族复兴党（Partido Rescate Nacional）、民族联盟党（Partido Unión Nacional）、哥斯达黎加革新党（Partido Renovación Costariccense）、民主力量党（Fuerza Democrática）、人民先锋党（Partido Vanguardia Popular）、国家一体化党（Partido Integración Nacional）、争取变革联盟党（Partido Unión para el Cambio）、祖国第一党（Partido Patria Primero）、民族主义民主联盟党（Alianza Democrática Nacionalista）、统一左派党（Izquierda Unida）、爱国联盟党（Partido Alianza Patriótica）等。地方性政党有阿拉胡埃拉省的阿拉胡埃拉民主行动党（Acción Democrática Alajuelense）和农业工人行动党（Partido Acción Laborista Agrícola），圣何塞的新女权主义联盟党（Nueva Liga Feminista）、广泛阵线党（Frente Amplio）和全民皆入党（Accesibilidad sin Exclusión）以及太阳党（Partido del Sol）等。

民族解放党（Partido de Liberación Nacional，PLN） 是哥斯达黎加第一大党，在 20 世纪后半叶以来的发展历程中具有特殊地位。

民族解放党的历史最早可以追溯到 1937 年，这一年哥斯达黎加法学院学生联合会成立。1939 年，在该联合会的基础上成立了哥斯达黎加大学生联合会。1940 年，在大学生联合会和著名教育家罗伯特·布雷内斯·梅森（Roberto Brenes Mesén）教授的领导下，成立了国家问题研究中心，宗旨是研究和分析国家政治和发展问题。该中心受到秘鲁的阿亚·德拉托雷思想的影响。1945 年 3 月 10 日，国家问题研究中心与民主党合并，成立了社会民主党。① 1951 年 10 月 12 日，在社会民主党的基础上，民族解放党正式成立，何塞·菲格雷斯·费雷尔任党主席。民族解放党创始人一共 19 人，主要来自社会民主党、国家问题研究中心等。其中以后成为哥斯达黎加政界重要人物的有：何塞·菲格雷斯·费雷尔、弗朗西斯科·奥利奇、路易斯·阿尔贝托·蒙赫、丹尼尔·奥杜维尔、本哈明·努涅斯等。

民族解放党为当代哥斯达黎加政治经济和社会的发展立下了汗马功劳。20 世纪 80 年代之前，民族解放党由所谓的"1948 年一代"所控制，他们强调社会福利，推动国家干预的发展模式。在 1953 年大选中，民族解放党第一次亮相，推出了候选人菲格雷斯，赢得了胜利。菲格雷斯政府全面推行了发展主义战略，深化了 40 年代实行的社会改革，建立了哥斯达黎加电力局（Instituto Costarricense de Electricidad，ICE）以及住房与城市化局（Instituto Nacional de Vivienda y Urbanismo，INVU）等机构，为哥斯达黎加政治民主和经济的现代化奠定了基础。1962 年，民族解放党再一次在大选中获胜，成立了弗朗西斯科·奥利奇政府。弗朗西斯科政府建立了国家规划办公室（Oficina de Planificación Nacional），加入了中美洲共同市场（Mercado Común Centroamericano），建立了国立儿童医院（Hospital Nacional de Niños）、中央银行，修建了卡尼亚斯高速公路（la autopista General Cañas）等。1970 年菲格雷斯第二次当选总统，他大力推动工业化的发展，成立了哥斯达黎加发展公司（Corporación Costarricense de Desarrollo，CODESA）；加强初级和中级教育以及大学的建设；在社会领域，成立了社会援助研究所（Instituto

---

① http://www. pln. or. cr/dokuwiki/doku. php? id = start

Mixto de Ayuda Social，IMAS），把医院纳入到哥斯达黎加社会保障局（Caja Costarricense de Seguro Social）的管辖之下。1974年，民族解放党的丹尼尔·奥杜维尔·基罗斯赢得总统选举。奥杜维尔政府加快企业国有化进程，再次掀起CODESA下属的工业企业建设高潮，还修建了多家医院、农村医疗诊所，在农村和城市增建了许多学校。

20世纪80年代初，"1948年一代"失去了对该党的垄断和控制，主张国家主义发展模式的传统派和主张市场导向的现实主义新一代之间产生分歧。1982~1990年，民族解放党连续两次执政。1982年上台的路易斯·阿尔贝托·蒙赫政府把主要任务放在解决债务危机方面。1986年上台的奥斯卡·阿里亚斯政府则大力发展社会福利，并积极寻求中美洲和平。1990年何塞·菲格雷斯·费雷尔去世，不久被授予"祖国之父"称号。20世纪90年代，新一代技术专家组成的替代集团力量上升，他们主张把市场导向政策与本党传统中左派政策思想融合在一起。2006年，奥斯卡·阿里亚斯以微弱优势战胜对手，夺得总统宝座。2010年，该党候选人劳拉·钦齐利亚当选总统。

民族解放党号称是多阶级政党。政治方面，主张实现工人、农民、中产阶级和知识分子联合，完善自由选举基础上的民主制度。经济方面，80年代以前主张建立混合经济体制，加强国家对经济的干预；对银行、交通运输部门实行国有化，实行土地改革，发展多样化农业；推行进口替代的工业化战略。80年代以来，主张进行经济改革，减少国家对经济的干预，将严重亏损的国营企业私有化，发展市场经济；鼓励外国投资；发展自由贸易；减少政府开支，改革税制。社会政策方面，主张促进社会公正，增加社会福利，重视发展文化教育事业。在对外政策方面，主张实行独立的多元外交，同各国发展友好关系，特别是加强同美国、欧洲国家的关系；支持各国人民的自决权，反对干涉别国内政，对其他国家发生的武装冲突守中立；维护世界和平，支持普遍、全面、彻底裁军的努力；主张建立国际经济新秩序，支持拉美一体化运动；谴责独裁统治和国际恐怖主义，支持争取人权的事业。民族解放党是社会党国际的成员，前总统丹尼尔·奥杜维尔在 1976 ~ 1991 年任社会党国际副主席。

目前，民族解放党共有党员 63 万人，党的最高权力机构是全国代表大会，大会闭幕期间由全国政治委员会行使其职权。该委员会由主席、总书记、10 个专门书记处各一名书记、3 名议员和该党前总统组成。现任党主席是弗朗西斯科·帕切科·费尔南德斯，副主席马利亚赫拉·奥蒂斯·索托，总书记安东尼奥·卡尔德隆·卡斯特罗。①

在介绍民族解放党时，不能不介绍它的创始人何塞·菲格雷斯·费雷尔。菲格雷斯 1906 年出生在阿拉胡埃拉省一个医生的家庭。中学毕业后，在墨西哥国立自治大学和美国麻省理工学院学习。回国后，经营咖啡种植业，成为大咖啡园主。1942 年因进行反政府活动被捕，后流亡墨西哥。1944 年回国。1945 年参与创建社会民主党，并在自己的咖啡园内建立了一支武装队伍。1948 年 2 月大选，社会民主党支持民族联盟党乌拉特竞选总统获胜，但被民族共和党控制的议会宣布无效。菲格雷斯于 3 月发动内战，推翻政府，成立第二共和国执政委员会，任主席。1949 年 11 月将政权移交乌拉特。1951 年 10 月将社会民主党改组为民族解放党，任党主席。1953 ~ 1958 年，1970 ~ 1974 年又两度担任总统。1979 ~ 1990 年任民族解放党主席。菲格雷斯在三次执政期间，进行了一系列社会经济改革。主持制定了新宪法，规定禁止建立军队，给妇女选举权；加强国家对经济的干预，将电力、电话、运输业收归国有，将美国联合果品公司的所得税由

①　http：//www. pln. or. cr/pln05. htm

10%提高至30%；注意发展文化教育事业；扩大社会保障，为贫困居民修建住宅；实行独立的多元外交，强调发展与美国、欧洲国家的关系，加强与社会党国际的关系。他曾于1985年9月访问中国。1990年病故。

公民行动党（Partido de Acción Ciudadana，PAC） 成立于2000年12月。主要创始人为从哥斯达黎加两大传统政党——民族解放党和基督教社会团结党分裂出来的不同政见者。该党创始人奥通·索利斯·法亚斯（Ottón Solís Fallas）曾在阿里亚斯任内（1986～1990）出任国家计划部部长，2002年、2006年和2010年三次参加总统竞选。

该党自成立起就高举反腐、反新自由主义经济政策，捍卫和发展民族经济的旗帜，迎合了民众求新图变心理，尤其在青年、知识分子和部分中产阶层中引起共鸣。在2002年大选中，该党主席奥通·索利斯·法亚斯获26%的选票；该党在议会中获14个席位，一举成为全国第三大党，改变了哥斯达黎加几十年来两大传统政党主宰国家政治的格局。在2006年大选中，索利斯再次参选并获39.8%的选票，仅以极小票差与总统职位失之交臂。公民行动党在议会中获17个席位，一跃成为第一大反对党。2010年，索利斯第三次参选获得25%选票。公民行动党获得议会12个席位，虽比2006年减少5席，但仍是议会第二大党。

公民行动党主要受到城市中产阶级的支持。党章规定：公民行动党的最根本宗旨是：为维护国家和睦的氛围和推动各个领域的和谐发展，发展民主，维护自由和促进公正及人民福祉；推动人民通过完全行使民主权利，真正参与对公共事务的督导；加强建立在社会团结、保护环境、人人机会平等、尊重人权、遵守法律以及统治者和被统治者间的精诚合作基础上的公共利益文明；坚决反对政治腐败；捍卫在代议制民主原则下的共和国体制，并推动新的参与制民主；寻求男女机会平等；在有效保护自然资源的前提下发展经济；实行消除贫困与保护环境兼容的经济发展模式。具体主张包括如下几个方面。

经济方面。反对新自由主义经济政策，反对对公共服务部门实行私有化；主张共同的发展模式，即经济发展应该保障全体人民在医疗、教育、贷款、科技、电力、通信、文化、体育等方面机会均等以及国家自然资源得到有效保护；反对美国—中美洲—多米尼加自由贸易协定，认为该协定严重损害哥斯达黎加的利益，应与美国重新谈判一个新的合乎本国利益的自由贸易协定。

社会方面。主张推动一项面向贫困人群的社会政策，直接帮助残疾人、贫困家庭妇女、孤寡贫困老人、土著人、失去工作能力的穷人。

政治方面。党的指导原则是反对腐败，认为腐败是选民不愿意投票的主要原因之一。强调道德对恢复公民信任的作用。主张推动公民的责任感；地方分权，加强社区和城镇的权利；积极鼓励公民参与政治；该党表面上反对新自由主义，但是不反对私人部门在经济中地位的日益上升。公民行动党于 2002 年为本党成员制定了一项公德条例，主要内容有不滥用公共财富、对公众实话实说、不以权谋私等。

目前该党面临的主要挑战是统一党内思想，在意识形态上实现统一和团结。

全国代表大会是党的最高领导机关，代表共有 80 人，其中 70 人由全国 7 个省推选，另外 10 人从党的青年组织"全国青年委员会"中推选。全国代表大会的职责是：制定党的政治行动路线；通过党的决议，内容包括党的目标、行动纲领及组织机构；任命全国执行委员会成员，包括主席、秘书长、司库；推选并批准共和国总统和副总统候选人；推选议员候选人等。另外还设有执行委员会、政策委员会、地方委员会和若干专门委员会。执行委员会下设主席、秘书处和财会；政策委员会负责制定党的规划和战略。全国执行委员会是由全国代表大会推举产生。党主席是阿尔贝托·卡尼亚斯·埃斯卡兰特。[①]

奥通·索利斯·法亚斯，公民行动党创始人和前主席，2002年和2006年的总统候选人。生于1954年，先后就读于哥斯达黎加大学和英国曼切斯特大学，获经济学硕士学位。曾任国家计划与经济政策部部长（1986～1988）、中央银行领导委员会成员（1986～1988）、促进出口和投资中心领导委员会成员（1986～1988）、经济与社会委员会成员（1986～1988）、两党公共部门改革委员会成员（1992）、议会议员（1994～1998）、议会经济事务委员会主任（1995～1995）、议会国家改革委员会主任（1997～1998），还在中美洲地区技术援助组织、联合国拉美经委会、联合国开发计划署、美洲国家组织等世界或地区性机构任顾问。著有《道德与民主》、《道德、政治与发展》等。奥通·索利斯原为民族解放党党员，2000年与该党分裂，另成立公民行动党。主张改变国家政治传统，坚决反对政治腐败，在2002年和2006年的总统竞选中坚持不收政治献金，不向民众做任何许诺来换取支持，不向民众提供住房证券以换取选票。他的这些做法得到了许多选民的支持。

基督教社会团结党（**Partido Unidad Social Cristiana，PUSC**）哥斯达黎加重要政党之一。60年代末，民族解放党因总统候选人提名问题引起分裂，部分人退党并于1971年另组民族复兴党。1977年，民族复兴党与基督教民主党、共和党卡尔德隆派、人民联盟党达成竞选协议，成立团结党，但是原四党在组织上仍保持相对独立。1978年卡拉索作为团结党候选人竞选总统获胜。1983年12月团结党改名为基督教社会团结党，组成团结党的四党分别召开代表大会，宣布解散。1990年、1998年和2002年该

---

① http：//pac. cr/2010. phpJHJsala_ prensa. php@ id = Partido

党总统候选人卡尔德隆、罗德里格斯和帕切科分别在大选中获胜，当选总统。

基督教社会团结党宣称信奉基督教民主主义。在政治上，主张维护议会民主和人权；加强同反对党对话，争取建立全国一致的政府，保持社会持续稳定发展；建立廉洁政府，提高工作效率。经济上，主张减少国家对经济的干预，限制国家资本，实施国营企业私有化，发展私有经济，反对土地改革；紧缩政府开支，减少财政赤字，改革物价和税收制度；鼓励外国投资，发展对外贸易。社会方面，主张政府与工会和企业家通过谈判制定社会契约，努力解决失业问题，增加社会福利；重视发展教育。对外政策方面，主张推行和平与多元外交，努力推动中美洲和平进程与拉美一体化运动，谋求建立国际经济新秩序，主张加强同美国的关系；支持各国人民自决与不干涉内政的原则，对其他国家发生的冲突严守中立。该党是基督教民主党国际以及美洲基督教民主组织的成员。

该党自称有党员 54 万人，以企业家和农场主为骨干，最高领导机构是中央政治委员会，由主席、总书记、几名书记以及各省党委主要领导人组成。党主席是路易斯·菲什曼·松辛斯基，副主席马文·埃雷拉·阿亚亚，总书记克西尼亚·卡瓦哈尔·萨拉萨尔。[1]

基督教社会团结党发展到今天，罗德里戈·卡拉索·奥迪奥功不可没。卡拉索 1926 年 12 月 27 日出生在卡塔戈省，曾在哥斯达黎加大学经济和社会系学习，获会计、管理和经济学硕士学位。1948～1949 年任彭塔雷纳斯县议员，1951 年加入民族解放党，1952～1953 年在哥斯达黎加大学任教，1953～1970 年先后任经济管理总局局长、全国住房和城市规划机构负责人、劳动银行顾问、中央银行行长、议会议长等职。1969 年退出民族解放

党，1971年创建民族复兴党并任主席。1974年作为民族复兴党的总统候选人参加竞选失败后，他倡议和串联该党与基督教民主党、共和党卡尔德隆派、人民联盟党合并成立团结党（1983年改名基督教社会团结党）。1978年卡拉索作为团结党的总统候选人在大选中获胜，任总统至1982年。任内，正值中美洲危机最为严重的时刻，卡拉索强调维护国家主权，同时频繁斡旋中美洲冲突各方。1978年9月出席联合国大会，提议建立联合国和平大学。1982年卸去总统之职后，任和平大学校务委员会主席。曾于1984年10月访问中国。

基督教社会团结党遵循基督教民主主义原则。该党前总统卡尔德隆·瓜迪亚在1940～1944年任职期间进行社会改革，因此该党一直把卡尔德隆总统的社会改革主张作为本党的政治遗产。但是瓜迪亚执政期间该党采取了中右政策，比民族解放党更倾向于经济自由化和自由市场政策。与民族解放党一样，基督教社会团结党努力维持内部各派系力量的平衡。2002年选举中，第一次赢得总统的第二次连任，主要原因是民族解放党力量衰弱。此后，基督教社会团结党的支持受到严重削弱。2004年爆发的腐败丑闻把前总统卡尔德隆·瓜迪亚的儿子安赫尔·卡尔德隆·福涅尔（1990～1994年期间任总统）牵连进去，严重破坏了党的声誉。在2006年总统选举中，只获得3.5%的选票，在议会中的席次由19席减少到只有5席。2010年，该党获得了6个席位。

自由运动党（Partido Movimiento Libertario，ML） 2006年基督教社会团结党在大选中受重挫之后，自由运动党成为议会第三大政治势力。自由运动党在政治光谱中属于坚定的右派，倡导对国家垄断部门实施完全私有化，把国家从所有的生产部门中退出；坚定地支持美国—中美洲—多米尼加自由贸易协定。帕切科政府期间，自由运动党反对用提高税收的办法增加中央政府财政收入，是政府财政改革法案的主要反对力量。但是，最近，该党改变了对财政改革的态度，不再反对提高税收，认为只要提高征税效率即可。2006 年议会选举中获得了 6 个席次，后来该党一名议员离开成为无党派议员，使该党议席降至 5 席。2010 年 2 月，奥托·格瓦拉（Otto Guevara）代表该党参加总统竞选获得了 21% 的选票。该党在议会席位从 2006 年的 6 席上升至 9 席。

人民先锋党（Partido Vanguardia Popular，PVP） 原名哥斯达黎加共产党。1931 年 6 月正式成立，1943 年改称现名。主要成员是公职人员、手工业者和贫苦农民。1932 年以"工农联盟"名义参加议会选举，1943 年与执政党民族共和党结成联盟。1944 年召开一大，此后发展迅速，40 年代中期创立了第一个工会"哥斯达黎加工人联合会"。1948 年内战期间，曾组织工人民兵和群众抵抗政变军队。菲格雷斯执政委员会期间，被宣布为非法，遭到镇压，许多领导人被捕、遇害或流亡国外。1953～1974 年处于半合法状态，曾以人民民主行动党或社会行动党的名义参加议会选举。1974 年 8 月获得合法地位。以后该党与其他政党联合参加过几次选举，在议会中获取席位。该党在历史上发生过几次大的分裂。1970 年党内出现意见分歧，以党的创始人海梅·塞尔达斯为首的一批党员宣布退党。70 年代末和 80 年代初中美洲游击战争空前高涨，桑地诺民族解放阵线在尼加拉瓜取得胜利，与此同时，哥斯达黎加南太平洋地区跨国公司的香蕉园发生大罢工。在这种形势下，人民先锋党中有些人主张紧跟形势行动起来，而另一些人反对，双方立场势不两立。最终该党在 1983 年分裂为两个党，以总书记马努埃尔·莫拉·巴尔维德为首的一派另立哥斯达黎加人民党（Partido del Pueblo Costarricense）；以政治局委员巴尔加斯·卡沃内尔为首的一派则召开十五大，改选中央领导机构。1991 年苏联"8·19"事件后，该党内部分歧加剧，以政治委员奥斯卡·马德里加尔为首的大批领导人和党员退党。

人民先锋党的党纲规定，以马克思列宁主义为党的理论基础，同时要重视吸收其他各种革命的和进步的思想。目前党的主要任务是为实现民主社会主义而奋斗，在哥斯达黎加建立多种所有制和混合经济，进行深刻的土地改革，反对帝国主义，声援全世界为社会主义事业、民主和自由而奋斗的战士。

党的最高权力机构是党员代表大会。大会闭幕期间由全国委员会（1991年前称中央委员会）行使其职权。该委员会由代表大会选出的21名委员和6名候补委员组成中央执委会负责党的日常事务。下设省、县、区委和支部。

表 3-1　1990~2006 年哥斯达黎加总统选举结果 *

单位：得票率%

年　份	1990	1994	1998	2002	2006
民族解放党	46	39.3	44.6	26.2	40.9
公民行动党	—	—	—	22.5	39.8
自由运动党	—	—	0.4	1.7	8.5
基督教社会团结党	50.2	37.8	47	38.6	3.5
其他	3.8	22.9	8.5	35.2	13.5
弃权率（%）	18.2	18.9	30	31.2	34.8

　* EIU, Country Profile 2008—Costa Rica, p.5.

　注：公民行动党2002年第一次参加总统选举；自由运动党1998年第一次参加总统选举。

二　工会组织

哥斯达黎加的工人运动起始于20世纪20年代末。当时，在利蒙地区美资公司的香蕉园里，工人们成立了第一个工会组织。但是由于哥斯达黎加最主要的社会阶层是一家一户的小农，因此长期以来工会运动发展缓慢，主要工会组织介绍如下。

哥斯达黎加民主工人联合会（**Confederación Costaricense de**

Trabajadores Democráticos，CCTD） 成立于 1943 年，最初名为莱隆—诺瓦隆工人联合会，1966 年改为现名。有会员 5 万人。受天主教影响较大，与民族解放党关系密切。主张国内工运团结，要求政府尊重工会自由，改善广大工人群众的劳动和生活条件。会刊是《战斗月刊》，发行 1.5 万份。下属工会有大西洋沿岸工人联合会、太平洋地区工人联合会、全国公共工程联合会、全国铁路工会联盟等。该工会是国际自由工联和美洲区域工人组织成员。

哥斯达黎加总工会（Confederación General de Trabajadores de Costa Rica，CGTC） 1953 年 9 月成立，会员主要是大香蕉园的工人，另外还有甘蔗、咖啡、纺织、冶金、印刷、建筑、食品、港口、铁路、运输等行业的工人。受人民先锋党和其他左派组织的影响，下辖联合会和基层工会。

哥斯达黎加工人中央工会（Central de Trabajadores Costaricenses，CTC） 1964 年成立，原称哥斯达黎加基督教工农联合会，1967 年改用现名。受基督教民主党控制，主张实行民主、不结盟、自治和统一的政策；要求实行土改，支持农民夺地斗争，反对一切外来干涉。下属有农民、社会保险、卫生、医务、管道、电力等工会组织。有会员 1.4 万人，是拉丁美洲工人中央工会成员。

三 主要政治人物

奥 **斯卡·阿里亚斯·桑切斯（Oscar Arias Sanchez）** 前总统。1940 年 9 月 13 日出生于埃雷迪亚市一个富裕的咖啡园主家庭。中学毕业后赴美国波士顿大学学习。回国后于 1961～1967 年在哥斯达黎加大学学习，获法学和经济学硕士学位。1967 年赴英国深造，先后在埃塞克斯大学和伦敦政治经济学院攻读，获政治学博士学位。阿里亚斯至少接受了 50 个荣誉学位，授予单位包括哈佛大学、普林斯顿大学、达特默思学院、欧

柏林学院、维克福里斯特大学、伊萨卡学院和华盛顿大学等。

1969 年回国后，阿里亚斯步入政坛。1979 年，出任民族解放党总书记。曾任中央银行董事会副主席、国家计划部部长。1985 年，阿里亚斯因善于处理经济事务而被民族解放党提名为总统候选人，并在次年的总统选举中，以 52.3% 比 45.8% 的得票率击败基督教社会团结党候选人。在他执政期间，哥斯达黎加经济结构发生了重大变化，从以传统的咖啡和香蕉等农产品为基础转变成以非传统农业（如鲜花和水果种植业以及旅游业）为重点。为了和平解决中美洲危机，他曾同中美洲各国总统多次会商，1987 年初提出一项新的《10 点和平建议》，即《阿里亚斯计划》；为了寻求支持，他曾出访西欧各国。在他的倡导和努力下，中美洲五国（尼加拉瓜、萨尔瓦多、哥斯达黎加、危地马拉和洪都拉斯）在 1987 年签署以《阿里亚斯计划》为基础的《中美洲建立稳定和持久和平的程序》（又称《中美洲和平协议》）和《第二个埃斯基普拉斯协议》，为实现中美洲地区的和平奠定了基础。阿里亚斯因此于 1987 年 10 月获诺贝尔和平奖。1988 年，阿里亚斯利用诺贝尔和平奖奖金设立了"阿里亚斯人类和平与进步基金会"。在该基金会的赞助下，成立了三个中心：以促进妇女在中美洲社会的所有部门拥有平等机会为目的的"人类进步中心"、促进拉美慈善事业发展的"有组织的参与中心"以及促进发展中国家非军事化和以解决冲突为主要目的的"和平与和解中心"。

2003 年 4 月，哥斯达黎加修宪成功，规定总统和议员在卸任 8 年后可以再次参加竞选。据此，2006 年 2 月 5 日，阿里亚斯再次作为民族解放党候选人参选，以 40.92% 的得票率战胜公民行动党候选人奥通·索利斯·法亚斯，第二次当选总统。阿里亚斯支持美国—中美洲—多米尼加自由贸易协定，但他批评和谴责美国发动对伊拉克的战争。2007 年 6 月 1 日，阿里亚斯总统宣布哥斯达黎加与我国台湾当局结束邦交，与中国大陆建交，使哥斯达黎加成为中华人民共和国的第167个建交国。2007年10月，阿里亚斯总统对中国进行国事访问。2010年5月8日，阿里亚斯卸任总统职务，宣布退出公共视线，投身其创办的和平与争端解决基金会等私人事务。

阿里亚斯总统著述甚多，主要有《哥斯达黎加社会经济与政治未来》《谁统治哥斯达黎加》等。

劳拉·钦奇利亚（Laura Chinchilla） 现任总统，2010年5月8日宣誓就职，任期4年。1959年3月28日出生于哥斯达黎加首都圣何塞。1994年，担任公共安全部副部长，并于1996年成为该国首位女公共安全部长。2002年，钦奇利亚当选议员。2006年，钦奇利亚曾出任哥斯达黎加副总统，2008年10月辞职。2010年2月代表民族解放党参加总统竞选，以绝对优势打败对手，成为该国历史上第一位女总统。钦奇利亚在就职演说中表示，将全心全意履行总统职责，将哥斯达黎加建设成一个更加安定繁荣、更加贴近自然、环保和可持续发展的国家。新政府将以"谦恭、诚实、坚定"的姿态治理国家，更加注重集体参与而非个人专断，努力推进公共卫生、教育事业发展，完善住房建设，关心儿童老人弱势群体，注重社会公平。她向公众承诺新政府的第一要务是扭转社会治安恶化局面，维护社会安定，其次是刺激经济，增加就业。

第五节 军队与警察

48年内战结束后，执政委员会废除了军队。在贝拉维斯塔兵营举行的仪式上，菲格雷斯总统亲自举起长锤，砸破了象征哥斯达黎加军队精神的城墙。废除军队被正式写进1949年宪法。1949年宪法第12条规定，禁止设置常备军；

为警戒和维持公共秩序，应拥有必要的警察部队。如非处于大陆协定或国防之需，不得组建军事力量；在任何情况下，军队应始终服从文人政权；不得以个人或集体的形式议政和发表政见或其他声明。1986 年，阿里亚斯总统宣布 12 月 1 日为军队废除日（Día de la Abolición del Ejército）。1948 年废除军队至今，哥斯达黎加再没发生内战。

废除军队之后，哥斯达黎加保留了一支公共安全部队，主体是 1500 人的国民警卫队，负责维持秩序、预防和侦破犯罪、街道公路巡逻和交通管理。1955 年，在尼加拉瓜索摩查政府的支持下，前总统卡尔德隆·瓜迪亚率领反叛分子入侵。菲格雷斯总统积极备战，把国民警卫队人数增加到 4000 人，并成立了一支由 1 万人组成的预备役部队。在冲突中，约有 9800 名国民警卫队成员被送往前线。后经美洲国家组织的调停，双方停火，菲格雷斯总统随后减少国民警卫队规模，停止对预备役部队的训练。

哥斯达黎加 1970 年建立了农村援助警卫队，代替原来的财政和别墅村庄保护警卫队。1995 年，将原来归属政府和警察部的农村援助警卫队转归公共安全部管辖。同年年中，政府和警察部与公共安全部合并成公共安全部。1996 年，哥斯达黎加对公共安全部队进行整编，把原来作为独立实体存在的国民警卫队、农村援助警卫队统一由公共安全部管理，以地域为基础分别执行地面安全、执法、反毒和边境巡逻功能。2000 年建立了海岸警卫队，负责海事监管。至此，哥斯达黎加组成了由国民警卫队、海岸警卫队、农村援助警卫队组成的武装力量，归公共安全部管理和指挥。其总人数 2007 年为 9000 人，其中海岸警卫队 2500 人，国民警卫队 4500 人，农村援助警卫队 2000 人。① 警卫队的

---

① The International Institute for Strategic Studies, The Military Balance, 2008. http://www.iiss.org/publications/military-balance/

组织结构和官衔都效仿军队，主要装备靠美国军队帮助，许多警官曾去美国接受训练。警卫队的基本组织是连，每个连 80～359人不等。大约有一半的兵力驻扎在首都，另有一支无线电巡逻队协助其工作。除公共安全部队之外，哥斯达黎加还设立一支小规模的特种部队——特殊干预部队（Unidad Especial de Intervencion，UEI）负责情报和安全，直接对总统负责。

除一般警察职责外，农村援助警察还具有司法权，如对违反警察法的人进行审判，并执行判决。在偏远的乡村，农村援助警察是唯一的政府代理人，他们是群众纠纷的调停人，政府信息的传播者，有时还负责发送邮件和电报。海岸警卫队担负边防安全保卫职责，负责哥斯达黎加所属的海洋水域安全，尤其是太平洋沿岸，此外，还负责打击毒品犯罪。

宪法规定，总统为武装力量最高统帅，公共安全部是国家最高军事行政机关。总统通过公共安全部长对全国武装力量实施领导和指挥。

第四章

经　济

第一节　经济发展简史

一　殖民地时期

当殖民者踏上哥斯达黎加时，这里的印第安人主要以狩猎和打鱼为生，也种植玉米、丝兰、棉花、扁豆、烟草、可可等作物，但是耕种方式十分原始。有的印第安人驯养貘和野猪等动物。一些能工巧匠会制造陶器、雕琢石块以及用棉花织布匹。他们还会冶炼黄金和铜，制成精巧的器皿和装饰品。在一些地区贸易十分活跃，人们通常进行以物易物的交易。

西班牙人到达哥斯达黎加后，强占印第安人的土地，实行封建的监护征赋制，把印第安人连同土地授予在征服战争中有功的西班牙军官，供他们奴役。在殖民者的残酷奴役下，印第安人数量迅速减少，到1611年只有不到一半的土著人生存下来。由于这里没有发现丰富的金银矿，也没有太多的印第安人可以奴役，西班牙人不得不到中部高原的盆地，建立小田庄，自己种地，生产自己所需的产品。他们在当地繁殖牛、羊、猪、马，种植玉米、小麦、烟草、可可和蔬菜。由于这种小农经济只能自给自足，以至于哥斯达黎加的外贸活动很少，仅与邻国巴拿马有少量贸易往来。

二 独立后至二战时期

独立以后，哥斯达黎加逐渐改变了殖民地时期封闭落后的局面。这个时期，哥斯达黎加逐渐发展成一个放任自由的、由私人部门占主导地位、主要依赖咖啡和香蕉等少数农产品出口的出口导向型国家。其出口部门的生产活动主要依赖外资。外资在农、牧、矿、交通运输以及通信等方面均占主导地位。咖啡和香蕉的生产和出口、铁路、有轨电车、航空服务、电话和电力输送都是由外国公司控制。

在独立后的一段时期内，咖啡种植和加工是哥斯达黎加最主要的经济部门。利蒙港至首都圣何塞之间的铁路通车后，香蕉成为另一主要经济作物。19世纪末至20世纪初，哥斯达黎加的香蕉业发展迅猛，从1880年出口360串增至1903年的50万串，1913年进一步增至1117万串，成为主要的香蕉出口国之一，出口额达365.5万美元，超过洪都拉斯，居世界第一位。[①] 20世纪20年代末30年代初，受世界经济危机和病虫害的影响，香蕉出口大幅减少。直至1938年在太平洋沿岸南部开辟了新的香蕉园，香蕉业才重新振兴。虽然香蕉在经济中的地位越来越高，但是咖啡仍占最重要的地位。1890~1935年，咖啡种植面积增加了一倍。

独立后，哥斯达黎加主要贸易出口国是英国。1880~1930年，随着联合果品公司的建立，美国在哥斯达黎加对外贸易中的地位提升，逐渐成为哥斯达黎加最主要的贸易伙伴。1945年哥斯达黎加贸易的85%是与美国进行的。利蒙港一直是哥斯达黎加最主要的外贸港口，因为这里与咖啡、香蕉等产地有铁路连接，与主要国际市场的距离较近，港口条件优良、设施比较先进。在咖啡和香蕉出口迅速增长的同时，进口也同步增长。进口

---

① 李春辉著《拉丁美洲史稿》（下册），商务印书馆，1983，第465页。

产品主要是小麦等基本食品和工业品。

从 20 世纪初起，哥斯达黎加工业得到初步发展，可以生产香烟、火柴、鞋、砖块、肥皂等产品，制糖业等农产品加工业也得到发展。与传统的家庭手工作坊不同，这些工厂雇用工人，并在一定程度上实现了机械化。

哥斯达黎加在独立后很长的一段时期，小农经济占主要地位。随着咖啡生产和出口贸易的增长，大土地所有制逐渐得到发展，政府迎合大地主和资产阶级的愿望，将国家所掌握的可耕地，不加限制地低价出售，使大量土地落入大地主手中。

三　二战结束至 20 世纪 80 年代

战后初期，哥斯达黎加经济还相当落后，其特点是农牧业部门为经济和社会发展的发动机。农业部门吸收的劳动力占经济自立人口的 55%，农牧业用地占国土面积的 30%。主要产品咖啡和香蕉产值占国内生产总值的 40%，其出口额占出口总额的 90%。农业出口模式的局限性及对外的脆弱性，使政府开始考虑对经济发展模式进行彻底的改变。

1948 年内战结束和 1949 年宪法颁布后，哥斯达黎加开始改变以私人部门为主导的经济发展模式。政府不断加强对经济部门的干预力度，而且利用国有资本建立了一些公共企业，有目的地推进进口替代工业化和农牧业生产的现代化。建立这一模式的主要目的是：力争通过发展本国工业，建立具有先进技术的企业来提高劳动生产率、就业率、工资水平以及人民收入，最终改善人民生活，减少贫困和改善收入分配；通过发展工业来促进初级产品的生产和出口，增进工业制成品的出口，降低经济对外部的依赖性。从 50 年代起，政府逐步把银行、电力、铁路等收归国有，并通过国有银行为各经济部门的发展筹集资金。在税收和价格政策方面，鼓励发展新的经济部门。政府还通过制定经济计划来指导各部门的发展，1963 年成立了经济计划委员会。1962 年哥斯达黎加加入中美洲共同市场，由此吸引大量外国投资并扩大了产品的市场。

20 世纪 60 年代，哥斯达黎加经济发展进入黄金时期。60 年代以前，哥斯达黎加的工业主要是以咖啡和蔗糖加工为主，许多企业实际上只是家庭小作坊。60 年代以后，出现了机械制造、炼油、化肥等一些大中型企业，原有的纺织、家具、运输以及建筑材料等企业也得到了新发展。在国家各项政策的鼓励下，哥斯达黎加经济得到了空前的发展，1965～1973 年工业年增长率高达 9.4%，工业产值在国内生产总值中的比重从 16% 增长到 20%。从 70 年代到 80 年代初，虽然速度有所放慢，但是仍保持增长势头。工业部门吸收的劳动力占就业总人数的比重从 1963 年的 12% 增至 1978 年的 15%。经济取得长足发展的同时，社会方面也有了很大变化，国家注重教育和卫生方面的投资，使之在拉美居领先地位。另外到 60 年代末哥斯达黎加拥有了广泛的国内外通信网络，并建立了与国际市场接轨的海、陆、空交通基础设施。

尽管如此，哥斯达黎加实行进口替代模式的初衷并没有实现，工业的发展并没有改变农产品和初级产品出口为主的经济结构。进口替代工业化发展仍然依赖初级产品出口，而这些产品出口经常受国际市场需求起落和价格变动的影响，出口收入极不稳定；与此同时，一些工业部门（如化工和机械制造）需要进口大量的原料和资本货。在这种情况下，不仅依赖咖啡、香蕉等少数农产品的经济结构没有得到根本改变，而且由于外贸结构的不合理，对外部门的赤字逐年上升。

四　20 世纪 80 年代的哥斯达黎加经济

20 世纪 80 年代初，哥斯达黎加爆发了前所未有的债务危机。1981 年外债相当于国内生产总值的 57%，外债还本付息占贸易出口额的 35%，人均外债负担高达 1200 美

元。1981年哥斯达黎加政府单方面宣布延缓偿付外债的期限，成为最早陷入外债危机的拉美国家之一。与拉美大多数国家类似，哥斯达黎加这次危机的外部因素主要有：70年代国际市场上两次石油危机的冲击；世界经济衰退以及随之而来的外贸条件恶化；70年代末爆发的中美洲动乱，使区内贸易减少。内部因素主要是长期实行进口替代工业化发展模式，导致贸易赤字长年居高不下，被迫依靠公共债务和外资来弥补。随着第二次石油危机爆发和西方国家经济衰退，哥主要出口产品价格下跌，而国际金融市场上利率不断上升，导致国际收支严重恶化，国际储备几乎发生亏损，外债激增，且外债结构发生变化，超短期外债比重增加。再加上20世纪70年代末到80年代初，工业增长放缓，农业连续两年减产，经济雪上加霜。1980年8月至1982年5月不到两年的时间里，哥货币贬值近600%，物价飞涨，通货膨胀加剧，人民生活水平显著下降，工人实际收入下降近45%；失业率急剧增加，达到了9.5%。物价上涨、工资水平降低及失业率增高，使得哥斯达黎加人满足食品等生活必需品费用占平均工资的比重从1980年的60%增至1982年的86%。

1982年5月，路易斯·阿尔贝托·蒙赫宣誓就任总统。新政府上台后，着手稳定经济，制定了一项经济调整计划：在稳定价格和汇率方面，通过政府的干预规范外汇市场；在财政收支方面，通过提高公共服务价格和冻结公共部门就业等措施，增收节支，减少赤字；为了鼓励国内需求，政府确定了工资调整制度，提高实际工资水平，以增强国内购买力；为减少通货膨胀压力，实行了紧缩的货币和贷款政策。在一些国际组织的支持下，哥政府的这些调整措施在不长的时间里起到了积极的作用，经济不稳定因素减少，投资者信心有所恢复，财政赤字占国内生产总值的比重从1981年的14%下降到1984年的2.5%，实际工资在1983年增长了20%，1984年又增长了近10%，实际利率也恢复到正常水平，人民生活水平有所提高。

在实行稳定措施的同时，政府还积极与国际金融组织和债权国就重新安排外债进行谈判。1982 年年底，哥政府与国际货币基金组织签署协议，获得 1 亿美元的援助，同时承诺使公共部门赤字占国内生产总值的比重从 1982 年的 9.5% 降至 1983 年的 4.5%，到 1983 年底统一汇率并实行浮动汇率制、调整利率、建立新的工资制度，重新审定鼓励出口和保护本国生产的政策等。这些谈判使哥斯达黎加恢复了与国际金融机构的关系，缓解了外债的压力。

1986 年奥斯卡·阿里亚斯政府上台后，把政府经济工作的重点放在调整经济结构、推动对外开放方面。哥斯达黎加经济开始从传统的以咖啡和香蕉等少数几个农牧产品为基础向非传统农业和旅游业为基础转变，继续放宽对经济的限制，对外开放市场。哥斯达黎加经济逐渐走出了低谷。1989 年非传统产品出口收入首次超过传统产品出口收入，占出口总额的 51%。[①]

五　20 世纪 90 年代以来的哥斯达黎加经济

20 世纪 90 年代，哥斯达黎加政府加大改革开放力度，继续实行经济结构的优化调整。1990 年出台的《国家经济结构调整计划》，其目标就是实现从传统经济向多元化经济的转变，使生态旅游业、高科技和信息技术行业成为国民经济的重要支柱，改变过去依靠少数农牧产品的局面，提高经济竞争力。90 年代后半期，哥政府以提高就业率、保持经济增长以及与世界经济中最有活力的部门相结合作为经济发展的目标。由于地理位置优越、政局长期稳定、吸引外资条件优厚以及劳动力素

---

① 李明德主编《简明拉丁美洲百科全书》，中国社会科学出版社，2001，第636 页。

质较高，许多国际知名的高新技术企业到哥斯达黎加投资建厂。
1997 年美国英特尔（Intel）公司在哥斯达黎加建立了一家 6 万
平方米的奔腾微处理器装配及调试厂，次年即投产并开始出口。

20 世纪末，哥斯达黎加经济面貌发生重大变化：进出口增
长迅速，商品与劳务贸易占 GDP 的比重从 80 年代的 60% 增至
90% 以上；非传统产品出口持续增长，制造业产品（如纺织品、
电子产品和制药业）和非传统农产品（如水果、蔬菜、装饰性
植物、鲜花、调料等）的出口额占总出口额的比重，1993 年已
经达到了 53.3%；同年，旅游业所挣的外汇已经超过了咖啡和
香蕉的总和；外国投资总额增长迅速，到 1999 年底达到 6 亿美
元。GDP 一直保持较高的速度增长。1997 ~ 1999 年，拉美多数
国家在东南亚金融危机和巴西金融动荡的影响下出现不同程度的
经济滑坡，而哥斯达黎加经济仍实现了 5.6%、8.4% 和 8.4% 的
高增长。事实证明，经过独立后近 200 年的发展，哥斯达黎加已
经由一个依赖少数几个农产品出口为主的农业国转变成一个拥有
发达的制造业和服务业的经济多样化国家，经济已经进入了以高
新技术产品出口以及旅游业为导向的发展新阶段。

2000 年和 2001 年，受美国经济持续走低及世界经济增长减速的
影响，哥斯达黎加经济低迷，GDP 增长率分别只有 1.8% 和 1.1%。
2002 年后，世界经济逐渐复苏，哥斯达黎加经济快速回升，2003 ~
2007 年，GDP 增长率分别是 6.4%、4.3%、5.9%、8.8% 和 7.8%，
同期人均 GDP 增长率为 4.4%、2.4%、4.0%、6.9% 和 6.0%。[①]
自 2005 年以来，由于资本支出减少和收入增加，政府财政状况
得到明显改善，2007 年实现了 1957 年以来的首次盈余（见本章
第五节"财政与金融"）。

---

① CEPAL, Economic Survey of Latin America and the Caribbean, 2008 – 2009,
pp. 56 – 57.

2008 年，美国次贷危机及其引发的全球性金融危机严重恶化了哥斯达黎加国民经济发展的外部环境，使延续了 5 年的经济增长轨迹发生变化。2008 年 GDP 总值为 296.63 亿美元，年增长率为 2.6%。货物贸易、制造业、旅游业和建筑业都受到了世界金融危机的影响。2009 年，阿里亚斯政府制定紧急经济刺激和社会保护计划——"盾牌计划（Plan Escudo）"。千方百计使世界经济衰退对本国经济的影响降至最低。该计划主要内容涉及家庭、劳动者、企业和金融等 4 个方面。（1）家庭方面。社会保险中养老保险等增加 15%；对全国最不发达的村镇儿童提供食品；实施扩大教育的"前进计划"，为全国 15 万名青年颁发奖学金；无房户的住房基金增加到 500 万科郎，以使这些家庭有能力建房；为低中收入的家庭提供住房贷款；降低公交车费。（2）劳动者和就业方面。尝试新的工作方式，推行在电脑上办公和不坐班工作；推动企业减少工作时间，由两个工人共同做一份工作，每人做一半，领一半的薪水，以避免其中的一个人失业；要求企业减少管理层工资，而不是裁减一般工人；推动修改劳工法，实行每周 4 天工作制，保障支付最低工资；增加基础设施建设的投资；修改法律，对失业人员的健康保险从原 3 个月延长到 6 个月。（3）企业方面。支持中小企业发展，向农民、手工业者、奶农等发放 2227 亿科郎贷款；要求国有银行重新安排企业债务；公共部门缩短公共采购商品货款的支付期限；修改免税区法。（4）金融方面。强化国家金融体系，推动立法，使国有银行和私人银行一样也有权签订借款合同；中央银行向美洲开发银行借款 5 亿美元，以提高其对其他国家银行的金融支持能力。尽管如此，2009 年 GDP 仍出现了 1.2% 的负增长，人均 GDP 负增长 2.5%。①

---

① CEPAL, Balance preliminar de las economías de América Latina y el Caribe 2009, Diciembre 2009.

表 4 – 1　哥斯达黎加主要经济部门产值

（以 2000 年不变价格计算）

单位：百万美元

年　　份	1995	2000	2004	2005	2006	2007
农业（包括林业和渔业）	1166.8	1372.7	1456.3	1518.2	1707.4	1829
采矿业	20.4	24.0	27.7	29.8	37.5	36.6
制造业	2520.0	3677.2	3896.8	4316.4	4765.1	5074.4
能源（包括电、气和水）	278.6	370.7	447.6	473.9	502.8	508.9
建筑业	557.5	585.5	734.6	732.9	866.4	1060.3
批发零售、宾馆酒吧和餐馆	2348.6	2793.7	3107.1	3233.6	3397.4	3624.9
交通通信和仓储业	832.4	1220.0	1901.5	2084.5	2303.7	2490.8
金融、保险、房地产和商业	1416.7	1847.9	2360.9	2488.5	2738.8	3029.4
社区、社会和个人劳务	2730.0	3139.4	3445.6	3560.4	3658.8	3776.7
GDP	12536.4	15946.6	18400	19484.9	21202.3	22755.9

资料来源：CEPAL, Anuario estadístico de América Latina y el Caribe, 2008。

第二节　农业

一　概况

20 世纪 60 年代以来，农业在经济中的比重逐步缩小。1995 年农业产值在 GDP 中的比重为 17.5%，2006 年进一步下降为 9.9%。2005 年，农业部门的劳动力占总就业人口的 14.7%，2007 年降至 12.7%。

哥斯达黎加传统农产品是香蕉、咖啡、蔗糖和牛肉。近年来，非传统产品重要性逐步提高，主要有鱼和贝类、鲜花、观赏植物以及菠萝、甜瓜等热带水果。哥斯达黎加是仅次于巴西的世界第二大柑橘类水果生产国，橙子种植园主要分布在北部哥—尼边境地带。菠萝种植区主要分布在中南部地区，蕨类植物和鲜花种植区主要在中央谷底北部和西北部地区。西瓜是另一个主要的出口农产品，主要在太平洋沿岸地区种植。哥斯达黎加的粮食生产不能满足国内需求，每年需大量进口。可耕地面积在过去的10年里只有少量增加。

二 种植业

（一）香蕉种植业

哥斯达黎加是仅次于厄瓜多尔的世界第二大香蕉生产国和出口国，出口量占世界出口总量的 20% 左右。1997 年香蕉种植面积 4.9 万多公顷，产量 193 万吨，绝大部分出口到美国和欧洲，出口额占外汇收入的 1/3 以上。从事香蕉种植的劳动力占经济自立人口的 8%。1997 年以后，国际市场香蕉价格下跌，哥斯达黎加香蕉的种植和加工业面临困境。2002 年以来，香蕉价格重新上涨，哥斯达黎加香蕉业有所复苏。2003 ~ 2005 年，产量分别为 186.3 万吨、186.3 万吨和 222 万吨。[1] 2007 年，香蕉出口占传统产品出口收入的 67%。受国际金融危机和气候异常的不利影响，2009 年前 8 个月，香蕉出口下降至 3.84 亿美元，同比下降 12.7%。[2]

哥斯达黎加的香蕉种植已有 100 多年历史。香蕉种植园主要分布大西洋沿岸低地地区、太平洋沿岸南部地区以及北部地区。这些地区气候炎热，雨量充沛，土地肥沃，非常适合香蕉生长。香蕉的种植、加工、销售主要由外国公司控制。目前在哥斯达黎

---

[1] 《世界经济年鉴（2007/2008）》，《世界经济年鉴》编辑部，经济科学出版社，2008，第 203 页。

[2] 中华人民共和国驻哥斯达黎加共和国大使馆经济商务参赞处，http://cr. mofcom. gov. cn/aarticle/jmxw/200909/20090906542307. html。

加经营香蕉业的外国公司主要有奇基塔（Chiquita）、德蒙特（Del Monte）、标准果品（Standard Fruit）和都乐（Dole）。美国奇基塔公司的前身是赫赫有名的联合果品公司，70年代改名为联合商标公司，1990年改名为奇基塔国际商标公司。目前，该公司年出口香蕉总额为1.45亿美元左右，大约占哥斯达黎加香蕉出口的24%。哥斯达黎加用于国内消费的香蕉主要是不能满足出口质量标准而淘汰下来的。

（二）咖啡种植业

咖啡是哥斯达黎加重要的传统农产品，被称为"绿色金子"。1797年，咖啡被引进哥斯达黎加，19世纪20年代初开始大力培植，1835年开始向国外出口。在随后的半个世纪内，哥斯达黎加咖啡生产和出口不断扩大，逐渐成为主要经济作物和出口产品。20世纪60年代咖啡出口额占本国出口总额的比重仍高达53.9%。90年代以后，政府致力于实现经济的多样化，咖啡出口比重才逐年下降，1999年占出口总额的比重为4.4%，但依然是仅次于香蕉的第二大出口农产品。21世纪初，由于全球产量增加，国际市场价格长期低迷，哥斯达黎加咖啡产量有所下降，2003年为13.23万吨，2004年和2005年均为12.6万吨。[1] 2005~2007年，在国际市场价格上涨的推动及政府鼓励下，咖啡出口额有一定增长。2009年，受国际金融危机的负面影响，前8个月咖啡出口下降至2.08亿美元，同比下降26.2%。[2]

在哥斯达黎加，咖啡种植业主要由10公顷左右的中小型农场经营。但哥斯达黎加是世界上咖啡种植技术最高，土地生产率最高的国家。早在20世纪50年代，政府就在主产区中部高原地区鼓励使用肥料、除草剂、杀菌剂和杀虫剂，实施浇灌和排水技

---

[1] 《世界经济年鉴（2007/2008）》，第203页。

[2] http://cr.mofcom.gov.cn/aarticle/jmxw/200909/20090906542307.html

术，更换咖啡树品种。目前，该国生产高质量的阿拉比卡咖啡
（Arabica）。咖啡园主要分布在中部高原，这里土地肥沃，气候
温和，降雨量充沛，土壤和气候条件非常适宜种植咖啡。驱车在
中部高原的环山公路上，经常能看见山坡上大片整齐排列的咖啡
园。咖啡树最高有 3 米多，每年雨季时节开白色的花，到了旱季
时，果实开始成熟，咖啡园中一串串红宝石般的小果点缀在万绿
丛中，非常好看。

咖啡是哥斯达黎加人民生活中不可或缺的必需品，为了保证
咖啡的生产和出口，政府采取了各种措施来解决咖啡生产以及加
工行业中出现的问题。全国合作促进局（Instituto Nacional de
Fomento Cooperativo，Infocoop）是咖啡生产及加工的管理和监督机
构。哥斯达黎加是国际咖啡生产国联合会和国际咖啡组织的会员国。

（三）甘蔗种植业

蔗糖是哥斯达黎加的重要农产品，甘蔗的种植比咖啡还要
早。2003～2005 年，甘蔗产量分别为 395.9 万吨、394.5 万吨和
394.5 万吨。[①] 蔗糖主要供国内消费，出口较少。除直接食用外，
蔗糖还是生产罐头、巧克力、酒精和白酒的重要原料。

（四）粮食作物

哥斯达黎加粮食不能自给自足。稻谷是哥斯达黎加最主要的
粮食品种，每月平均消费量在 1.86 万吨左右。2003～2005 年，
稻米产量分别为 21.48 万吨、22.21 万吨和 22.21 万吨。目前哥
50% 的大米需要进口，年进口量约为 22.33 万吨，主要进口来源
是美国。其他粮食作物，如大豆、玉米和小麦也需要大量进口。
为了保障粮食安全，2008 年 5 月 8 日，哥政府宣布实施国家食
品计划，通过增加基本粮食产量的办法来应对可能发生的粮食危
机。此项粮食计划的目标是在 2 到 3 年，把稻谷的种植面积从

---

① 《世界经济年鉴（2007/2008）》，第 203 页。

4.8 万公顷增加到 7 万公顷，把玉米种植面积从 6000 公顷增加到 2 万公顷，把黑豆的种植面积从 1 万公顷增加到 2.4 万公顷；到 2010 年国内 80% 的稻米消费以及 70% 的黑豆和玉米消费实现自给自足。为达到此目标，哥政府将斥资 8800 万美元扩大农业保险覆盖面以减少中小农业生产者的播种风险，放宽中小农业生产者的银行贷款限制以方便其购买现代化生产设备，并帮助农业生产者以优惠价格购买种子、化肥等生产资料并以合理的市场价格销售其生产的农产品。① 经过一年的努力，国家食品计划获得明显进展，2008 年稻谷种植面积比上年增加 1 万公顷，达到 5.813 万公顷。②

三　畜牧业

畜牧业曾在农业中占重要地位。20 世纪 60 年代，养牛业占农业生产的 10% ~11%，牛肉和活牲畜是第三大出口创汇来源。20 世纪 70 年代中期至 80 年代初，畜牧业有较大发展，1975 年牲畜存栏数曾达到：牛 172 万头、猪 28 万头。80 年代初牛的存栏数曾达到 250 万头。牛肉是哥斯达黎加人非常喜爱的肉类，据统计，80 年代初，人年均消费牛肉为 15 ~ 16 公斤。③ 95% 的肉向美国出口。20 世纪 90 年代以来，美国市场肉类价格下降，导致哥斯达黎加牲畜存栏数大幅度下降，1988 ~2000 年菜牛下降了 37.4%，奶牛下降的幅度更大。2001 年和 2002 年，牛的存栏数分别为 129 万头和 115 万头，猪的存栏数从 52.5 万头降到 50 万头。④ 养牛业主要集中在瓜纳卡斯特省北部、阿拉胡埃拉省圣卡洛斯地区，这些地区牧草覆盖率为 50% ~70%。

---

① http://cr. mofcom. gov. cn/aarticle/jmxw/200812/20081205925363. html
② http://news. xinhuanet. com/newscenter/2008 – 05/09/content_ 8137118. htm
③ Harold D. Nelson，*Costa Rica*，*A Country Study*，p. 53.
④ 联合国粮农组织。

奶制品生产集中在中央高原和中央火山山脉的山麓，产品自给有余，每年都有奶粉、奶酪和消毒牛奶出口。从 1996 年以来，哥斯达黎加牛奶产量持续增长，到 2002 年产量已达 7.66 亿升，平均每年递增 3900 万升。在上述产量中，6% 用于出口，其余均为内销。哥斯达黎加和乌拉圭是拉美国家中仅有的牛奶和奶制品可以完全自给的国家。据哥斯达黎加牛奶生产者协会公布的数字，人均牛奶年消费量 2000 年为 182 公斤，2001 年为 184 公斤，2002 年为 190 公斤，2003 年增至 193 公斤。奶牛生产主要以私人养殖为主，还有一部分合作养殖场。最著名的奶制品生产企业"双松"（DOS PINOS）合作社，最初由 15 个个体奶牛养殖场合作而成，如今已发展成该国最大的奶制品联合体，其牛奶、奶制品产量占全国的 80% 以上，并已经进入墨西哥、中美洲和加勒比市场。[①]

四 林业

哥斯达黎加是中美洲地区最大的木材生产国，也是中美洲地区最大的林产品进口国。原木、薪材、木浆、木质板材和纸张等林产品的生产和消费逐年增加。制材业在木材工业中占主导地位，它所加工的木材大约占工业用材的 90%，而人造板工业所用的木材仅占 10%，纤维板和造纸工业所需的木材微乎其微。

五 渔业

哥斯达黎加东部和西部分别面临加勒比海和太平洋，有漫长的海岸线和辽阔的海域，发展渔业有着得天独厚的优越条件。特别是在太平洋沿岸，海产资源丰富，主要有沙丁鱼、金枪鱼、鲨鱼、虾和贝类。渔产品除供国内消费外，还大量

---

① http：//www.shagri.org.cn/ReadNews.asp? NewsID = 1231

出口。近年来，水产养殖业兴起，近90％的养殖渔产品出口到美国，3％出口到欧盟。

罗非鱼是产量最大的水产品，产地集中在西北部地区。据哥斯达黎加生产部的统计数据，2005年罗非鱼产量为1.7万吨，超过虾、鳟鱼和龙虾等传统水产品。近年来，罗非鱼年均出口额为2000万美元，主要为生鲜冷藏切片。由于重视卫生检疫、提高养殖技术，哥斯达黎加生产的罗非鱼日益受到美国消费者的青睐。哥斯达黎加已成为美国罗非鱼的第三大供应国，仅次于厄瓜多尔和洪都拉斯。[①]

与其他许多拉美国家一样，哥斯达黎加曾宣布12海里领海权。1948年，政府规定200海里之内的沿海水域属于专属捕鱼区。1972年2月，捕鱼区扩大到专属经济区，共60万平方公里的海域，外国船只到哥斯达黎加专属经济区内捕鱼必须事先申报。[②] 2001年底哥斯达黎加颁布《新渔业法》，规定获得哥斯达黎加渔业和水产协会捕鱼许可证的任何人都可在哥斯达黎加领海捕鱼；未经该机构许可，任何外国船只不能在领海捕鱼；外国金枪鱼渔船经许可后，可以在哥经济专属区内进行捕鱼作业；在太平洋沿海的商业性捕虾权只授予哥斯达黎加人。

近10年来因过度捕捞，哥斯达黎加水域鲨鱼族群量锐减60％。针对这一现象，2003年，制定了关于渔船捕鲨割鳍的管制措施，规定从事商业渔业及渔货运输的外国或本国船舶，捕捞及使用任何种类鲨鱼及其鱼鳍者，欲卸下鲨鱼鳍时应依下述程序进行：船长应通知船主预定抵港时间及鲨鱼捕获数量；渔船卸下鲨鱼鳍时，应由渔业与水产养殖管理局委托的哥斯达黎加生物学家协会指派渔事管理人，亲临现场监督检查。

---

① http：//www.psagri.gov.cn/detail.asp? pubID=206839&page=165
② Harold D. Nelson，*Costa Rica：A Country Study*，p.156.

第三节 工业

一 制造业

哥斯达黎加是中美洲工业化程度最高的国家。2006 年,制造业占国内生产总值的比重为 24.2%。80% 的工业企业集中在中部高原,其次为沿海地区。

哥斯达黎加的工业化始于 20 世纪 60 年代。60 年代以前加工业以食品加工、酒类、卷烟、纺织品、肥皂、木器为主,大都为家庭个体所有,规模很小。60 和 70 年代,在政府的鼓励下,制造业增长迅猛,建立了一些新兴工业,如炼油、轮胎、化肥、塑料、机械制造以及一些家电和汽车的装配业。60 年代工业年均增长率曾达到 9.2%[①],是国民经济发展最快的部门,大大超过了国内生产总值的增长率。制造业占 GDP 的比重从 60 年代的 11.1%,增至 1970 年的 15.1% 和 1979 年的 18.1%。80 年代由于外债危机和中美洲地区政治危机,制造业发展受到极大制约,向中美洲共同市场的出口一蹶不振。从 80 年代中期起,在美国的"加勒比盆地计划"的帮助下,增加了向美国的出口。90 年代初,随着中美洲危机的平息,各国致力于经济建设,给哥斯达黎加制成品出口创造了新的机会,制造业再次成为快速发展的经济部门,其中增长最快的部门是食品加工、化工、纺织以及机器制造。1994 年,哥斯达黎加和墨西哥签署自由贸易协定,大大促进了对墨出口贸易。1995 年,政府决定建立客户工业区,吸引对制造业的投资。客户工业可以享受许多优惠政策,产品既可出口,也可在国内销售。

---

① 拉美经委会:《1980 年拉美和加勒比经济统计年鉴》。

哥斯达黎加制造业以集成电路、电器零件、医疗器械、塑料制品等产品为主，技术含量、附加值较高；其次是食品加工、制药、化工、纺织和金属加工业。美国英特尔公司落户后，微处理器的生产成为哥斯达黎加最大的制造业部门，2006 年其产值占GDP 的 4.9%，出口额占出口总额的 20%。[①] 英特尔公司的投资鼓励了其他外国高科技企业进驻哥斯达黎加，著名的有美国生产医疗设备的名牌企业雅培（Abbott）和巴克斯特（Baxter）。高科技制造业的落户激励着政府继续提升科技教育水准和发展信息产业。目前，哥斯达黎加共有信息产业企业 500 余家，从业人员 3 万人。[②]

近年来，国内保护主义减弱，但是不能享受保税区优惠政策的国内制造企业强烈抵制完全的关税自由化措施。2006 年哥斯达黎加制造业产值占 GDP 的 24.2%。2007 年制造业产值同比增长 5.7%。2008 年制造业产品出口总额为 3.37 亿美元。

二 矿业

矿业在独立初期的经济发展中曾起过重要作用，但是随着咖啡和香蕉种植业的兴起，其作用和地位下降。19 世纪末和 20 世纪初，金银采矿业曾得到发展，但 1929 年全球经济危机爆发及矿产资源的耗尽，导致采矿业陷入危机。20 世纪 80 年代以来矿业产值占 GDP 的比重一直不到 1%，矿业对就业和出口的贡献也都不大。2005～2007 年，哥斯达黎加矿业产值（按 2000 年不变价格计算）分别为 2980 万美元、3750 万美元和 3660 万美元。[③]

---

① Intel fabrica el procesador "más veloz del mundo en Costa Rica", http：//www. lavanguardia. es/premium/publica/publica? COMPID = 53410660334&ID_PAGINA = 22088&ID_ FORMATO = 9&turbourl = false

② 中华人民共和国驻哥斯达黎加共和国大使馆经济商务参赞处网站。

③ CEPAL，Anuario estadístico de América Latina y el Caribe，2008.

哥斯达黎加矿产资源匮乏，主要有金、银、铁、锰、铝土、硫黄、石油等。除金银外，大都没有开采。铝土储藏量约为 1.5 亿吨，主要分布在将军谷地区。20 世纪 60 年代美国铝矿公司曾进行开采，但是由于群众的抗议以及粮食和住房价格上涨，政府被迫将铝矿收归国有，后因开采成本过高而放弃。英国地质调查局对哥斯达黎加的非金属矿产量进行了勘察，发现石灰岩、硅藻土储藏量丰富。已探明石灰岩的储藏量超过 5.32 亿吨，主要分布在尼科亚海湾北部。石灰岩有不同的种类，其中观赏岩石和二氧化硅的分布比较广泛。斑岩铜矿储藏量也较丰富，主要分布在南部的塔拉曼卡山区。该地区交通极为不便，且铜矿主要分布在国家公园内，因此没有得到充分开采和利用。另外，哥斯达黎加还有小规模的、未进行开采的煤矿。

二战后，哥斯达黎加政府对矿业活动进行了较多的限制。1953 年颁布的矿业法几乎不鼓励大力发展矿业。1982 年，议会颁布法案，鼓励对矿产资源进行勘探和开采。该法案一方面重新确认了矿产资源是国家财产，另一方面规定国内外的企业和个人都可以通过特许权的形式获得矿产资源的勘探和开采权。但是外国企业必须与政府合资，且获得议会通过。还规定，碳氢化合物和放射性矿产资源只能由国家进行开采。

1982 年的矿业法存在一些法律漏洞，导致矿产资源流失较大，事故较多，矿业部门的腐败现象也较严重。为进一步理顺矿产资源开采市场，杜绝腐败现象，提高采矿业的安全系数和生产效益，2001 年政府又颁布了新的矿业法，废除了一些苛捐杂税，放宽了法律限制，加强对矿业生产的管理。新矿业法规定：采矿单位从开始规划到开采的各个步骤，都必须把环境保护、防止污染等内容纳入计划；对于没有环保规划的开采单位，有关部门必须加以治理；手工开采量，必须严格限制在日均产量 1 立方米以下，超过该开采量的作业必须采用机械作业；经核准的手工作

业，必须符合矿业法有关安全、环保、投资、采后处理等规定；在紧急情况下，政府有权直接参与私营采矿部门的营救和管理工作。新矿业法还扩大了地方政府对当地矿产资源开采进行监督的权限，规定了中央和地方矿业部门之间的协调机制，明确了矿产资源开采权的审批和转让手续等一些技术性问题。

帕切科政府时期，又通过了一项法案，宣布露天采矿为非法。这一法案引起了一些采矿企业的抗议。经最高法院裁决，两家外国公司贝拉维斯塔公司（Bellavista）和拉斯克鲁西塔斯（Las Crucitas）公司可以不受该法限制继续露天开采作业。

2001 年哥斯达黎加矿产品产量：水泥 110 万吨、普通黏土岩 42 万吨、砂岩 330 万吨、石灰岩 90 万吨。[①] 2001 年进行开采的矿产品还有硅藻土、石灰、浮石、银、海盐、碎石、沙子和砾石。除了黏土和石灰用于出口之外，大部分矿产品用于国内消费。

早在殖民时期，金、银矿就一直被开采。近年来一些已被遗弃或采尽的金矿又引起了矿产公司的兴趣。在北部边境地区也发现了新的金矿，并随即掀起了勘探热。目前仅有外国公司（主要是加拿大和美国的公司）在接近地表、无需大量投资的少数几个金银矿开采。

三　建筑业

建筑业的增长受到其他经济部门发展状况和决策的影响。1991 年建筑业占 GDP 的比重为 3.8%，2003 年为 3.9%。2002 年以来建筑业增长稳定，2002～2007 年平均增长率为 5.5%。利率下降以及国内信贷条件好转进一步促进了2007 年建筑行业的兴盛，产值达到了历史最高值 10.6 亿美元。[②]

① http://www.nationsencyclopedia.com/Americas/Costa-Rica-MINING.html

② CEPAL, Anuario estadístico de América Latina y el Caribe, 2008.

但是，2008 年和 2009 年，建筑业受到世界经济减速的直接影响，产值下降。近年来，旅游业的发展带动了建筑业，尤其是在沿海地区。建筑业的发展主要依靠外国直接投资。

四　能源

（一）电力

哥斯达黎加水力资源丰富，1889 年在圣何塞西北部的阿诺诺斯（Anonos）河上修建了第一个水电站，当时装机容量为 600 千瓦。20 世纪 20 年代末，为首都供电的是三家私人发电站，总装机容量为 7500 千瓦；1941 年，这三家发电站合并成立国家电力和照明公司。1949 年，哥斯达黎加电力局成立时，发电总量达到了 36673 千瓦时。1967 年，电力和照明公司实现国有化，国家电力局购买了其所有股份。80 年代初，国家电力局垄断全国电力供应。1995 年议会通过允许私人部门和外国公司投资电力部门的法案，放宽了对私人投资比例的限制。到 2001 年，水力发电占发电总量的 82%，私人发电厂占总装机容量的 10.4%、总发电量的 14.7%。

目前，哥斯达黎加能源主要依靠电力。早在 1884 年，在圣何塞的阿兰胡埃斯（Aranjuez）区就首次实现供电。主要的水力发电站有 1958 年建于塔尔科莱斯河上的加里塔（Garita）水电站，装机容量为 3 万千瓦；1963 年建于雷文塔松河上的马乔河（Rio Macho）水电站，装机容量为 12 万千瓦；1966 年同样建于雷文塔松河上的卡奇（Cahi）水电站，装机容量为 10.08 万千瓦；1979 年建于阿雷纳尔河上的阿雷纳尔水电站，装机容量为 15.7 万千瓦。[①] 该国最大的水力发电站是位于中部地区的安古斯图拉水力发电站（Angostura），建于 2000 年。

---

① Harold D. Nelson, *Costa Rica*, *A Country Study*, pp. 164 – 165.

近年来，国家注重开发一些火山周围的地热资源，米拉瓦耶斯火山附近已经修建了多个地热发电厂。使地热发电量占发电总量的比重有所提高。太阳能主要用于水电成本较高的边远地区。在一些农村，太阳能炉的使用比较广泛。哥斯达黎加也利用风能发电。风力的潜能相当于美国加利福尼亚，1996 年哥斯达黎加第一台风力涡轮机在蒂拉兰安装试用，但是事实证明成本高昂，效率很低，其发电能力只能为 78 个家庭提供电力资源。

（二）石油

哥斯达黎加的石油矿藏被认为没有开采价值，石油主要依靠进口。20 世纪 70 年代原油进口量稳步增长，由 350 万桶增加到 1978 年的 650 万桶，1981 年因债务危机减少到 470 万桶。石油进口额从 1973 年的 0.27 亿美元增加到 1978 年的 1.07 亿美元和 1980 年的 2.05 亿美元。2005 年底，哥斯达黎加的石油进口额为 10 亿美元左右。

1967 年，美国联合化学公司（Allied Chemical Company）投资兴建的哥斯达黎加炼油厂成立，日产量 8000 桶。20 世纪 70 年代初，该厂被国有化，成为哥斯达黎加国家石油公司（RECOPE）的附属公司，日产量 80 年代初为 1 万桶，90 年代初提高到 1.56 万桶，到 2009 年达到 2 万桶左右。2009 年 9 月，哥斯达黎加国家石油公司与中国石油天然气集团公司签署合作协议，将共同出资组建一家新的合资公司，负责哥斯达黎加炼油厂的改扩建工程。该项目总投资将达到 10 亿美元，炼油厂改造后的生产能力将从目前日均 2 万桶左右提高到 6 万桶。[①]

1991 年议会通过法律允许外国公司在石油和煤矿部门投资。进口石油是由墨西哥和委内瑞拉根据《圣何塞条约》按优惠价

---

① 张源培，"哥斯达黎加批准中石油投资扩建哥炼油厂"，新华社圣何塞 2009 年 9 月 3 日电。

格提供的。从利蒙到首都圣何塞、阿拉胡埃拉和卡塔戈建有总长
225 公里的输油管道。

（三）生物能源

进入 21 世纪，为应对国际石油价格居高不下的紧急形势，
减少石油进口和温室气体排放，改善环境，哥斯达黎加政府推出
了生物燃料发展计划。首先是在中美洲率先积极推广车用乙醇汽
油，2006 年 2 月在太平洋沿岸部分地区开始试点，2007 年发布
无水燃料乙醇及其与汽油的混合物的规范。此外，2007 年哥政
府宣布努力建设绿色经济、到 2021 年成为碳中和国家的计划；
2009 年 2 月至 3 月期间，哥斯达黎加国家石油公司（RECOPE）
在未通知最终用户的情况下，对所销售的汽油共添加了 3000 万
升乙醇，以减少石油成本以及原油储存量消耗。[①] 除了积极发展
乙醇燃料之外，哥斯达黎加还积极促进生物柴油的生产。2006
年 8 月 31 日，中美洲首家生物柴油厂——哥斯达黎加生物降解
能源公司正式建成投产，月生产能力为 300 万升。

第四节　交通与通信

多年来，哥斯达黎加交通运输系统因投资不足而恶化。
城市人口增加、旅游业和出口部门的发展都对基础设
施提出了严峻挑战。

一　公路

哥斯达黎加最主要的交通运输手段是公路，网络密集，
遍及全国。全国公路总长约 35332 公里，其中 49%
是沥青路。中央高原及其周围山区有良好的、现代化的公路网。

---

① http：//cr. mofcom. gov. cn/aarticle/jmxw/200904/20090406207685. html

高质量的高速公路连接着中央高原地区与太平洋沿岸的蓬塔雷纳斯港、卡尔德拉港、克波斯港以及加勒比海沿岸的利蒙港。泛美公路是一系列二级公路的主干道，就像一条脊椎纵贯南北，使哥斯达黎加与巴拿马、尼加拉瓜紧密相连。泛美公路由公共建设工程和交通部直接管理，地方公路系统由县政府负责管理。1998年4月，政府成立了全国公路网委员会，负责修缮道路，资金来源主要是燃料消费税。

根据官方的统计数据，2006年，全国共有汽车101.38万辆，比上年增长了6.5%。[1] 由于交通量不断增加，一些主要城市的交通堵塞问题日益严重，路况恶化。

二　铁路

20世纪80年代之前，哥斯达黎加铁路客运与货运服务由大西洋铁路公司和太平洋电气化铁路公司这两家国有铁路公司运营。前者主要运营中央谷地和利蒙港之间的铁路线，后者运营首都圣何塞至蓬塔雷纳斯之间的电气化铁路。1977年以后，两家公司都归哥斯达黎加铁路局控制。到1980年，大西洋铁路公司拥有从中央谷地到利蒙港将近220公里的铁路主干线，以及利蒙省加勒比海沿岸香蕉生产区约250公里的支线，年货运量为120万吨左右。该铁路线主要用于出口香蕉，基本上不赢利。1980年，太平洋电气化铁路公司共有144公里铁路线，一直赢利。这条线是由政府出资修建的，于1910年10月通车，1930年4月实现电气化。70年代末80年代初，太平洋电气化铁路公司年平均运货量为50万吨，其中80%是从彭塔雷纳斯向东运输，主要运输货物包括谷物、化肥、钢管、汽车以及卡车零部件。除了哥斯达黎加铁路局控制的两家国有铁路公司外，哥斯达

---

① EIU, Country Profile 2008—Costa Rica, p. 18.

黎加还有两家私人铁路公司：运营蓬塔雷纳斯省南部地区全长约250公里铁路线的南方铁路公司；另一家私营铁路公司则运营从巴拿马边境通往利蒙港的一小段铁路线。

随着汽车拥有量增长及公路网的延伸，铁路在公共交通运输系统中的地位逐渐降低。1980年，因经济原因从利蒙港到潘多拉（Pandora）长达150公里的铁路线被废弃。

哥斯达黎加铁路总长440公里，由国家铁路局运营。由于缺乏投资和年久失修，自1995年起铁路基本处于停运状态，只承接少量货运及从圣何塞至莫印的客运。2005年，圣何塞至周边城市的铁路恢复运营，但是设备老化，客运量很小，处于亏损状态。

为了满足不断增加的需求，2009年哥斯达黎加政府启动城市间铁路建设计划，计划建设连接首都圣何塞到埃雷迪亚、卡塔戈、阿拉胡埃拉等三大城市之间的铁路。该铁路网的建设预计需要6年时间，投资总额2700万美元（不包括购买火车和线路电气化费用）。与此同时，哥斯达黎加政府将投资1亿美元修建圣何塞到埃雷迪亚之间的电气化铁路。修建铁路的投资款项来源于泛美开发银行的8.5亿美元贷款，除此之外，中标企业还将投资2.45亿美元购买火车，对铁路进行电气化改造，并将经营35年。该计划完成后，哥斯达黎加铁路运输的局面将大大改善。[①]

三 航空

哥斯达黎加国内航空事业的发展始于1939年，到20世纪70年代初航空运输成为连接中央谷地和其他地区的重要交通手段。但是由于人口高度集中在中央高原地区，国内航空运输业的发展受到极大限制。哥斯达黎加主要有两家航空公司，一家是哥斯达黎加航空公司（LACSA），另一家是国家航空服务公

---

① http://cr.mofcom.gov.cn/aarticle/sqfb/200909/20090906527681.html

司（SANSA）。它们共同经营着10条国内航线和15条国际航线。

1980年，全国共有173个飞机场，其中27个拥有沥青跑道，6个有混凝土跑道，140个是砾石跑道或碎石跑道。国有机场只有47个，私人机场94个。

目前，哥斯达黎加有4个国际机场，最主要的有3个，它们是胡安·桑塔马利亚国际机场、丹尼尔·奥杜维尔国际机场和托比亚斯·博拉尼奥斯国际机场。胡安·桑塔马利亚国际机场位于阿拉胡埃拉附近、距圣何塞西北18公里处，年平均客运量为330万人次。2001年5月该机场的运营权以20年的期限转让给美国一家从事建筑业的私人公司贝克特尔（Bachtel）。阿里亚斯政府上台后，计划把胡安·桑塔马利亚国际机场升级为中美洲地区的国际航空枢纽，到2010年实现客容量翻一番，但是这一计划因合同问题而耽搁。丹尼尔·奥杜维尔机场，以前总统奥杜维尔（1974~1978）的名字命名，位于瓜纳卡斯特附近的利韦里亚，距离首都圣何塞217公里。机场靠近北部太平洋沿岸，可以为前往太平洋沿岸海滩的游客提供便捷的出行。为了使该机场充分发挥这一优势，2006年上台的阿里亚斯政府投资1900万美元修建了新的客运枢纽。托比亚斯·博拉尼奥斯国际机场位于圣何塞西北部的帕瓦斯区，距离圣何塞市区8公里，与胡安·桑塔马利亚国际机场相距11公里。2008年通过该机场到达哥斯达黎加的外国游客只有3536人次。[①]

四 港口

哥斯达黎加有4个主要港口：位于加勒比海沿岸的利蒙港、莫印港和位于太平洋沿岸的蓬塔雷纳斯港和卡尔

---

① 哥斯达黎加旅游局网站 http://www.visitcostarica.com/ict/backoffice/treeDoc/files/0FC3_ Anuario% 20de% 20Turismo% 202008.pdf

德拉港。利蒙港和莫印港的货物吞吐量为 990 万吨，占全国的 65%，通过这两个港口出口的商品有香蕉、咖啡、蔬菜、新鲜水果、纺织品等，主要进口商品为纸、钢材、纺织品、化学制品、树脂、肥料、油和润滑剂、汽车及其零配件等。两个港口由大西洋沿岸港口管理和经济发展委员会管理。

目前，哥斯达黎加主要港口基础设施老化、管理水平低、经营效率低，每吨货运的成本是大部分中美洲国家港口的 2 倍，严重影响了国际贸易和旅游业的发展。2006 年阿里亚斯政府上台后，对主要港口实施私有化，把卡尔德拉港口的经营权转让给了一家由哥伦比亚和哥斯达黎加合资的财团，期限 20 年。转让后，集装箱吞吐量翻了一番。按照合同规定，该财团还将出资修建一座新的散装货物运输枢纽。2009 年 9 月政府还计划对莫印和利蒙实施改造和扩建工程，并修建一座新超大型港口。

五　通信

哥斯达黎加通信业发达，拥有数字电话系统，可向世界大多数地方直拨电话。固定电话线路的密集程度高于其他拉美国家。2007 年，每千人拥有固定电话 321 部，移动电话 412 部，每 100 分钟移动电话收费金额为 7.72 美元，移动电话花费占个人收入比为 0.1%。2005 年，约 17% 的家庭能上网，约 40 万人能在工作时上网，全国约有 700 多家咖啡网吧。哥斯达黎加是电子商务使用最普遍的中美洲国家。[①]

长期以来，电信市场由哥斯达黎加电力局（管理固定电话和移动电话业务）和国有的公共互联网公司垄断。2008 年 6 月

[①]　http：//www.micit.go.cr/indicadores/pdf/indicadores_cyt_2006_2007.pdf

初，阿里亚斯总统正式签署《电信总法》，允许民营企业进入电信市场，提供移动电话服务和网络服务，并规定了电信市场有序渐进开放以及市场公平竞争的细则。这标志着哥斯达黎加电力局59年来在电信行业的国有垄断被打破，该国电信业开始迈出市场化的第一步。2009年1月，哥斯达黎加电信监管局（Superintendencia de Telecomunicaciones，SUTEL）成立，负责监督和管理电信、国际互联网市场对私人开放进程（不包括固定电话）。2009年6月，哥斯达黎加电信监管局开始发放数据传输服务许可，获得批准的公司可以提供数据传输、IP电话、互联网服务、即时通信服务、网络监控、电话预付费服务、电视会议、有线电视、私人虚拟网络服务等，期限10年。此外，移动电话市场也将根据约定的时间于2010年向私人开放。

第五节　财政与金融

一　财政

斯达黎加宪法规定，公共财政由财政部负责制定，立法大会批准，总审计局监督。预算以一年为期，财政年度自1月1日至12月31日。

20世纪50年代以来，哥斯达黎加政府财政多为赤字，控制预算赤字是经济政策的最大挑战之一。80年代以后，政府主要运用国内债务来弥补不断扩大的财政赤字。1997年以后，哥斯达黎加经济恢复增长，再加上政府紧缩公共开支，财政赤字占GDP的比重逐年下降，由2002年的4%降至2005年的1.6%。2006年，强劲的经济增长推动了税收的增加，再加上资本支出减少，财政赤字占GDP的比重减少到0.7%。

　　2007 年，政府财政状况进一步好转，政府财政收入 105
亿美元，支出 103 亿美元，实现盈余 1.74 亿美元，占 2007 年
哥国内生产总值的 0.65%。这是自 1957 年以来哥财政首次出
现盈余。财政收入主要来源为关税、所得税和销售税；主要财
政支出为人员工资、养老金、高等教育投入、中央财政向地方
拨款和基础设施建设等。2007 年政府债务降至国内生产总值
的 43%，好于往年的 50%。政府财政状况的好转得益于增加
税收计划的执行，其中海关监管信息技术计划的实施发挥了极
其重要的作用。2005 年，纳税人数为 35.6 万人，2007 年则为
40.2 万人。[①]

　　2008 年，受美国金融危机和全球经济放缓的影响，哥斯达
黎加财政盈余减少，其占 GDP 的比重由 2007 年的 0.65% 下降为
0.3%。2009 年，哥财政由盈余转为赤字，财政赤字相当于 GDP
的 3.8%。财政收入比 2008 年减少 9.5%，而财政支出却增加了
15.6%。[②] 主要原因有如下几点。（1）2009 年 1 月 1 日起美
国—中美洲—多米尼加自由贸易协定在哥斯达黎加生效，对从
协定签字国进口的 80% 的产品实行零关税，导致关税收入下
降。（2）其他财政收入减少。由于经济放缓，国内需求下降，
销售税、消费税等税收减少。（3）政府财政支出增加。2009
年前 9 个月政府财政支出为 1.9 万亿科郎，同比增加 20.8%，
主要用于债务利息、公共教育等。如向高等教育基金（FEES）
的拨款比 2008 年增加 54%；基础设施建设项目支出增加，如
国家公路委员会（CONAVI）的预算拨款占 2009 年预算总额
的 29%。[③]

---

①　http：//www. smes-tp. com/Article_ Show. asp? ArticleID = 40813

②　CEPAL, *Balance preliminar de las economías de América Latina y el caribe 2009*,
　　Diciembre 2009.

③　EIU, Country Report—Costa Rica, March 2009, p. 12.

表 4 - 2 2006~2008 年中央政府财政状况

单位：%

年　份	2006	2007	2008
总收入占 GDP 百分比	14.2	15.5	15.9
经常性收入占 GDP 百分比	14.2	15.5	15.9
资本收入占 GDP 的百分比	0.0	0.0	0.0
总支出占 GDP 的百分比	15.3	14.9	15.7
经常性支出占 GDP 的百分比	14.3	13.6	13.5
中央政府税收(包括社会保障)占 GDP 百分比	14.0	15.2	15.6
资本支出	0.9	1.3	2.2
利息占 GDP 百分比	3.8	3.1	2.2
中央政府公共债务总额占 GDP 的百分比	33.3	27.6	24.9

* 2008 年为初步数字。

资料来源：CEPAL, Economic Survey of Latin America and the Caribbean 2008 - 2009。

表 4 - 3 地方政府财政收支状况（占 GDP 的百分比,%）

年份	2000	2001	2002	2003	2004	2005	2006	2008
总收入	0.8	0.9	0.8	0.8	0.8	0.8	0.9	0.9
总支出	0.7	0.8	0.8	0.8	0.8	0.8	0.8	0.9
初级平衡	0.1	0.1	0.1	0.1	0.0	0.0	0.1	0.0
总平衡	0.1	0.0	0.0	0.1	0.0	- 0.1	0.0	0.0

* 2008 年为初步数字。

资料来源：CEPAL, Economic Survey of Latin America and the Caribbean 2008 - 2009。

二　金融

哥斯达黎加的金融体系包括中央银行、商业银行、工人银行、抵押银行、互助会、信用合作社、储蓄和贷款合作社、投资和退休基金、信托基金等。按照其所有制的性质可分为国有银行和私人银行两种。国有银行设储蓄保证金。私人银行没有存款保险。哥斯达黎加本地市场主要是短期贷款，这种贷款利息高、存贷款利率差较高。

中央银行根据 1950 年 1 月 28 日的 1130 号法令成立。1953 年 4 月 23 日颁布的《哥斯达黎加中央银行组织法》规定，中央银行的主要职责和功能是制定货币、信贷和外汇政策，控制货币流动性。金融监管总局（Superintendencia General de Entidades Financieras）确保央行各项政策的落实，并对所有金融进行监管。根据该总局报告，截至 2007 年底，金融机构总资产为 187.71 亿美元，其中国有银行资产总额 104.9 亿美元，占金融机构总资产的 55.9%。[1]

国有银行主要有哥斯达黎加银行、哥斯达黎加国家银行、卡塔戈农业信贷银行、哥斯达黎加国际银行等，在国民经济中起重要作用。

哥斯达黎加国家银行是根据宪法规定、具有行政独立性的自治机构。1914 年 10 月 9 日正式成立，原名哥斯达黎加国际银行，目的是促进农业和农村地区的发展。1936 年 11 月 5 日，改名哥斯达黎加国家银行，并从此成为一个在经济、社会和金融发展中起重要作用的金融机构。国家银行为个人、公司、企业、机构等提供全方位的金融服务，包括存款、贷款、股票、养老金、基金、网上缴费、房地产、投资等等。全国有 160 家分支机构，390 个自动取款机，还在中美洲国家（不包括巴拿马）、多米尼加共和国等国设立海外分支机构。该银行有 4700 多名员工，是哥斯达黎加最大的银行。目前拥有资产 21790 亿科郎。哥斯达黎加国家银行还拥有哥斯达黎加国际银行 49% 的股份。[2]

---

① http：//www. sugef. fi. cr/servocops/ducumentos/infgeneeral/memoria/2007/Memoria/Anual2007. PDF
② http：//www. bncr. fi. cr/BN/info. asp？c = bcacon

哥斯达黎加银行的前身是 1877 年成立的联合银行（Banco de la Union），1890 年改名为哥斯达黎加银行。它成立后的一段时间里，只办理存贷款业务、交易账户等。1896 年，该行成为本国唯一能发行货币的银行以及第一个国民收入管理银行。近年来，该银行致力于提高服务效率。现在，在全国各地都有它的分支机构。

主要的商业银行有：哥斯达黎加国泰银行（Banco Cathay de Costa Rica）、哥斯达黎加汇丰银行（HSBC Costa Rica）、第一银行（Banco Uno，由花旗银行控制）、圣何塞银行（BAC San José，通用电气资本公司所有）等等。近年来，私人银行业经历了调整和重组，从 1998 年的 26 家减少到 2007 年 9 月的 12 家，资产总额为 57.02 亿美元，占金融机构总资产的 30.4%。[①] 但是相对于国有银行，私人银行规模较小，其资产总额 92% 左右为主要来自中美洲、墨西哥和美国的外资所把持。一些较大的私人银行和外资银行提供范围广泛的国际业务，且可通过海外加盟公司和分支机构提供美元贷款服务。大部分离岸业务在巴哈马群岛、开曼群岛以及巴拿马进行。哥斯达黎加金融主管部门——金融监管总局并没有制定针对离岸分支机构的具体监管规则。为此，哥斯达黎加政府加强了与国际机构的合作，打击洗钱及与毒品有关的银行交易。

哥斯达黎加电子银行业务发展较快，服务项目包括账目收支、最新账户结算、相同银行内的转账、开立新账户、网上缴费。一些银行还可以办理不同银行之间的网上转账业务。一些银行的分行或联署银行可办理离岸业务。信用卡使用比较普遍，在商店、宾馆、超市以及大部分旅行社都可以使用，并可提供最优惠的汇

[①] http：//www. sugef. fi. cr/servocops/ducumentos/infgeneeral/memoria/2007/Memoria/Anual2007. PDF

率。信用卡卡号被盗的情况很少出现。在首都圣何塞使用自动取款机很方便，但只能取科郎。

哥斯达黎加有多家私人信贷公司、储蓄和贷款合作社、投资和退休基金公司。主要的证券交易所——国家证券交易所（Bolsa Nacional de Valores，BNV）成立于 1976 年，市场指数为 ALDESA。其他交易所还有哥斯达黎加电子证券交易所（Bolsa Electrónica de Valores de Costa Rica，BEVCR）和农牧产品交易所（Bolsa de Productos Agropecuarios）。农牧产品交易所成立于 1990 年，交易的产品包括咖啡、玉米、土豆和木材等。

三 货币和汇率

哥斯达黎加货币为科郎（Costa Rican Colon）。纸币的面值分别为 20（棕色）、500（紫色）、1000（红色）和 5000（蓝色）科郎，硬币币值为 1、5、10、25 和 100 科郎，进位换算制为 1 科郎 = 100 分。

1993~2006 年期间，哥斯达黎加实行爬行钉住汇率制度，规定科郎每日最少贬值限度，目的是保持出口竞争力。2006 年 10 月，哥斯达黎加对汇率制度进行了改革，实行一种介于固定汇率制与自由浮动汇率中间的更加灵活的带状汇率制度，允许汇率在一定的区间内浮动。银行和金融机构可以在外汇市场进行外汇交易，由中央银行设置汇率的上限和下限。2007 年，中央银行要求在外汇一级市场交易的商业银行采用二级市场汇率。2008 年，哥斯达黎加进一步开放了外汇市场，允许进出口商进行外汇一级市场交易。

2008 年平均汇率为 555.5 科郎兑 1 美元。2009 年第一季度平均汇率为 561.5 科郎兑 1 美元。[①]

---

① EIU, Country Report—Costa Rica, June 2009, p. 31.

哥斯达黎加货币科郎与其他国家货币的汇率变化如表 4 - 4
所示。

表 4 - 4   2003 ~ 2007 年汇率变化表

单位：科郎

年　份	2003	2004	2005	2006	2007	2008 *
美元	398.7	437.9	477.8	511.3	516.6	555.5
欧元	450.8	544.5	595.2	642.0	707.1	—
人民币	48.2	52.9	58.3	64.1	67.9	—
阿根廷比索	137.4	149.8	164.5	167.4	166.9	—

＊ EIU, Country Report——Costa Rica, June 2009, p.31.

数据来源：EIU, Country Profile 2008——Costa Rica, p.45.

第六节　对外经济关系

一　对外贸易

（一）对外贸易政策和改革

哥斯达黎加是一个经济高度依赖外贸的国家。20 世纪
60 和 70 年代，随着中美洲共同市场的成立和工业的
发展，哥斯达黎加出口增长迅速，1961 ~ 1970 年出口额年均增
长 10.6% ，1971 ~ 1980 年年均增长 15.8%。80 年代前半期，受
债务危机的影响出口几乎停滞。这一时期的主要贸易法规是
1964 年 5 月 27 日生效的《贸易法》，内容主要分为五部分。第
一部分主要对各类公司形式、管理方法等做了规定；第二部分对
义务及合同做了规定；第三部分对证券、汇票、背书、审计、支
票、信用证等方面内容做了规定；第四部分对公司破产、债权等
做了相关规定；第五部分对时效期做了规定。1972 年 12 月 22
日颁布了《出口促进法》。从 1985 年起，政府明确提出"面向

外部市场"的发展战略，放弃了实行多年的进口替代模式，鼓励出口，减少不利于出口的做法，使外贸逐步成为经济中最有活力的部门，年出口值从 1985 年的 9.76 亿美元增至 1990 年的 14.5 亿美元。1990 年在准备加入关贸总协定（GATT）时，政府加快了外贸改革进程：平均名义关税从（1989 年的 17% 降至 1994 年的 11.2%；取消进口押金、关税附加税和进出口许可的限制性规定；灵活管理程序、取消对非传统出口产品的资助准许；取消基本食品的官方价格和专项贸易协定制度；努力保护知识产权。）

哥斯达黎加加入 GATT 后，各届政府都采取了贸易自由化措施，取得明显进展。主要措施有以下几个方面。（1）单方面开放。减少对进口的限制，取消进口押金、开放资本项目，减少并逐步取消出口补贴、取消生产补贴、取消大部分出口税，颁布《促进竞争法》，取消所有进口的非关税壁垒和所有的出口许可，通过新的《公共部门采购法》，使政府采购程序合理化和简化等，实施《进口关税配额分配总法》。（2）参与中美洲一体化进程。中美洲共同市场占哥斯达黎加出口总额的 15% 和进口总额的 10% 左右。哥斯达黎加努力在中美洲一体化进程中担任重要角色，使其成为与世界接轨的一个舞台。为此，哥斯达黎加支持建立中美洲自由贸易区，并推动中美洲地区法律的改革和现代化，特别是关于中美洲内部贸易原产地原则、不正当竞争和保护原则问题。（3）签署自由贸易协定。相继与墨西哥、多米尼加共和国、智利和加拿大以及加勒比共同体签署了自由贸易协定。2004 年 1 月，哥斯达黎加与美国、多米尼加共和国、萨尔瓦多、危地马拉、洪都拉斯和尼加拉瓜等国家签署了美国—中美洲—多米尼加自由贸易协定。2007 年 10 月，该协定获得全民公决的通过。2009 年 1 月 1 日，协定正式生效。

（二）贸易构成

哥斯达黎加最主要的传统出口产品是咖啡、香蕉、可可，在第二次世界大战前曾占到出口总额的 85% ~ 95% 以上。战后，这一比重逐渐减少，1970 年咖啡和香蕉占出口总额的 60.5%，1980 年进一步降至 55.4%。与此同时，非传统产品的出口比重不断增加，1960 年只有 2.7%，1970 年上升至 25.4%，到 1980 年增至 42%。80 年代中期以后，哥斯达黎加利用本国的竞争优势，引进外资，鼓励工业品和高技术产品生产和出口。到 90 年代末，在哥斯达黎加的主要出口产品构成中，工业品居首位，占出口总额的 64.8%，其次是农产品，占 28.9%，牧业和渔业产品占 6.4%。[1] 1999 年，咖啡和香蕉出口额只占出口总额的 13.7%。[2]

根据哥斯达黎加中央银行的统计数据，2007 年出口总额为 93.5 亿美元，同比增长 14%。在出口产品中，制成品 18.89 亿美元，占出口总额的 20.3%；非传统农产品出口额 9.61 亿美元，占总额的 10.27%；香蕉和咖啡的出口额 9.29 亿美元，占出口总额的 9.92%。主要出口商品为加工制造产品、高科技产品、食品、塑料化工产品、植物花卉、咖啡、香蕉和菠萝等农产品。近几年哥服务贸易增长迅速，2007 年增长 17%，占国内生产总值的 6.1%，信息服务、企业服务和通信技术软件产品的出口大大增加。[3]

如表 4 - 6 所示，2003 年以后，哥斯达黎加进口增长较快。2007 年进口总额为 129.58 亿美元，同比增长 12.2%。主要进口产品中，中间产品 69.18 亿美元，占总额的 53.39%；消费品进口 24.43 亿美元，占 18.85%；资本货进口 20.76 亿美元，占 16.02%。

---

① www. procomer. com
② www. mideplan. go. cr
③ 哥斯达黎加中央银行。

表 4 - 5 2003 ~ 2007 年哥斯达黎加出口产品构成

单位：百万美元

年　份	2003	2004	2005	2006	2007
出口（离岸价格）					
制成品	1077.2	1208.1	1425.3	1648.4	1889.2
非传统农产品	596.1	671.6	771.5	904.1	960.7
香蕉	553.1	543.3	481.1	620.2	673.7
咖啡	193.6	197.6	232.7	225.8	254.9
出口总额（包括其他产品）	6102.2	6301.5	7026.4	8199.8	9352.7

资料来源：哥斯达黎加中央银行。

表 4 - 6 2003 ~ 2007 年哥斯达黎加进口商品构成

单位：百万美元

年　份	2003	2004	2005	2006	2007
进口（到岸价格）					
中间产品	4195.3	4700.5	5570.0	6653.6	6918.3
消费品	1369.8	1493.8	1663.1	1918.9	2443.1
资本货	1435.3	1266.1	1536.3	1679.6	2075.8
进口总额（包括其他商品）	7663.2	8268.0	9823.6	11546.7	12957.6

资料来源：哥斯达黎加中央银行。

美国是哥斯达黎加的主要贸易伙伴。在过去的 20 年里，美国一直是哥斯达黎加最大的出口市场和主要的进口来源，2007 年占哥进出口的比重分别是 38.6% 和 37.8%。欧盟是哥斯达黎加第二大出口市场，其次是中美洲。出口到中美洲国家的产品主要有粮食和药品。近年来，以上三大主要市场在哥斯达黎加总出口中的份额有所下降，主要原因是中国对微处理器和集成电路产品的需求旺盛，所占出口份额已从 2000 年的第 32 位提高到 2005 年的第 6 位。2003 ~ 2007 年，美国在哥出口中的份额从 49.3% 下降到

37.8%，而中国的份额由3.6%上升到15.1%；美国在哥进口中的份额由50.7%下降到38.6%，而中国由2.7%上升到6.4%。

（三）保税区

哥斯达黎加的出口状况与保税区有很大关系。保税区建于1990年，基础设施完善，服务到位，区内企业均可以享受一系列优惠措施，包括进口原材料和机器免税。90年代以后，哥斯达黎加政府积极利用本国劳动力素质相对较高的优势和保税区所提供的优惠财政政策来发展出口导向的高科技产业，保税区得到了快速发展。2007年商品出口额的54.2%来自于保税区。美国微处理器制造企业英特尔公司是首批进驻保税区的外资企业之一，带动许多外资企业尤其是高科技企业在哥斯达黎加投资建厂，主要是电子行业和制药业。2004~2007年，保税区商品出口额占总出口额的比重分别是51.4%、52.6%、52.6%和54.2%，主要出口商品为集成电路和微电子器材、微处理器、纺织品以及制药设备等。

表4-7　2003~2007年哥斯达黎加主要进出口国贸易比重

单位：%

年　份	2003	2004	2005	2006	2007
出口国					
美　　国	49.3	47.0	42.6	41.0	37.8
中　　国	3.6	4.8	10.4	13.2	15.1
荷　　兰	5.9	5.3	6.4	6.1	4.9
危地马拉	4.2	4.4	4.1	4.0	3.9
进口国					
美　　国	50.7	45.9	40.8	39.4	38.6
中　　国	2.7	4.0	4.8	5.4	6.4
墨　西　哥	4.9	5.1	4.8	5.0	5.7
日　　本	4.0	5.9	5.6	5.1	5.6

资料来源：哥斯达黎加外贸部。

表 4 – 8 2004 ~ 2007 年保税区出口（以离岸价格计算）

单位：百万美元

年 份	2004	2005	2006	2007
集成电路与微电子器材	253.0	803.0	1210.0	1419.0
微处理器	896.2	678.7	633.3	1015.4
纺织品	267.7	260.1	244.3	220.2
输血和输液设备	439.7	400.3	451.5	482.5
总额(包括保税区其他出口)	3241.7	3698.2	4314.2	5066.0
保税区出口占商品出口总额的百分比	51.4	52.6	52.6	54.2

资料来源：哥斯达黎加外贸促进委员会（Promotora del Comercio Exterior de Costa Rica, Procomer）；哥斯达黎加中央银行。

二 外国资本

20世纪 80 年代的债务危机以后，哥斯达黎加实行经济开放政策，对外国直接投资几乎不加限制。仅在某些战略部门，允许私人部门有限地参与。在外资的流动方面，外国资本、利息、利润、收益及版税的回报都可以自由在境内外流动，政府对外资参与任何形式的投资组合不设任何限制。1995 年的金融改革法案废除了美元出口收入必须在哥斯达黎加中央银行兑换的规定，各地的外币兑换所和银行都提供各种外币兑换业务。

20 世纪 90 年代以后外国直接投资快速扩张。2000 年，哥斯达黎加净外国投资总额为 4 亿美元，2004 年达到 7.33 亿美元。2007 年，哥吸收外资总额 18.8 亿美元，主要投资于工业、金融、旅游和不动产等领域。[1] 2009 年，外国直接投资总额为 14

---

[1] Cepal, Economic Survey of Latin America and the Caribbean, 2008 – 2009, p. 68.

亿美元，相比 2008 年的 20 亿美元有所减少，主要原因是流向建筑业和旅游业的外国直接投资减少。①

三 外债

19 87 年哥斯达黎加外债总额 46 亿美元，占 GDP 的比重超过了 100%。1990 年，哥斯达黎加利用布隆迪计划与债权人达成了债务重组协定。1995 年，外债总额下降到 32.59 亿美元，相当于 GDP 的 27.8%。联合国拉美经委会的统计数据显示，2008 年哥斯达黎加的外债总额为 90.82 亿美元，相当于 GDP 的 33%。由于偿还了部分到期债务本金，2009 年，哥斯达黎加外债相当于 GDP 的比重下降到 30%，比 2008 年下降了 3 个百分点。哥斯达黎加外债构成中，长期外债占 2/3 左右，短期外债占 1/3。

表 4 - 9　2000 ~ 2008 年哥斯达黎加债务状况

年　份	2000	2001	2002	2003	2004	2005	2006	2007	2008
外债总额（百万美元）	5307	5265	5310	5575	5710	6485	6994	8341	9082
外债总额占 GDP 的百分比（%）	33.3				30.7	32.6	31.0	31.8	33
国际债券发行量（百万美元）	250	250	250	490	310				
非金融公共部门债务占 GDP 的百分比（%）	41.8	43.2	45.1	45.6	46.9	42.9	38.4	31.9	29.9

* 2008 年为初步统计数字。

资料来源：Cepal, Economic Survey of Latin America and the Caribbean, 2008 - 2009, p. 68。

---

① Cepal, Balance preliminar de las economías de América Latina y el Caribe 2009, Diciembre 2009.

哥斯达黎加内债负担重，成本较高。1998 年以来，政府努力对部分内债进行重组，以较低的利率和较长的还款期限在国际资本市场上融资。1998 年中央银行在国际市场发行了 19.5 亿美元债券。2000~2004 年，哥斯达黎加国际市场债券的发行量分别为 2.5 亿美元、2.5 亿美元、2.5 亿美元、4.9 亿美元和 3.1 亿美元。2005~2007 年，政府在国际市场上没有发行任何债券。

四　国际储备

1999~2004 年之间，外汇储备相当于外债总额的 30% 左右。如表 4-10 所示，在经过 3 年出口强劲增长期之后，2007 年 12 月底净外汇储备达到了 41.14 亿美元，比上一年增长了 32.1%。2008 年外汇储备总额下降到 37.99 亿美元，2009 年第一季度回升到 41.67 亿美元。

表 4-10　2000~2008 年外汇储备

单位：百万美元

年　份	2000	2001	2002	2003	2004	2005	2006	2007	2008
总外汇储备（不包括黄金）	1318	1384	1502	1839	1922	2313	3115	4114	3799
增长率(%)	—	—	—	—	4.5	20.3	34.7	32.1	—

资料来源：Cepal, Economic Survey of Latin America and the Caribbean, 2008-2009。

第七节　旅游业

一　概况

旅游业是哥斯达黎加经济中增长最快、最具活力的部门之一，被称为"21 世纪的咖啡"。早在 20 世纪

70、80 年代，由于国内政局稳定，自然条件优越，哥斯达黎加就成了中美洲会议旅游的中心。80 年代以后，哥斯达黎加政府在充分利用自然资源的基础上，将环保和旅游有机结合，大力发展生态旅游业。20 世纪 90 年代初，政府意识到生态旅游业对本国经济的重要性，开始大规模建设宾馆、度假村、国家公园和自然保护区，生态旅游业迅速增长。哥斯达黎加生态旅游资源的分布、组合条件优越，可在短时间内领略多种类型的生态旅游区，如火山、原始热带雨林、国家公园、古运河河道、加勒比海绿海龟栖息地、生态观赏农业区等。在各种生态旅游区内，游客可以尽情地进行观光、自然探险、垂钓、观鸟和乘筏漂流等活动，因此哥斯达黎加被西方游客誉为"生态旅游的天堂"。

为促进旅游业发展，哥斯达黎加政府采取了许多措施。早在 1972 年就推出了"旅游申报"制度，规定饭店业主可向国家旅游局申请为其划定等级，参加"旅游申报"的饭店可享受减免税等多项优惠。为了吸引游客，哥斯达黎加国家旅游局与航空公司及旅游批发商共同实施了"联合宣传"，增加航班次数与航线。国家还通过投资和一系列财政刺激措施，支持开发高端海滩度假村旅游。2005 年，哥斯达黎加旅游业的年投资额达 4580 万科郎。针对世界性经济衰退的不利外部环境，2009 年政府宣布实施医学旅游战略，每年吸引 10 万人进入哥斯达黎加实施外科手术或医学治疗。此外，各个旅行社和旅游公司也采用各种手段进行宣传，例如推出了"树顶旅游"项目，组织游客搭乘缆车，从森林上方观看动植物；或把游客身体吊挂在绳索上，悬空下滑，感觉就像是纵跃于林间的人猿泰山；或在树顶平台上盖旅馆，让游客居住在树上，呼吸清新的空气，欣赏丛林风光。

在多方努力下，旅游业得到了快速发展，1986～1994 年，外国游客入境人数年均增长 14%。1995 年，旅游业成为哥斯达黎加最大的创汇部门。1999 年，旅游业外汇收入超过了香蕉、菠萝和咖啡外汇收入的总和，达到 10.36 亿美元。进入 21 世纪，旅游业增长的速度进一步加快。主要表现在以下几个方面。(1) 游客人数快速增长。2000 ~ 2007 年，外国游客人数年均增长 10.25%，2007 年外国游客人数比上一年增长 14.8%，总人数达 197.98 万。2008 年，虽受到美国次贷危机的影响，哥斯达黎加外国游客人数仍持续增长，达到了 208.92 万人的历史最高水平，比 2007 年增长了 5.5%。(2) 旅游业外汇收入持续增加，由 2001 年的 11.13 亿美元增加到 2007 年的 19.27 亿美元以及 2008 年的历史最高水平 21.44 亿美元。如表 4 – 11 所示，旅游业外汇收入占全年出口总额及占当年 GDP 的比重也持续增加。(3) 旅游业在创造就业方面的重要性也逐步上升。哥斯达黎加国家旅游局的数据统计，旅游业可提供 40 万个工作岗位，约占全国总人口的 10%。根据世界经济论坛 2009 年 3 月 4 日公布的旅游竞争力排行榜，哥斯达黎加在 133 个国家和地区中排名第 42 位，是拉丁美洲排名最靠前的国家。2007 年以来该国旅游业竞争力连续三年在拉美地区排名第一。①

　　2002 ~ 2008 年，哥斯达黎加游客来源地分布如表 4 – 12 所示。与 90 年代初相比，进入 21 世纪哥斯达黎加旅游业客源的地理分布发生了变化。90 年代初，近一半的外国游客来自中美洲国家。如 1990 年，来自中美洲的游客为 12.6 万人次，占外国游客总人次的 46%；来自美国、加拿大等北美洲的游客为 8.86 万人次，占总人次的 31%。到 2000 年，以上情况发生了变化，来自北美洲的游客大大超过了中美洲。2000 年，来自中美洲的游客为 18.2 万人次，占总人数的 22%，而来自北美洲的游客为

---

① 张源培："哥斯达黎加旅游竞争力连续 3 年拉美第一"，新华网圣何塞 2009 年 3 月 4 日专电。

表 4 – 11   2001～2008 年哥斯达黎加旅游业收入与
GDP 出口总额的百分比

单位：%

年　份	2001	2002	2003	2004	2005	2006	2007	2008
旅游业收入占GDP的百分比	6.8	6.5	7.0	7.5	8.0	7.3	7.4	7.2
旅游业收入占出口总额的百分比	22.2	20.9	20.1	22.1	22.8	19.9	20.8	22.7

资料来源：哥斯达黎加旅游局网站。

http：//www. visitcostarica. com/ict/backoffice/treeDoc/files/0FC3 ＿ Anuario％ 20de％ 20Turismo％ 202008. pdf

表 4 – 12   2002～2008 年到达的外国游客人数（按地区）

单位：人次

年　份	2002	2003	2004	2005	2006	2007	2008
北美洲	509253	611520	754982	895370	875959	953812	976561
中美洲	320615	312936	359979	415464	478147	592840	648586
加勒比地区	8836	9639	11696	12412	11935	15129	15289
南美洲	88805	83736	87127	88394	90906	108770	114111
欧洲	157990	192099	208222	232889	234681	271631	289379
亚洲－中东地区	—	—	—	—	25217	28203	29989
非洲	—	—	—	—	1204	1621	1852
其他地区	—	—	—	—	7212	7783	12407
总人数	1113359	1237948	1452926	1679051	1725261	1979789	2088174

说明：表中 2002～2005 年，亚洲－中东、非洲及其他地区未分区统计人数，但也包括在总人数中。

资料来源：http：//www. visitcostarica. com/ict/backoffice/treeDoc/files/0FC3 ＿ Anuario％ 20de％ 20Turismo％ 202008. pdf。

42.9 万人次，占总人次的比重大大增加为 53％ 。[①] 2008 年，在所有的外国游客中，来自北美洲的游客最多，占总人次的

① 陈久和：《生态旅游业与可持续发展研究——以美洲哥斯达黎加为例》，《绍兴文理学院学报》2002 年第 2 期，第 71 页。

46.74%；其次为中美洲，占 31.05%；欧洲占 13.85%；南美洲占 5.46%；亚洲和中东占 1.43%；加勒比占 0.73%。按照来源国来说，分别是美国占 38.6%、尼加拉瓜占 21.8%、加拿大占 5.2%。中国与哥斯达黎加建交后，赴哥旅游的中国游客大大增加，2008 年，中国大陆游客达到了 2992 人次，来自中国台湾省的游客为 2673 人次。[①]

表 4－13 2008 年外国游客主要来源国

主要来源国							
序号	来源国	游客人数	占总数的比例（%）	序号	来源国	游客人数	占总数的比例（%）
1	美 国	807162	38.6	11	法 国	34662	1.7
2	尼加拉瓜	455412	21.8	12	哥伦比亚	33644	1.6
3	加 拿 大	109854	5.2	13	洪都拉斯	32550	1.6
4	巴 拿 马	72855	3.5	14	荷 兰	30615	1.5
5	墨 西 哥	59545	2.9	15	委内瑞拉	20506	1.0
6	西 班 牙	54029	2.6	16	阿 根 廷	19522	0.9
7	萨尔瓦多	46837	2.2	17	意 大 利	18944	0.9
8	德 国	44705	2.1	18	瑞 士	12958	0.6
9	危地马拉	40840	2.0	19	巴 西	12340	0.6
10	英 国	40250	1.9	20	以 色 列	10419	0.5
主要来源地区							
1	北 美 洲	976561	46.7	3	欧 洲	289379	13.9
2	中 美 洲	648585	31.0	4	南 美 洲	114111	5.5

资料来源：哥斯达黎加旅游局网站 http://www.visitcostarica.com/ict/backoffice/treeDoc/files/0FC3_ Anuario%20de%20Turismo%202008.pdf。

---

① http://www.visitcostarica.com/ict/backoffice/treeDoc/files/0FC3 _ Anuario%20de%20Turismo%202008.pdf

2009年，受经济危机的影响，哥斯达黎加旅游业不景气，游客人数和旅店入住率均有下降。截至2009年3月，哥斯达黎加共有2574家注册酒店和旅社，其中80%为小型酒店或旅店，中型和大型酒店分别占15%和5%。据中美洲经济一体化银行公布的统计数据，2009年前5个月，哥斯达黎加酒店入住率与酒店收入分别下降25%和26%，成为中美洲各国中降幅最大的国家。2009年上半年，赴哥斯达黎加旅游者人数共减少13.2万人次，同比减少近12%。[①] 统计显示，2008年平均每个游客在哥斯达黎加的停留时间10天，花费1040美元左右。而2009年，游客停留时间不仅缩短至9.5天，消费也减至855美元。受国际金融和经济危机影响，预计2009年哥斯达黎加接待游客总量将比2008年减少18万人左右，为190万人次，旅游收入为16.3亿美元。旅游业的不景气也影响了哥斯达黎加的就业。2009年7月，已有4100人失业。[②]

哥斯达黎加传统的旅游旺季是"旱季"，即当地人所谓的"夏季"，时间是从11月到第二年的3月，这时正是北半球的冬季。第二个旅游旺季是北半球夏季的7、8月，即哥斯达黎加的"雨季"，当地人称之为"冬季"，此时所有的植物都绿意盎然，景色迷人。

二 主要旅游城市

（一）首都圣何塞

首都圣何塞位于中部高原的山谷内，海拔1172米，是中美洲最高的首都。东部、北部和西北部分别有3432米高的伊拉苏火山、2906米高的巴尔瓦火山和2705米高的

---

① http：//cr. mofcom. gov. cn/aarticle/jmxw/200908/20090806479038. html
② http：//cr. mofcom. gov. cn/aarticle/jmxw/200910/20091006584967. html

波阿斯火山。全年气候温和，平均气温 22℃ 左右，年平均降水量约 2000 毫米。5 ~ 10 月为雨季，但降雨大多为短暂的阵雨，偶尔会出现暴雨，其余时间为旱季。

圣何塞早在 1737 年就已建立，但最初只是一个非常寒酸的小村庄。由于地理条件优越，到 19 世纪其规模赶上当时的首都卡塔戈，1823 年成为哥斯达黎加的首都。20 世纪 50 年代以前这里只是一个几万人的宁静的小城市，但随着工业的发展迅速发展成为一个现代化大都市。

圣何塞市中心呈棋盘状，中央大道是圣何塞市的中轴线。东西走向的街道称为"Avenidas"（大道），中央大道以北的各条街道用单数表示，以南的用双数表示。南北走向的街道称为"Calles"（街），中央大街以东的各条街用单数表示，以西的用双数表示。圣何塞人很少使用详细的地址和门牌号，而是使用笼统的地址，如第 2 与第 4 街之间的第 1 大道（"Avenida 1，Calles 2/4"）。他们还常利用某个著名的地标来表示地址，如"国家剧院以东 200 米，以南 300 米"。

圣何塞老区的传统民宅大都是两三层的西班牙式的木制或砖制小楼。人们在这些老城区的街道上散步，经常会有一些意想不到的发现，如突然发现一个摩尔人的城堡或者一幢有许多彩色玻璃或者浮雕装饰的房子，这些建筑无不显示其主人曾经有过的显赫地位。最近几十年来，在一些主要街道陆续盖了一些现代化的高楼大厦。圣何塞居民酷爱花草树木，家家房前屋后、围墙内外种满各种花草，街道两旁种着金合欢等热带树木。

圣何塞的商业区和大部分政府机关都位于市中心，位于最中心的有中央银行、大都会教堂、中央公园、文化广场、国家剧院、邮电大楼等，中心偏东是国家公园、国家博物馆、议会大厦、大西洋铁路火车站、司法部、最高法院、哥斯达黎加国立大学等，中心偏南是太平洋电气铁路火车站，西南是公墓。

　　文化广场位于第 2 大道以北、第 3 街和第 5 街之间，是圣何塞居民社会文化生活的中心，尤其受到年轻人的青睐。每逢周末，有魔术师和乐师在这里为公众演出。广场周围有一个步行商业区，横跨 7 个街区。文化广场东侧的第 5 街上有一个前哥伦布时代黄金博物馆（Museo de Oro Pre-Colombiano），馆内陈列着 2000 多件前哥伦布时代的黄金饰品。广场南侧是国家剧院（Teatro Nacional），建于 1897 年，是一座具有新古典主义风格的建筑，堪称哥斯达黎加建筑艺术的瑰宝。剧院正面采用文艺复兴时期的风格，上面刻着分别代表舞蹈、音乐和声誉的女神雕像。

　　民主广场是圣何塞最大的广场，位于中央大道和第 2 大道之间，距文化广场东面 365 米，建于 1989 年。广场正中是被称为"佩普先生"的前总统菲格雷斯的青铜塑像和一个小型瀑布。东侧耸立着一座古堡贝拉维斯塔堡，古堡的墙上布满 1948 年内战遗留下来的弹孔，令人想起战争的惨烈。这座具有历史沧桑感的建筑也是国家博物馆的所在地，其展品向人们展示着国家各个不同阶段的发展历程。博物馆下面是国家生物多样化研究所举办的昆虫展厅。在民主广场附近的第 15 街上还可以看到一座摩尔风格的白色的漂亮大楼——民族宫（Palacio Nacional），建于 1912 年。

　　圣何塞市中心和郊外分布着许多公园，如中央公园、国家公园、拉萨瓦纳公园等，公园里绿树成荫，供人们休闲游玩。中央公园位于第 2 大道和第 4 大道之间，这里经常举办各种当地重要的文化活动和节日庆祝活动。公园东端有一座 1871 年修建的带蓝色圆屋顶的大都会教堂（Catedral Metropólitano），呈朴素的希腊东正教风格。教堂一侧还有一座 18 世纪的大主教宫，用粗糙的石头砌成，也别有一番古趣。公园北侧的第 2 大道有一座建于 20 世纪 20 年代的新古典主义风格的萨拉扎大众剧院，以哥斯达黎加著名男高音歌唱家萨拉扎命名。

国家公园位于第 1 大道和第 3 大道之间，即民族宫以北、国家图书馆以南，内有座白色大理石雕刻的国家纪念碑（Munumento Nacional），用来纪念 1856 年哥斯达黎加军民抗击美国人沃克及其雇佣军入侵的光荣历史。民族英雄胡安·桑塔马利亚的雕像屹立在公园西南角。公园东北角则是 1907 年建造、1991 年停运的装饰华丽的大西洋火车站，国家铁路博物馆（Museo Nacional de Ferrocarril）就设在这里。馆内摆放着各种文物和照片，主要介绍"丛林火车"的百年历史，展品中最吸引人注意力的是 1939 年从美国费城进口的蒸汽机火车头。公园西北侧是哥斯达黎加最大的图书馆——国家图书馆（Biblioteca Nacional），周六和周日闭馆。

位于西郊的拉萨瓦纳公园是圣何塞最大的公园，园内有体育场馆，艺术博物馆常年展出 19 世纪和 20 世纪哥斯达黎加的雕刻和绘画作品。

圣何塞的文化设施齐全，除国家图书馆之外，还有哥斯达黎加大学卡洛斯·蒙赫图书馆、中央银行图书馆、议会图书馆等。博物馆有国家博物馆、自然科学博物馆、昆虫博物馆等；有两个现代化的体育场和体育馆；10 多家设备较先进的电影院、俱乐部、艺术画廊和 7 家剧院，其中国家大剧院是拉美最漂亮的剧院之一，每年都有国内外艺术团体在这里演出。

圣何塞是哥斯达黎加的经济中心，曾经是咖啡和可可加工厂聚集之地。随着工业化的发展，汽车、彩电、冰箱等装配厂纷纷建立。圣何塞是全国的交通枢纽。国内的两条主要铁路线都从这里出发，一条是经过埃雷迪亚通往太平洋沿岸蓬塔雷纳斯港的现代化电气化铁路，全长 116 公里。另一条是通往加勒比海岸利蒙港的铁路，全长 166 公里。途经圣何塞的公路主要有两条，一条是泛美公路，途经国内一些主要城市；另一条是沟通两大洋的高速公路。圣何塞有全国最大的国际机场，胡安·桑塔马利亚国际

机场，开辟有通往国内主要城市和世界许多国家的航线。在圣何塞，乘坐出租车较方便，可以伸手示意或电话预订（235－9966，221－8466，221－2552）；除了胡安·桑塔马利亚国际机场的出租车为橙色之外，其他均为红色。

近几十年来随着工业化的发展，圣何塞也与拉美许多大城市一样患上了城市病。首先，人口无度增长，导致城市迅速向四周膨胀，郊区建有许多贫民窟，那里没有上下水设施，卫生条件极差。其次，交通拥挤，再加上工厂建设集中，污染严重。政府虽然为低收入者建设了许多住宅，但是还远远不能满足人们的需求。再次，基础设施建设较落后，街道和建筑拥挤。近年来，哥斯达黎加政府为旧城改造工作作出了巨大努力，整修了广场，对大都会教堂等著名旅游景点都进行了修缮。

（二）历史名城卡塔戈

卡塔戈是卡塔戈省省会，位于奥乔莫戈山脉东侧、伊拉苏火山脚下，距首都圣何塞东南22公里，海拔1439米，是哥斯达黎加最古老的城市。1563年，殖民者在瓜尔科（Guarco）河谷修建了卡塔戈城，当时叫加尔西穆尼奥斯（Garcimuňoz）。1574年，卡塔戈城重建，逐渐成为殖民时期的政治中心，独立初期，1823年前为该国首都。

卡塔戈城位于地震多发区，1723年被伊拉苏火山的一次喷发夷为平地，1822年、1841年和1910年三次被地震摧毁。尽管如此，在卡塔戈，游客还是可以见到几座殖民地时代的重要建筑。著名的安吉尔圣女大教堂也叫守护女神大教堂（Basílica de Nuestra Señora de los Ángeles），位于卡塔戈城中心、第2大道与第14街交汇处的广场上，是全国有名的宗教朝圣地。它始建于1639年，后被地震部分破坏，1926年重建后成为一座融合殖民地与19世纪拜占庭风格的建筑女神雕像高只有8英寸（20厘米），放置在主祭坛上面的金龛里。每年8月2日，来自全国各地数百万朝圣者涌向这里，向传说中的保护女神（La Negrita）跪拜祈祷，这是哥斯达黎加最重要的宗教活动。

卡塔戈城北部的图里阿尔瓦中央火山保护区内坐落着哥斯达黎加最大的文化遗址瓜亚博文化遗址，至今存留的古代文化有土丘、桥梁、广场、道路、引水渠以及约 3000 年前的岩画。

卡塔戈郊区景色非常优美。城东 8 公里处的兰克斯特植物园是南北美洲最大的新热带植物园之一，占地 11 公顷，园内有 700 多种兰花，还有大量的棕榈树和凤梨科植物。

卡塔戈是传统和笃信宗教的城市，被誉为哥斯达黎加传统价值观的宝库。直到现在卡塔戈的许多居民都可以把他们的血统和世系追溯到殖民时代初期。卡塔戈还是重要的农牧产品、林产品贸易中心。工业也比较发达，主要是食品和木材加工。交通四通八达，泛美公路和首都通往利蒙的铁路均经过这里。

三 火山旅游景点

哥斯达黎加共有几十座火山，其中不少是活火山。政府重视开发火山旅游资源，拨款建立火山公园，修建山区公路。在火山国家公园内，游客不仅可以欣赏到火山喷发的壮观场景，同时可以领略公园内丰富的生物多样性和独特的自然美景。

（一）阿雷纳尔火山

阿雷纳尔火山是世界上最活跃的火山之一，海拔 1640 米，位于首都圣何塞西北大约 147 公里处，归阿拉胡埃拉省圣卡洛斯县管辖。从附近方圆几公里的任一个地方都可以看到它，其轮廓呈美丽的圆锥体，在蓝天白云的映衬之下，格外宏伟，气势非凡，被誉为世界第三大最完美火山锥。阿雷纳尔火山是哥斯达黎加最年轻的火山。1968 年 7 月 29 日早晨，沉寂了 400 年之后的火山终于爆发，喷出的岩浆覆盖了超过 15 平方公里的地表，232

平方公里范围内都受到影响，一座村庄被完全吞没，80 人丧生。在此之后阿雷纳尔火山开始间歇性喷发，喷发时频率能达到每 5 至 10 分钟一次。这种喷发方式最显著的特点是次数频繁却比较缓和，能较近距离观看而没有太大危险。该火山最后一次大规模的突然爆发是在 2010 年 5 月。

阿雷纳尔火山 1991 年被开辟成国家公园，园内小路和附近山头都是观看火山的最佳地点。火山间断地喷发，在上空造成很大的火山灰雾和巨大的轰鸣声，几十公里外都能看到未听到。到了晚上，岩浆卷着被高温熔化的山石向坡下翻滚，形成非常诡异却又无比灿烂的"焰火"，通常至少延绵 5 公里远，为中美洲著名奇观。火山附近湖光山色，风景如画，一条条冒着热气的温泉河蜿蜒其中，几乎随时随地可以浸泡温泉，因此游者甚众。在这种天然游泳池中沐浴，不仅可以消除旅途的疲劳，而且还能治各种疾病。去往火山的道路虽然崎岖不平，但是在热带森林中穿行，一会儿飞出一条瀑布，一会儿冒出一处庄园，到处有鸟儿飞翔鸣唱，另有一番风味。

（二）波阿斯火山

波阿斯火山距阿拉胡埃拉城 37 公里、圣何塞城 35 公里，海拔 2704 米。以其为中心建立的国家公园占地面积 5600 公顷，植物生长茂盛，到处是绿色的世界。从公园入口处出发，沿着密林小道步行 275 米左右就可登上观景台，凭栏俯视，台下 183 米处便是硕大的火山口。火山口深 314 米，直径 1 公里，是哥斯达黎加景色最壮观和最令人惊心动魄的火山之一。波阿斯火山的气候变化较为剧烈，从阳光普照到完全笼罩于云雾中，瞬息万变。在快速多变的天气变化中观赏火山丛林，体验独特。

波阿斯火山相当活跃，1828 年以来已经喷发了 39 次。1910 年 1 月 25 日的喷发最为壮观，当时喷出的火山灰高达 8000 米，被风吹落到中央高原的广大地区。2009 年 1 月的喷发造成 6.1

级地震，至少 40 人死亡。

（三）伊拉苏火山

伊拉苏火山国家公园是哥斯达黎加著名的旅游胜地，占地面积 2300 公顷。位于首都圣何塞以东约 60 公里处，海拔 3432 米，是哥斯达黎加海拔最高的活火山。"伊拉苏"一说为"打雷的地方"，另一说是火山侧翼的一座印第安人村庄。在哥斯达黎加，由于该火山爆发造成过令人痛心的灾难，因此人们都叫它"科勒索（El Coloso）"，即"庞然大物"的意思。

伊拉苏火山是一座间歇性活火山。有明确历史记录的第一次喷发是在 1723 年，至今已至少喷发了 23 次。1963 年 3 月 13 日，这座火山猛烈喷发，这一天恰巧美国总统肯尼迪正式访问哥斯达黎加。火山喷发的滚滚浓烟升到几千米的高空，火山灰散落在方圆 40 平方公里的地区。此后该火山一直处于休眠状态，直至 1996 年。

伊拉苏火山有 5 个可以明显分辨的火山口。最大的一个直径 1050 米，深 300 米，底部有一潭碧绿的积水，上方烟雾缭绕，气象万千。另一个直径 600 米，深 100 米。最小的深 91 米，中间有一个富含矿物质的湖，湖水时而碧绿，时而鲜红。

从圣何塞出发，有一条公路直通火山口，每周有一趟直达山顶的公共汽车。由于交通方便，这里游客也比较多。山顶设有圣何塞电视台的电视发射机。天气晴朗的时候，从山顶可以看到大西洋和太平洋，但是火山顶大部分时间云雾缭绕。

（四）图里阿尔瓦火山

位于卡塔戈省图里阿尔瓦县，海拔 3340 米。"图里阿尔瓦"为当地土著维塔尔人的语言。从位于大西洋斜坡地带的图里阿尔瓦镇到该火山只需 45 分钟。山顶分布着 3 个火山口，其中一个有喷气孔和硫黄坑。游客们可以徒步进入主要的火山口，但从下车地点到山顶徒步需要 1~3 小时。山顶下面是云雾林，主要有羊齿类植物、凤梨科植物、地衣和苔藓。1853 年、1855 年、1864～1865 年和 1866 年该火山曾突然爆发，产生大量火山碎屑和飘浮物，1866 年后再未喷发。

四 国家公园和保护区旅游景点

斯达黎加众多的国家公园和各具特色的保护区为游客提供了多种不同的选择，既可以观鸟、赏木、观赏动物、垂钓、享受阳光沙滩，也可以骑马、骑山地自行车、探险、潜水和冲浪。无论到哪个公园和保护区，都会不虚此行。

要观赏鸟类，可以选择帕罗贝尔德（Palo Verde）国家公园、迪里亚（Diria）国家公园等。要看珊瑚礁可以选择卡维塔（Cahuita）国家公园、布兰科角自然保护区、科科岛国家公园和卡尼奥生物保护区等。要看海龟可以前往托图盖罗国家公园、巴雷纳（Ballena）国家海洋公园和柯尔克瓦多国家公园等。

潜水胜地有布兰科角自然保护区、柯尔克瓦多国家公园、科科岛国家公园、卡尼奥岛（Caño）生物保护区和冈多卡曼莎尼约（Gandoca Manzanillo）野生动物保护区。

圣罗莎国家公园、拉斯保拉斯（Las Baulas）国家海洋公园、奥斯蒂奥纳尔（Ostional）野生动物保护区、布兰科角自然保护区、马努埃尔·安东尼奥国家公园、巴雷纳国家海洋公园、柯尔克瓦多国家公园、高尔费托野生动物保护区、科科岛国家公园等处有美丽的海滩，游客可以尽享海滩和阳光。

以湖泊著称的有帕罗贝尔德国家公园、卡尼奥内格罗（Caño Negro）野生动物保护区、阿雷纳尔火山国家公园、布劳里奥·卡里略火山国家公园、波阿斯火山国家公园等。

要泡温泉的可以去阿雷纳尔火山国家公园、老妇人角火山国家公园。

对热带干树林感兴趣的可以选择圣罗莎国家公园、海湾野生动物保护区、Barra Honda 国家公园、迪里亚国家公园、瓜纳卡斯特国家公园、高尔费托野生动物保护区等。

以云雾林著称的有：特诺里奥（Tenorio）火山国家公园、阿尔贝托·马努埃尔·布雷内斯（Alberto Manuel Brenes）生物保护区、布劳里奥·卡里略国家公园、胡安卡斯特罗布兰科国家公园、波阿斯火山国家公园、瓜亚博国家历史文化保护区、高尔费托野生动物保护区、科科岛国家公园、奇里波国家公园、国际友谊国家公园和伊托塞雷雷生态保护区。

有红树林的是圣罗莎国家公园、拉斯保拉斯国家海洋公园、马努埃尔·安东尼奥国家公园、柯尔克瓦多国家公园、白石（Piedras Blancas）国家公园、高尔费托生物保护区和冈多卡曼莎尼约野生动物保护区等。[①]

表4－14　部分国家公园或保护区

公园或保护区名字	占地面积（公顷）	距离首都（公里）	适宜的旅游季节
圣罗莎国家公园	49515	260	1～3 月
奇里波国家公园	50150	151	12 月～3 月
布劳里奥·卡里略国家公园	44099	23	1～4 月
巴拉宏达（Barra Honda）国家公园	2295	335	1～3 月
佩尼亚斯－布兰卡斯野生动物保护区（Refugio Peñas Blancas）	2400	115	1～4 月
布兰科角自然保护区	1172	300	1～3 月
马努埃尔·安东尼奥国家公园	682	132	全年
柯尔克瓦多国家公园	41788	235	1～3 月
托图盖罗国家公园	18946	254	2 月和3 月
卡维塔（Cahuita）国家公园	1067	211	1～3 月

① http://www.costarica-nationalparks.com/parkattractions.html

续表 4 – 14

公园或保护区名字	占地面积（公顷）	距离首都（公里）	适宜的旅游季节
高尔费托自然保护区（Reserva Golfito）	1309	342	1～3 月
塔潘蒂（Tapantí）国家公园	4715	35	1～3 月
国际友谊公园（Parque Internacional La Amistad）	193929	410	1～3 月
卡尼奥内格罗自然保护区（Refugio Caño Negro）	9969	291	12～3 月
巴拉德尔科罗拉多保护区（Refugio Barra del Colorado）	92000	225	1～3 月
卡尼奥岛屿生态保护区（Reserva Biológica Isla del Caño）	300 公顷陆地以及 5600 公顷海域	311	2～4 月
瓜亚博、内格里托斯和鸟类生态保护区（Guayabo，Negritos，Pájaros）	分别是 68、80 和 38 公顷	118	1～3 月
瓜亚博国家历史文物保护区（Monumento Nacional Guayabo）	217	84	全年
甘多卡 – 曼萨尼约自然保护区（Refugio Gandoca-Manzanillo）	5013	241	2～3 月
圣罗莎国家公园老妇人角国家公园	14083	264	1～3 月
波阿斯国家公园	5599	37	12 月至第二年 4 月
伊拉苏国家公园	2309	54	12 月～4 月
科科岛国家公园	2400 陆地以及 18575 公顷海域	550	1～3 月
帕罗贝尔德国家公园（Parque Nacional Palo Verde）	5704	240	1～3 月
卡拉国家公园	4700	110	1～5 月
伊托塞雷雷生态保护区（Reserva BiológicaHitoy-Cerere）	9154	219	全年降雨

资料来源：http：//guiascostarica.com/areas.htm。

第八节 国民生活

哥斯达黎加是中美洲地区生活水平最高的国家。2007年，人均 GDP 5085 美元，高于拉美国家平均数 4723 美元，在中美洲国家中仅低于巴拿马（5205 美元）。2007 年，哥斯达黎加可支配国民收入 21103.3 美元。[1] 根据联合国开发计划署 2008 年 12 月公布的《人类发展指数报告》，哥斯达黎加的"人类发展指数"在 179 个国家和地区中排名第 50 位；"人类贫困指数"在 135 个发展中成员中排名第 10 位；"性别发展指数"在 157 个国家和地区中排名第 33 位。[2]

一 收入

联合国拉美经委会的统计数据表明，20 世纪 90 年代以来哥斯达黎加收入分配有恶化的趋势。1990 年哥斯达黎加基尼系数为 0.438，1999 年上升到 0.473，2007 年进一步上升到 0.484。[3] 2002 年哥斯达黎加贫困率和极端贫困率分别为 20.3% 和 8.2%。

2006 年阿里亚斯政府上台后，制定了使贫困率下降到 16% 的减贫目标，实施家庭津贴计划，为月收入在 29 美元至 96 美元之间的家庭支付津贴，最高额可达 154 美元/月，并为未参加任何社会保险计划的赤贫家庭提供津贴。经过努力，哥斯达黎加贫困问题有所缓解。贫困率和极端贫困率 2007 年分别为 18.6% 和

---

① CEPAL, Anuario estadístico de América Latina y el Caribe, 2008.

② UNDP, "The Human Development Index, 2008 Statistical Update, Costa Rica". http: //hdrstates. undp. org/

③ CEPAL, Anuario estadístico de América Latina y el Caribe, 2008.

5.3%，2008 年减少到 16.4% 和 5.5%，[1] 是中美洲地区最低的。2009 年，受全球金融危机的影响，哥斯达黎加社会形势严峻，贫困人口 93.5 万，占全国人口的 18%，其中极端贫困人口占 4.2%。[2]

二 就 业

根据哥央行数据，2008 年，全国劳动力总数为 2059613 人，就业人数为 1957708 人（其中在私人部门和公共部门就业的人数分别为 1681562 人和 276146 人），失业人数为 101905 人，失业率为 4.9%，比 2007 年高 0.3 个百分点。2008 年是 2004 年以来失业率第二低的年份，此前的 2004 ～ 2006 年，失业率均在 6% 以上（见表 4 – 15）。据哥斯达黎加国家统计局数据，截至 2009 年 7 月，共有 16.6 万人失业，比 2008 年同期增加了 6.4 万人，失业率同比增加近 3 个百分点，达到 7.8%。[3]

2005 ～ 2009 年，哥斯达黎加劳动力总数及各部门就业情况如表 4 – 15 所示。

表 4 – 15　2005 ～ 2009 年劳动力数量及就业情况表

年　份	2005	2006	2007	2008	2009
劳动力总数	1903068	1945955	2018444	2059613	2121451
就业人口总数	1776903	1829928	1925652	1957708	1955507
私人部门	1524583	1564588	1657986	1681562	1650217
公共部门	252320	265340	267666	276146	305290
中央政府	129714	128095	127093	152136	124010
其他公共部门	122606	137245	140573	152136	170288
失业人数	126165	116027	92792	92792	165944
公开失业率（%）	6.6	6.0	4.6	4.9	7.8

说明：此表数据为每年 7 月统计。

资料来源：哥斯达黎加中央银行。http：//indicadoreseconomicos. bccr. fi. cr

---

① CEPAL, Social Panorama of Latin America, 2009, p. 11.

② http：//cr. mofcom. gov. cn/aarticle/jmxw/200911/20091106631954. html

③ http：//www. ccpit. org/Contents/Channel_ 54/2009/1031/215259/content_ 215259. htm

三　住房

20　00 年，全国共有 935289 套非闲置住房，其中私人住房 669754 套，租赁住房 153513 套，其他形式的已占住房 566019 套。城市地区共有非闲置住房 566019 套，私人住房 400610 套，租赁住房 121165 套，以及其他形式的住房 44244 套。农村地区住房条件相对较差，以上 4 个数字分别为 369270、269144、32348 和 67778 套。2007 年，全国 95.2% 家庭住房内有自来水，25.6% 的家庭住房有排泄物处理系统，99.1% 的家庭住房安装电灯。一般来说，城市家庭的住房条件好于全国平均水平，其中 99.6% 的城市家庭有自来水，39.3% 的家庭有排泄物处理系统，99.8% 的家庭安装电灯；农村家庭住房条件稍差，88.5% 的家庭有自来水，只有 5% 的家庭有污水处理系统，98% 的家庭装有电灯。[①]

四　社会保障

从　20 世纪 20 年代以来，哥政府努力建立具有本国特色的社会保障制度。1941 年，议会通过强制社会保障法案，模仿智利的直接服务模式，建立了社会保障局（Caja Costarricense del Seguro Social, CCSS）。最初，社会保障局只提供疾病和生育保险，参保人员只限于贫穷的雇佣劳动者，直到 1956 年覆盖到家庭成员。到 1960 年，社会保障的覆盖面只达到总人口的 18%。1961 年，议会通过法案规定未来 10 年内哥斯达黎加的社会保障必须覆盖所有人口。经过几十年的发展，哥斯达黎加终于建立了一个覆盖全体公民的、全面的社会保障体系，社会保障局也发展成为专门管理社会保障事业和国家保险基金的自

---

① CEPAL, Anuario estadístico de América Latina y el Caribe, 2008, p. 51.

治机构，在全国拥有多个分支机构、附属医院和诊所。

目前，哥斯达黎加的社会保障体系包括医疗保险、失业保险、收入保险、养老保险以及各种津贴。

哥斯达黎加拥有世界上最成功的、覆盖全体居民的"普遍性"的医疗保险体系。1973 年颁布的《卫生总法》规定所有的公共医疗卫生服务都纳入国家社会保障计划。1982 年公共医疗保险体系覆盖率就达到了 78%。现已实施全民（包括农村）医疗保险。所有的从业人员都享有卫生保健服务。失业人员也可以获得公共医疗卫生服务，包括需要医生处方才可购买的药品。

就业保险主要有三种。（1）失业保险，为失业人员提供暂时性收入，金额是工人最近 3 个月的平均工资。年满 18 周岁的本国公民都可申请。（2）青少年劳动保险。15 至 18 岁的青少年自我职业者遭受与工作相关的意外事故和疾病可申请。（3）家计保险。从事家政行业的人员在遭受意外事故和疾病的情况下，可以申请家计保险。

收入保险（Protección Crediticia）为失业人员提供两种不同的信用保险。第一种，是信用卡信用保险（Protección Crediticia Tarjeta de Crédito）。公民失业后的 12 个月里，社会保障局为失业人员的信用卡提供担保。享受该保险的条件是本国合法公民；年满 18 周岁，未到退休年龄；在失业前，必须连续工作至少 6 个月。第二种，失业信贷保险（Protección Crediticia por Desempleo），为失业人员提供信贷担保。

养老保险。2000 年的《工人保护法》（Ley de Proteccion al Trabajador）对养老金制度进行了改革，实行现收现付制度和私人补充养老金计划相结合的养老保险制度。规定所有雇员都必须设立个人养老保险账户，养老保险金由雇主、雇员和政府三方共同承担，由社会保障局管理。养老金账户中的存款在退休、伤残或死亡以后可以提取。另外，雇员可以自愿加入私人的补充养老金计划（Operadoras de Pension Complementaria, OPCs），设立个人资本化账户，账户资金也可以在失业的时候提取。

此外，政府为未参加任何社会保险计划的20%人口提供各种津贴和救助，通过这种方法提高社会保障的覆盖面。

第五章

教育、文艺、卫生

第一节　教育

一　教育发展简史

教育在哥斯达黎加政治经济和社会发展中占有重要地位。哥斯达黎加人素以"学校多于兵营，教师多于士兵"而自豪。19 世纪独立以来，各届政府都比较重视教育的发展。1844 年宪法要求国家努力教育全体居民，1847 年成立最早的公共教育机构——公共指导秘书处（la Secretaría de Instrucción Pública），附属于财政、战争与海军部。1869 年，在咖啡出口收入的强大支持下，哥成为世界上首个实行义务教育的国家。当时的西蒙内斯政府颁布法令，规定无论男孩还是女孩，一律接受义务教育。1886 年，政府正式颁布普通教育大法，确立了以初等教育、中等教育和高等教育三个等级为基础的教育体系。为了在农村普及教育，20 世纪初，国家制定专门计划，致力于建立乡村学校。1880～1940 年期间，全国人口增加了310%，而学龄儿童入学率提高了 529%，文盲率从 1864 年的90% 左右下降到 1927 年的 32% 左右。

1949 年宪法中涉及教育和文化的条款多达 13 条。主要内容有：教育是所有学习阶段的一体和连贯的过程；国家鼓励和监督私人教育；建立最高教育委员会领导公立教育；哥斯达黎加大学完全自治（1975年又扩大到其他高等教育机构）；教学自由是大学教育的基本原则；建立师范院校培养师资。国家1951年颁布《高等教育委员会法》，1957年颁布《教育基本法》。这些法律完善了教育法规，推动教育发展进入黄金时代。

20世纪50年代，政府开始与联合国教科文组织合作，发展农村教育和职业教育，大大增加小学的数目，开办教师培训学校。60年代，政府进行了重要的教育改革，致力于使中学教育实现多样化，允许学生有多种学习选择，在城市和农村建立技术学校。70年代，政府启动了一项全国教育发展计划，扩大教育预算、保障教育所需经费，延长义务教育期限至9年，加强学前教育，修改教育评估和鼓励制度。1973年修改了宪法，正式规定了九年义务免费基础教育制度。在这个时期还开始了学校营养、食品和健康计划。1958年，教育预算投入占国家总预算的22.96%，70年代提高到28%。80年代，为提高教育质量和适应经济发展的新形势，调整了教育制度和管理程序，强调教育的地区化、教育与生产相结合（建立农牧业学校、工业学校和手工业学校）、加强和扩大特殊教育和学前教育以及实施扩大课本和计算机计划等等。在各项法律政策的鼓励下，教育有了明显发展。识字率明显提高，到20世纪70年代，识字率已经高达89%。1950～1987年，小学和小学生的数量分别增长了3倍，中学和中学生的数量分别增长了6倍和35倍。70年代，学龄前（5～7岁）教育有长足的发展，中等教育亦呈多样化发展，技术教育学校从无到有地发展起来。

20世纪80年代，受债务危机的影响，教育发展严重受挫。1985年，政府对教育的资金投入只占国家预算总额的17%。学生辍学率大大增加，尤其是在农村和城市边缘地区，一些学生不得不离开学校，赚取微薄的工资贴补家用。90 年代以后，经济发展稳定，教育投资持续增加。为适应科技和旅游业发展的新形势，1994 年上台的菲格雷斯政府大力倡导在该国所有学校中普及电脑和开设英语课程。罗德里格斯政府上台后，努力扩大正规教育系统的覆盖面，修建了一批新学校，使学校数从 1995 年的 5275 所增加到 2000 年的 6884 所。① 2000 年，政府颁布法令，规定教育支出占 GDP 的比重为 6%。

为了使教育尽快适应生产的需要，2002 年教育部推出一项加强技术教育的计划。主要内容有以下几方面：（1）根据技术学校所在地的特殊情况，开设符合当地发展需要的专业，如在旅游资源丰富的东部加勒比地区开设旅游技术学校，在渔业资源丰富的西部太平洋海岸开设渔业技术学校；（2）技术学校必须直接与企业挂钩，为企业定点和定期培养急需的技术人员；（3）学校须加强外语教育，使每个毕业生都能掌握至少一种外语（主要是英语）；（4）在农村地区开设一些经济效益较高的专业，如电子、精密机械和信息技术等，以平衡城市与农村技术人才数量，减少技术人员流向城市，以利于地方经济发展；（5）加强对技术学校毕业生质量的核查，保证教学质量，提高毕业生的就业率。

阿里亚斯政府采取了许多措施增强师资，加强对教师的英语、数学和计算机技能培训。2008 年初启动了国家英语计划，目标是在 2008 ~ 2009 年一年时间内培训 3.5 万名英语教师。政府还颁布法令，使教育预算从占 GDP 的 6% 增加到 8%。

二　教育发展现状

经过独立后 100 多年的发展，哥斯达黎加已经成为拉美教育发展水平最高的国家之一。联合国开发计划署

---

① EIU, Country Profile 2008—Costa Rica, p. 15.

2007 年报告显示，哥斯达黎加 15 岁以上成人识字率为 94.9%，是中美洲最高的，在拉美仅次于古巴（99.8%）和智利（95.7%）。[1]

据联合国拉美经委会的统计，2007 年，城市居民文盲率 5.3%。年龄越大，文盲率越高，其中 60 岁及以上的老年人文盲率为 20.8%，45～59 岁、35～44 岁、25～34 岁和 15～24 岁四个年龄段城市居民文盲率分别是 5.4%、2.8%、2% 和 1.5%。女性文盲率高于男性：女性为 5.7%，男性为 4.8%。[2]

近年来哥斯达黎加小学和中学入学率都有增加。如表 5－1 所示，2002～2003 年，小学净入学率为 91%，比 1990～1991 年提高 4 个百分点；同期，中学入学率提高了 14 个百分点。大学入学率 1995 年曾高达 30.6%，2000 年下降到 16.2%，2003 年以后又有所提高，2003～2005 年入学率分别为 19%、25.3% 和 25.3%。[3] 哥斯达黎加师资力量有所增强，平均每个小学老师教授的学生人数 1995 年是 31 人，2000 年减至 25 人，2003～2006 年逐年减少，分别为 23 人、22 人、21 人、20 人。平均每个中学老师教授的学生人数 2003～2005 年是 19 人，2006 年减至 18 人。[4]

公共教育支出占 GDP 百分比 1995 年是 4.6%，2000 年 4.8%，2003 年 5.3%，2004 年 5.1%，2006 年 4.9%。[5] 据哥斯达黎加全国校长理事会（CONAE）公布的数据，教育支出占社会支出的比重 1990 年为 27.2%，2003 年为 30.6%。[6]

① UNDP, United Nations Development Programme Report 2007.

② CEPAL, Anuario estadístico de América Latina y el Caribe, 2008.

③ CEPAL, Anuario estadístico de América Latina y el Caribe, 2008.

④ CEPAL, Anuario estadístico de América Latina y el Caribe, 2008.

⑤ CEPAL, Anuario estadístico de América Latina y el Caribe, 2008.

⑥ http：//estadonacion. or. cr/Info2006/Paginas/ficha01. html

表 5 - 1　哥斯达黎加各级学校入学率比较

年　　　代	1990~1991	2002~2003
净入学率（占应入学学生的百分比）		
小学	87	91
中学	37	51
大学	n/a	18
女生入学率（占应入学女学生的百分比）		
初等教育	n/a	91
中等教育	n/a	55
高等教育	n/a	21

注：n/a 指查找不到相关数据。

资料来源：UNDP, Human Development Report 2005。

哥教育仍面临一些值得重视的问题。一、虽然文盲率下降较快、入学率较高，但相当部分学生没有完成义务教育阶段。2000~2004年，高达 50% 以上的学生没有完成中学学业。二、虽然师资力量投入增加，仍有 20% 的教师缺乏正规的教师资格培训，师资水平有待提高。[①] 三、教育体制缺乏改革，教育部门基本的机构设置和体制设计仍与 70 年代大体相同。

过去 15 年来，实行了许多教育计划。但是这些教育计划的设计和执行缺乏持续性，新总统上台后往往废除过去的做法转而实行新的计划。世界银行研究发现，哥斯达黎加虽然教育开支一直在长，但是效果并不明显。教育制度存在效率低、目标计划差等问题，所实行的计划很难到达最需要的人群。最大的问题是缺乏资金和资金的合理分配。目前，政府用于小学生的花费是平均每人 1300 美元，其中只有 21 美元用于学校的基本周转资金，大部分被用作教师工资和其他行政开支。[②] 世界银行的这一报告还

---

① EIU, Country Profile 2008—Costa Rica, p. 15.

② http：//estadonacion. or. cr, Programa Estado de la Nación 2005, p. 41.

指出，与相同人均国民生产总值的国家相比，哥斯达黎加完成学业的人口所占比例较低。小学和中学课程的设置脱离实际，不能满足当前新的劳动力市场的需求。

三 教育制度的原则

宪 法第 77 条规定，公共教育是一个系统的过程，包括学前教育到大学教育的所有阶段。1949 年宪法第 78 条规定，全面的基础教育为义务教育，基础教育、学龄前教育及中学教育均为免费，由国家负担。

宪法规定，国家保障各级学校的教育自由。但是，所有的私立学校均应受到国家的监督。国家鼓励私人兴办教育。

政府设最高教育委员会，由教育部长领导，任务是制定初、中级教育政策。教育部下设初等、中等、高等三个技术委员会，以及普教司、督察办、联络办、财政司、人事司和文化发展司，旨在贯彻最高教育委员会的决策。省级设教育管理机构，其职责是根据国家有关政策，领导发展和督察地方教育工作。另外，还有专门领导和监督高等教育发展的全国校长理事会（1988 年成立）以及旨在分配教育经费的高等教育计划办公室。

四 教育体制

（一）初等和中等教育

初 等教育和中等教育实行义务教育。初等教育分为幼儿园和小学两个阶段，幼稚园阶段 1997 年被正式列入义务教育。小学学制 6 年，分为两个周期：一年级至三年级为第一周期，四年级至六年级为第二周期。每学年有两个学期。初等教育阶段所学课程包括算术、社会学科、语言（西班牙语）、科学、英语、音乐、宗教和体育等。

中等教育阶段相当于美国的初中和高中，是最后一个义务教

育阶段，学制5年或6年，包括第三和第四周期。第三周期从7年级至9年级，共3年，开设的主要科目有西班牙语、数学、物理、化学、历史、地理、宗教、公民等普通基础课。第四周期一般可归类成两种系列：一是学术或升学系列，学制2年，学生毕业后，可以继续接受高等教育；二是职业技术教育系列，可持续2～3年。职业技术学校对学生进行各种职业的教育，如工业、商业和农牧业等，也包括培养学龄前和初等教育师资的中等师范学校。学生从普通中学毕业后，获得公共教育部颁发的中学毕业文凭。学生可以自由选择两个系列，农村学生一般选择职业教育系列。

几乎每个社区中都有小学和中学，学生每年只需象征性地缴付20美元。每个学期完成后，学生必须通过该学期所有课程的考试。最难通过的是高中毕业即大学入学考试。

哥斯达黎加也有私立小学和中学，但是必须遵循公共教育部制定的基本指导方针。在此条件下，私立学校可以延长学制，增加课程，设立公共教育制度中缺乏的日托服务。

表5-2　2001～2007年义务教育阶段学生注册人数

（包括公共学校、私立学校以及享受政府津贴的私人学校）

年份	2001	2002	2003	2004	2005	2006	2007
总的入学人数	978595	1016020	1039175	1050958	1065005	1071096	1048581
学龄前入学人数	92935	99932	106675	107895	115201	116868	103298
初等教育（第一和第二周期）	554407	758105	555315	347448	542091	540687	531559
中等教育（第三周期）	298889	327042	346870	368126	375481	385302	387493
职业技术教育	26643	30941	30315	27489	32232	28239	26231

资料来源：根据哥斯达黎加统计局和公共教育部网站公布的相关数据整理。

（二）高等教育

哥高等教育比较发达。1940 年至 20 世纪 60 年代，哥斯达黎加大学是当时唯一一个高等教育机构。20 世纪 70 年代，高等教育获得了长足的发展，建立了三个公立大学，即哥斯达黎加国立大学、哥斯达黎加科技大学和国立远程大学。在此期间还成立了第一家私立大学即中美洲自治大学。1988 年成立了全国校长理事会以及旨在分配教育经费的高等教育计划办公室。1984～2000 年，18 至 24 岁之间进入大学的人口百分比从15.6%上升到 29.6%。2006 年，共有大学毕业生 28781 人，其中 10781 人毕业于公立大学，其中社会科学类毕业生占 36%，教育类占 36%，11%医学类，6.6%工程类，6%为基础科学类。2005 年，每万人中大学毕业生为 65.89 人，比美国稍低（75.07人），高于智利（39.89 人）、墨西哥（32.87 人）和萨尔瓦多（15.19）。[①]

宪法第 85 条规定国家负责拨给公立大学固定财产。2005 年高等教育预算总额为 8658.43 万科郎，其中哥斯达黎加大学占58%，哥斯达黎加科技大学占 11%，哥斯达黎加国立大学占23%，哥斯达黎加国立远程大学占 7%，高等教育委员会所属的其他大学占 1%。[②]

哥斯达黎加有 5 所公立大学，即哥斯达黎加大学（Universidad de Costa Rica，UCR）、哥斯达黎加科技大学（Instituto Tecnológico de Costa Rica，ITCR）、哥斯达黎加国立大学（Universidad Nacional，UNA）、国立远程大学（Universidad Estatal a Distancia）、国立技术大学（Universidad Técnica Nacional，UTN）。2007 年，前 4 所大学

---

① 联合国教科文组织：《全球教育摘要 2005 年》（UNESCO's World Education Compendium，2005）。

② http：//www. conare. ac. cr/docs/OPES/estadisticas/fees/fees00. pdf

注册学生总人数为74321人，占全国总人口的1.7%，占18~22岁青年总数的16.6%；毕业生人数分别为4421人、1243人、2495人、2323人。[①]

法律规定，两所不同的大学不能设立相同专业。下面分别介绍哥斯达黎加几所主要的公立大学。

哥斯达黎加大学　是哥斯达黎加历史最久，规模最大的大学。2008年共有注册学生33652人，其中大部分享有奖学金，学校收费不高，年学费不超过200美元。大学本部位于圣何塞东北部的圣彼得罗（San Pedro），本部共有注册学生27174人，占全国公立大学注册人数的45.3%。[②]其前身是1814年成立的圣托马斯学堂（Casa de Ensenanza de Santo Tomas），1843年改名为圣托马斯大学。因其与罗马天主教会关系密切，1888年被反教权的索托政府关闭，但法学系、农业系、美术系和医药系仍独立存在。1940年8月，以上4个系实现统一，成立了哥斯达黎加大学。在哥斯达黎加科技大学和哥斯达黎加国立大学成立之前，它是哥斯达黎加唯一的大学。

大学代表大会为学校最高权力机构，由选举代表大会和同业代表大会组成，主要负责制定学校的总政策。大学理事会由12名成员组成，包括教育部官员、大学校长、各学科和分校代表两位学生和一位专业学校联合会的代表，其主要职能是通过既定的政策和原则指导和监督学校的工作。校长、5位副校长及校长办公室是执行机构，具体领导和评估学校的工作。

大学本部位于圣何塞东北部的圣彼得罗，另外设有6个分校。西部分校位于阿拉胡埃拉省的圣拉蒙市，是哥大最主要的分校；大西洋分校位于卡塔戈省的图里阿尔瓦市；瓜纳卡斯特分校

---

① http：//www. conare. ac. cr/docs/OPES/estadisticas/cifras_ relevantes. swf
② http：//www. conare. ac. cr/docs/OPES/estadisticas/cifras_ relevantes. swf

位于瓜纳卡斯特省的利韦里亚市；利蒙分校位于利蒙港；太平洋分校位于蓬塔雷纳斯市；高尔费托分校 2006 年新成立。2008年，共有注册学生 33652 人，其中总部 27174 人，各分校依次为2258 人、1320 人、1295 人、707 人、733 人、165 人。[①]

主要教学和研究领域：农业科技、艺术和文学、基础科学、社会科学、健康以及工程。一般来说，每个专业领域分一个或几个系，系为教学、研究及社会活动的基本单位；每个系再由若干专业组成。全校大约有 180 个专业，其中一些专业是全国独一无二的。艺术系设话剧艺术、音乐艺术和雕塑艺术专业。文学系设语言、哲学和现代语言专业。科学系设生物、物理、地质、数学和化学专业。经济学系设商业管理、公共管理、经济和统计专业。社会科学系设人类和社会、新闻、政治学、历史、地理、心理和社会劳工专业。法律系设教育、教育管理、图书馆和情报学、体育运动教育、特殊教育专业。农业系设农业经济、植物学、食品技术、动物饲养学专业。工程系设建筑、计算机与信息、农业工程、土木工程、电力工程、工业工程、机械工程、化学工程、测绘专业。医学系设医疗、医学、营养、公共卫生专业，另外还有医药系、微生物系和牙科系。各分校所教专业大同小异，但因所在地区不同，各有所侧重。如西部分校更侧重基础科学和教育学，大西洋分校和瓜纳卡斯特分校则安排了一些农学和企业管理的专业，利蒙分校和太平洋分校有港口管理和旅游专业。哥大有27 个研究中心、1 个热带雨林研究站、2 个农业研究站、1 个植物园、1 个天文馆、2 个广播站和 1 家电视台、35 个专业图书馆，并出版自己的报纸。

哥斯达黎加国立大学　建于 1973 年 2 月，位于埃雷迪亚市，前身是一所师范学校。国立大学共设 50 多个专业，5 个系，两

①　http：//www. conare. ac. cr/docs/OPES/estadisticas/cifras_ relevantes. swf

个研究中心。2008 年注册学生人数为 13433 人，占全国公立大学注册学生人数的 18.1%。国立大学在布伦卡、乔罗特加、高尔费托设有分校，注册学生人数分别为 1015 人、1090 人和 87 人。①

哲学与文学系下分文学与语言学学校、拉美研究学院、宗教学校、哲学系、妇女研究学院、图书馆、资料及情报学校等。

自然科学系下设全国海洋—海岸学中心、数学学院、信息学院、化学系、物理系、生物学院、彭塔雷纳斯海洋生物中心、测绘学院、国际海洋学院。土地与海洋系：主要包括土地学学院、农学工程、环境学学院、地理学学院、森林研究与服务学院、哥斯达黎加火山和地震观察站、热带蜂研究中心。该系在农牧业、林业生产、自然资源保护和利用、自然灾害等领域的教学、研究、服务以及国际合作居全国和中美洲地区领先地位。

社会科学系设历史、社会学、社会规划和促进、劳工、专业文秘、经济、心理学、人口学等专业，另外还有社会科学系情报中心和经济政治国际中心。

医疗健康系设兽医学和运动学专业。

艺术研究、教学和传播中心设雕塑艺术、舞蹈、音乐和舞台艺术专业。教育研究中心主要培养正式和非正式教育工作者，进行教育研究，以提高教育质量。该中心分学龄前教育学、基础教育学、成人教育学、教育管理学、教育学、劳动教育、农村教育等专业。

哥斯达黎加国立大学除培养本科生外，一些专业还培养硕士生和博士生。培养硕士生的专业有：社会学、政治经济学、海洋与海岸学、情报技术管理、中美洲文化研究、拉美研究、妇女研究、农村发展、野生动植物管理、国际贸易、历史、国际关系和外交、地区一体化、人权与和平教育等。培养博士生的专业有：

① http：//www.conare.ac.cr/docs/OPES/estadisticas/cifras_ relevantes.swf

中美洲文学与艺术、拉美思想研究等。

哥斯达黎加科技大学　根据 1971 年 6 月 10 日的 4777 号法令建立，位于卡塔戈，距首都圣何塞 24 公里。2008 年注册学生 7329 人，占全国公立大学注册学生人数的 9.9%。[①]　其目的是培养有扎实科技和人文基础的专业人才。主要专业有企业管理、工业设计和数学、农牧业管理、农业、生物、计算机、建筑、电子、林业、冶金和工业制造、建筑和工程绘图、生产监督、生物工程等。科技大学最大的特点是根据国家经济发展的需要而进行技术研究和转让，建立了一批具有先进设备和高水平研究人员的研究中心。如住宅与建筑研究中心、森林—工业联合研究中心、农业加工业研究中心、环境保护研究中心、计算机研究中心、制造业现代技术评估和转让中心、生物研究中心、化学研究中心、热带可持续农业发展研究中心等等。

国立远程大学　建于 1977 年，是拉美第一所专门的远程教育大学。学生通过书面材料、听视节目和学习指导，以及每周到指定大学或通过电话答疑接受大学教育。该大学设有 20 多个专业，其中最突出的是教育和管理专业。有些专业可以授予硕士学位。全国各地共分布了 27 个远程教育中心，约有 2 万学生。残疾人是远程大学最大的受益者。一些职业妇女也积极参加大学学习。每 4 个月一个学期，入学无需考试，入学时间是每年的 1 月、5 月和 8 月。远程大学的学位得到哥斯达黎加大学、哥斯达黎加国立大学和哥斯达黎加科技大学的承认。2008 年注册学生 19503 人，占全国公立大学注册人数的 26.2%。[②]

（三）私立大学

哥斯达黎加还有一些私立大学，大部分成立于 20 世纪 80 年

---

① http：//www. conare. ac. cr/docs/OPES/estadisticas/cifras_ relevantes. swf
② http：//www. conare. ac. cr/docs/OPES/estadisticas/cifras_ relevantes. swf

代至 2000 年的 20 年间。主要有：中美洲自治大学（Universidad Autónoma de Centroamérica，UACA）、拉美科技大学（Universidad Latinoamericana de Ciencia y Tecnología，ULACIT）、中美洲企业管理大学（Instituto Centroamericano de Administracion de Empresas，INCAE）、联合国争取和平大学（United Nations University for Peace）、地球大学（Universidad de Earth）、伊比利亚美洲大学（Universidad de Iberoamerica，UNIBE）、哥斯达黎加天主教大学（Universidad Católica de Costa Rica）、哥斯达黎加拉丁大学（Universidad Latina de Costa Rica）等。其中，只有中美洲自治大学规模较大，设有医学、法律、工程、管理、美术、经济等专业。私立大学由私立大学高等教育委员会统一管理。

公立大学和私立大学的教育质量各有千秋。一些私立大学享有较高声誉，但是也有一些私立大学只要交钱就可以上。与美国不同的是，哥斯达黎加公立大学一般比私立大学声誉好，但是入学考试很难。这也是近年来私立大学学生急剧增多的原因之一。1990 年的大学毕业生中，78% 毕业于公立大学，22% 毕业于私立大学；到 2004 年，公立大学的毕业生人数比例下降到 39%，而私立大学上升到 61%。[①]

哥斯达黎加拉丁大学 成立于 1981 年。得到全国私立高等教育委员会的认可，所设专业均得到国家的承认。总部位于圣何塞，另外在全国各地还分布 6 个分校。该大学设立的专业有：经济学、会计学、商业、金融、市场与营销、人力资源、国际贸易、双语学前教育、英语教育、特殊教育、牙科学、眼科学、医科、护理学、广告、新闻、公共关系、国际关系、法律、心理学、生物学、旅馆与餐饮、旅游企业管理、系统工程学、土木工程学、电子工程、工业工程、建筑学等。

---

① http：//estadonacion. or. cr

　　培养硕士学位的专业有：西班牙语教学教育学、英语教学教育学、教育研究学、成人教育学、健康教育学、学前和小学结合教育学、教育管理、商业管理、经济、传媒与市场、心理学、情报系统、计算机系统等。培养博士学位的专业有：经济与企业学、教育管理、教育研究学等。

　　哥斯达黎加地球大学　建于 1990 年，是一所国际私立大学，主要从事农业和自然资源科学教育，以促进潮湿热带地区的可持续发展。每年招生 100 人，学生来自拉美、西班牙和非洲一些国家。教师除哥斯达黎加人外，还来自美国、加拿大、欧洲和拉美一些国家。

第二节　文学艺术

一　文学

（一）小说

　　殖民地时期，哥斯达黎加文化活动受天主教会控制，除宗教文化外，本土文化发展十分缓慢。一些世俗书籍被禁止出版，而戏剧几乎不为人们所知。独立后，哥斯达黎加民族文学开始形成，1900 年以后获得了迅速的发展。

　　哥斯达黎加文学奠基人当属曼努埃尔·阿尔圭略·莫拉（1845～1902）、皮奥·比克斯以及曼努埃尔·加里塔神甫。1899 年阿尔圭略出版了哥斯达黎加第一部小说《战壕》，还著有《漂亮的继承人》（1900）等多部小说以及短篇小说集《如画的哥斯达黎加》（1899）。

　　独立后至 20 世纪初，哥斯达黎加小说创作主要倾向于描写本国风俗，富于地方色彩，因此被统称为"风俗派"。这种创作风格不仅表现在小说方面，也表现在诗歌方面。风俗派小说的主

要代表人物有华金·加西亚·蒙赫（1881～1958），作品有《界标》（1900）、《乡村女儿》（1901）、《自我牺牲》（1902）、《不祥的阴影》（1917）等。1919年他创办了著名文学杂志《美洲文集》。与加西亚齐名的代表人物是贡萨莱斯（1864～1936），曼努埃尔·贡萨莱斯·塞莱东受过高等教育，从事过政治活动，曾担任哥斯达黎加驻哥伦比亚副领事、驻纽约领事和驻美国大使。他从1895年开始文学创作，以"马贡"为笔名先后在报刊上发表系列短篇小说，后汇辑为小说集《特别女人及其他》（1912）。作品通常以圣何塞小城的生活、习惯、人物和轶事作为主要内容，以对话体的形式反映当时人民的面貌，笔触幽默，因此受到广泛的欢迎。风俗派的重要代表人物还有克劳迪奥·冈萨雷斯·鲁卡瓦多（1865～1925），里卡多·费尔南德斯·瓜迪亚（1867～1950）和赫纳罗·卡多纳（1863～1930）。

20世纪初，小说创作的另一派别是非现实主义派。主要代表是卡洛斯·加希尼（1865～1925），最有代表性的著作是《病树》（1918）和《瀑布》（1920）。集诗人、剧作家和小说家为一身的路易斯·多夫莱斯·塞格雷达（1891～1956），曾当过教师、议员、外交家和美国的大学教授，主要代表是《土地的呼唤》（1917）、《为了上帝的爱》（1918）、《英雄的书》（1926）、《象牙念珠》（1928）、《圣周》（1949）等。马克斯·希门尼斯既是小说家也是画家和雕塑家，小说代表作有《傀儡们》（1928）、《驯跳蚤的人》（1936）以及《笼子》（1937）。著名的散文家有拉斐尔·安赫尔·特罗约（1857～1910），主要作品有《赤陶》（1900）、《升起》（1903）和《年轻的心》（1904）。

20世纪40年代，在批判现实主义的影响下，涌现出一批新的作家。在小说方面最主要的三个代表人物是卡洛斯·路易斯·法利亚斯（1909～1966）、法维安·多夫莱斯和卡洛斯·萨拉萨尔·埃雷拉。法利亚斯的作品以现实生活为题材，以处在社会底层的劳动者为主人公，反映了人民的疾苦，表达了人民要求正义、民主、自由的愿望。在他的作品中，反帝、反封建、反剥削、反压迫的主题思想有鲜明的表现。其主要代表作《老联妈妈》（或《于南妈妈》）对联合果品公司对哥斯达黎加香蕉工人的不公正待遇提出了愤怒的控诉被翻译成十多种外文，是欧美流传最广的哥斯达黎加小说。法利亚斯的著作还有《大人物和小人物》（1947）、《马科斯·拉米雷斯》（1952）、《我的教母》（1950）和《故事三则》（1967）。多夫莱斯的主要代表作是中篇小说《被称为人民的人》（1942）、《狂潮》（1943）、《小港湾的别墅》（1950）以及《在圣胡安有鲨鱼》（1967）。萨拉萨尔被称为短篇小说大师，最重要的作品有《苦恼的故事与风景》（1947）和《故事三则》（1965）。

20世纪60年代，法国作家马塞尔·普鲁斯特、爱尔兰作家詹姆斯·乔伊斯和美国作家威廉·福克纳以及拉美爆炸文学对哥斯达黎加的文学产生了影响，因此出现了所谓的"新小说派"。主要代表人物是约兰达·奥雷亚穆诺（1916～1956）和出生于1936年的卡门·纳兰霍。前者是散文作家和诗人，她的作品中最著名的是《逃亡者的道路》和《坚硬的土地》；纳兰霍的主要作品有《狗不要狂吠》（1966）、《为了小孩胡安·曼努埃尔的悼亡经》（1971）等。但是，60年代以后，忠实于现实主义的作家还是大多数，如阿尔韦托·卡尼亚斯·埃斯卡兰特（1920）、马尔科·雷塔纳（1938）、马尔科·图利奥·阿吉莱拉·加拉穆纳（1941）、赫拉尔多·塞萨尔·乌尔塔多（1940）和费尔南多杜兰阿亚奈基（1939）。

（二）诗歌

19世纪后半叶哥斯达黎加最重要的诗人是出生在巴拿马的胡斯托·法西奥（1860～1932）。他的诗歌作品没有明显的本国

特点，而是继承了中美洲西班牙学院式诗歌的传统，主要代表作是 1894 年出版的诗集《我的诗歌》。法西奥曾任教育部长，任内积极推动农村地区的教育和高等教育。

风俗派诗歌的主要代表人物是阿基莱奥·埃切维利亚（1866～1909）。他的诗歌充分阐述了哥斯达黎加的特点、习俗及民间艺术。埃切维利亚是埃雷迪亚附近一家杂货店的老板，通过杂货店这个窗口与当地农民进行接触和交流，了解到他们的语言和农村地区流行的世界观。因此，在他的诗歌中，广泛地运用了人民的语言和民间传说。另外在他的著作中，也能看到马丁·菲耶罗以及欧洲浪漫主义的影响。他的主要作品有《歌谣》（1903）、《罗曼斯》（1903）和《孔切里亚》。

罗伯托·布雷内斯·梅森（1874～1947）是哥斯达黎加现代派诗歌的创始人，其诗歌堪称神秘主义与实证主义的完美结合体，对哥斯达黎加诗歌文学有重要影响。主要代表诗作是《在沉默中》（1907）、《面向新的开始》（1913）、《奉告祈祷之声》（1916）、《牧歌与风信子》（1917）、《众神归来》（1928）、《爱情与死亡诗》（1943）等。除了从事诗歌创作，梅森还积极参与政治活动，曾任公共教育部长和哥斯达黎加驻美国大使。梅森还是著名的杂文家，杂文代表作有《物质的抽象》（1917）和《美洲的批判》（1936）。

现代派诗歌的重要代表人物还有拉斐尔·卡多纳，代表作是《宝石》（1914）。其他的现代派诗人有罗赫略·索特拉（1894～1943）、拉斐尔·埃斯特拉达（1901～1934）、爱德华多·卡萨尔米格利亚（1880～1918）、罗伯托·巴利亚达雷斯（1892～1933）、何塞·艾伯塔齐（1892～）以及埃尔南·萨莫拉·埃利桑多（1895～）等。

20 世纪初，诗歌创作的代表人物还有利西马科·查瓦里亚（1878～1913），主要作品有《流浪者》（1904）、《来自安第斯山》（1907）以及《怀念》（1908）。他的诗体现了当时中美洲无所不在的地区主义。

　　20世纪40年代，哥斯达黎加的诗歌受到欧洲先锋派，特别是超现实主义流派的冲击。这一时期的主要代表诗人是阿尔弗雷多·卡多纳·佩尼亚，主要著作有《世界是你》（1944）、《墨西哥山谷》（1949）、《数字诗歌》（1950）、《大地与海洋的婚礼》（1950）、《情人的花园》（1952）、《第一个天堂》（1955）、《原地的诗》（1959）、《未来的演讲》（1959）、《年轻人的诗》（1960）以及《报答的诗歌》（1962）等。其他著名的诗人还有何塞·巴西莱奥·阿库尼亚、费尔南多·森特诺·格尔、弗朗西斯科·阿米戈蒂、阿图罗·埃切维利亚、曼努埃尔·皮卡多·查孔和费尔南多·卢汉。

　　20世纪50年代起，受智利诗人巴勃罗·聂鲁达（特别是他的《大地寓所》和《漫歌集》）、秘鲁诗人塞萨尔·巴列霍以及欧美诗人的影响，哥斯达黎加出现了一场广泛的抒情诗歌革新运动，涌现出一批新的诗人。这场运动的主要代表人物是伊萨克·费利佩·阿索菲法，生于1909年，是一位教师和语言学家，其主要作品有《不完全的统一》（1958）、《在死亡的脚下守夜》（1962）、《歌曲》（1964）、《车站》（1967）以及《岁月与领土》（1969）等。在这场运动中涌现出的诗人还有阿图罗·埃切维里亚·洛里亚、爱德华多·任金斯·多夫莱斯、马里奥·皮卡多·乌马纳、卡洛斯·德拉奥萨等。

　　近年来，哥斯达黎加还出现了一些新诗人，著名的有费尔南多·莱亚尔，他毕业于哥斯达黎加大学，获哲学博士学位，现任该学校的名誉教授。他除了著有大量的哲学方面的论文和著作外，还出了一些诗集，如《世界的厄运》（1989）、《面对斯芬克斯》（1990）以及《遗忘的序言》（1992）。另外还有克劳迪奥·古铁雷斯，他曾在美国芝加哥大学获哲学博士，后就职于哥斯达黎加大学，历任系主任、副校长和校长。1998 年任教育部长。他除了著有有关哲学、信息学等方面的著作外，还写过大量的诗歌和故事。

还有一些哥斯达黎加诗人得过国际大奖，如赫尔曼·萨拉斯、卡洛斯·路易斯·阿尔塔米拉诺、里卡多·乌略亚·巴雷内切亚和劳雷亚·阿尔万。

（三）其他文学形式

20 世纪后半期，哥斯达黎加出现了一些著名的剧作家。最著名的是阿尔韦托·卡尼亚斯，代表作有《英雄》（1956）、《在两年前的 8 月》（1968）、《被盗的丧服》（1962）等。阿尔弗雷多·桑乔，最初在墨西哥从事戏剧工作，后在哥斯达黎加写下了《得博拉》、《三个假面具》和《魔鬼是个天使》。

在儿童文学方面，以笔名卡门·天琴座写作的女作家马利亚·伊萨贝尔·卡瓦哈尔（1888～1951），其儿童作品集《我的姑姑潘奇塔讲的故事》最为人们所知。她除了是位有名的作家外，还是哥斯达黎加共产党的缔造者和领导者之一，并为一些报纸和杂志写过政论文章。

二 音乐和舞蹈

（一）音乐

1. 主要音乐形式

哥斯达黎加音乐文化非常丰富。流行音乐很受欢迎。卡里普索音乐（calypso），是一种以金属器乐和瑞格舞曲为基础的独特的非洲—加勒比混合音乐，深受哥斯达黎加各个阶层人民的喜爱。在圣何塞以及其他一些大城市里流行迪斯科舞曲；美国和英国的摇摆舞与流行音乐在青年人中相当流行；还有一些舞曲如 soca、salsa、梅伦格舞（merengue）、昆比亚以及 Tex-Mex，都是哥斯达黎加人喜欢的音乐。墨西哥音乐在农村的中年人中有较大的影响。

哥斯达黎加最流行的民间舞曲叫作"tambito"，它与阿根廷的探戈一样，是哥斯达黎加的国粹。无论在世界哪个角落，哥斯达黎加人只要听见 tambito 的乐曲，就会激动万分，随着音乐翩翩起舞。

根据地理位置分布，哥斯达黎加的民间音乐分四种类型，即中部高原地区、彭塔雷纳斯—瓜纳卡斯特地区、加勒比沿海地区和土著印第安人居住区。（1）中部高原的居民主要是来自西班牙的移民后裔，因此这一地区音乐几乎都起源于西班牙，乐曲形式主要是华尔兹、马祖卡、进行曲和波尔卡。（2）蓬塔雷纳斯—瓜纳卡斯特地区被称为是哥斯达黎加民间音乐的摇篮和巨大宝库。这里居民的祖先主要是印第安人和西班牙人的混血种人，性格特点是快活、多情、平和、能歌善舞。有人说，哥斯达黎加所有民间音乐都与彭塔雷纳斯—瓜纳卡斯特音乐有联系，其中帕西略舞和卡莱赫拉舞最为人们所知。这里还流行前哥伦布时代的音乐，如乔罗特加人的太阳舞和月亮舞舞曲。（3）加勒比沿海地区的音乐受到非洲文化的影响。这里最早的居民是印第安人，以后又流入大量来自安的列斯群岛的黑人。黑人们带来了他们的习俗、宗教信仰、舞蹈、音乐，因此这里的音乐自然带有黑人音乐的特点，甚至还有美国南部黑人音乐的影响。牙买加音乐、非洲—加勒比音乐融合的音乐产物如伦巴舞和瑞格舞的舞曲、sinkit 混合打击乐、土著人的卡利普索舞曲在这一代相当流行。（4）西班牙人到达之前的印第安人留下了大量的音乐遗产，包括一些几乎失传的音阶、某些仪式音乐。如今，印第安人集中的地区主要还流传着在很久很久以前印第安人在宗教仪式上演奏的一些悲哀的曲调。

2. 主要乐器

马林巴是哥斯达黎加民间音乐中运用最多的乐器。这种源于

非洲的木琴，是中美洲各国土著音乐的基础，在危地马拉、尼加拉瓜和哥斯达黎加的传统民谣中都很常见。哥斯达黎加民谣中马林巴的使用是起到过渡和平缓气氛的作用。土著人常使用的基洪戈（quijongo，一种用葫芦壳扩音的弦乐器）、桑本巴这两种乐器，一直保持至今。双簧管在民间音乐中也较常用。但是，在哥斯达黎加大部分地区，印第安人的古老乐器如奥卡里纳斯（ocarinas，一种陶制的卵形笛）已经逐渐被手风琴和吉他等现代乐器所代替。

3. 主要音乐家和乐队

1821 年，哥斯达黎加组建了军乐队。早期的音乐家有国歌的曲作者曼努埃尔·马利亚·古铁雷斯（1829～1887）、军乐队指挥拉斐尔·查维斯·托雷斯（1839～1907）、戈迪亚诺·莫拉莱斯（1839～1917）以及宗教作曲家何塞·坎帕巴达尔（1849～1905）。拉斐尔·查维斯·托雷斯出生在一个赤贫的家庭，从小就上街贩卖自家制作的面包和饼干。一天，军乐团在街头演出，15 岁的查维斯在观赏的人群中随着演奏的曲子吹口哨，引起了军乐队指挥曼努埃尔的注意。曼努埃尔请他到乐团当学徒，一边帮乐队搬运乐谱架，一边与乐手们学习各种乐器。查维斯在乐队中如鱼得水，没过多久，就学会了几乎所有乐器和他最喜欢的乐器单簧管。1867 年他被任命为卡塔戈乐队指挥，并在那里建立了一所视唱学校。1882 年瓜迪亚总统逝世后，查维斯写了《祖国的哀痛》，由军乐团在总统的葬礼上演奏。三年以后，西班牙国王阿方索十三世去世，在葬礼上演奏的曲子也是这部《祖国的哀痛》。1888 年，查维斯被任命为圣何塞军乐队指挥，不久又成为该乐队的总指挥，并被授予陆军上校军衔。他一生还写过一些华尔兹、波尔卡、马祖卡、进行曲等作品。

其他著名的作曲家还有佩德罗·卡尔德隆·纳瓦罗（1864～1909）、亚历杭德罗·莫内斯特尔（1865～1951）、胡利奥·丰塞卡·古铁雷斯等。佩德罗·卡尔德隆·纳瓦罗出生于卡塔戈，曾从师于何塞·坎帕巴达尔，作品主要是宗教音乐，最有名的有《来自上天》、《圣母颂》、葬礼进行曲《陵墓》以及一些校歌。亚历杭德罗·莫内斯特尔是哥斯达黎加第一位在其作品中采用当地民歌的作曲家。胡利奥·丰塞卡·古铁雷斯被称作浪漫派作曲家，从小就表现出杰出的音乐才能，13 岁写出了第一部作品《11 月的下午》。他先后毕业于国家音乐学校和圣塞西莉亚音乐学校，1902 年赴意大利米兰深造，1904 年在布鲁塞尔皇家音乐学校学习。回国后，被聘为圣何塞青年女子学院音乐教授。除教学工作外，还曾在教育部任职。丰塞卡最有名的作品是 1914 年写的华尔兹舞曲《愉快》和 1916 年写的《红色小帽》、1934 年12 月首次公演的《热带组曲》以及 1937 年在全国博览会上获得金奖的《交响幻想曲》。在民歌创作方面，丰塞卡也颇有建树，先后写了多首歌曲，如《我的土地之明日》《我的祖国》《擦鞋匠》《再见，蝴蝶》《噢，哥斯达黎加》等等。另外，他还写过许多宗教歌曲和乐曲、室内乐、钢琴曲、舞曲、歌剧和交响乐。

当代作曲家包括马里奥·阿尔法盖尔（Mario Alfagüell）、马文·卡马乔、亚力杭德罗·卡尔多纳、本杰明·古铁雷斯、路易斯·迭戈·艾拉等。哥斯达黎加还有一些芭蕾舞和歌剧作曲家，如根据印第安神话改编的芭蕾舞《托西尔的石头》的曲作者卡洛斯·涅托、歌剧《玛莉安雷拉》以及《君主们的礼物》的曲作者本哈明·古铁雷斯、歌剧《罗切斯特》的曲作者贝尔纳尔·弗洛雷斯以及交响乐《月之声》的作者胡利安·克萨达。

哥斯达黎加最著名的男高音是梅利科·萨拉萨尔（1887 ~1950）。他曾在圣塞西利亚音乐学校学习声乐，20 岁时赴意大利米兰深造，1911 年首次随兰巴尔迪歌剧团赴中美洲和美国巡回演出，不久在圣何塞国家剧院演出了意大利作曲家玛斯卡尼的歌剧《乡村骑士》。1917 年在巴西圣保罗演出期间，被人们称为是

"拉美的卡鲁索"（恩里科·卡鲁索为意大利历史上最负盛名的男高音歌唱家）。1920 年他在纽约大都会歌剧院演唱了威尔第的歌剧《命运的力量》，据称，当时只有卡鲁索可以演唱这部歌剧，而萨拉萨尔的演唱亦取得成功。1937 年和 1942 年他又多次回哥斯达黎加进行演出，1950 年 8 月 6 日在圣何塞逝世。为了纪念他，哥斯达黎加修建了一座以他的名字命名的歌剧院。

20 世纪 80 年代以来，哥斯达黎加一些艺术家和乐队因其独特的音乐风格而出名，如咖啡加牛奶（Café con Leche）乐队、集体无意识乐队（Inconsciente Colectivo）和 editus 乐队，editus 乐队还获得了格莱美奖。80 年代以后，出现了一种新型的拉丁音乐风格 chiqi-chiqi，融合了梅伦格、cumbia、非洲黑人音乐等音乐元素在内。表现这种音乐风格的乐队有 Los Hicsos 和 La Banda。

20 世纪 90 年代末，哥斯达黎加出现了一种全新的摇滚乐，融入了瑞格舞曲和斯卡（Ska）舞曲的音乐元素。主要乐队有甘地乐队（Gandhi）、进化乐队（Evolución）、印第安探戈乐队（Tango India）、双人套房乐队（Suite Doble）、阿尔玛·波希米亚乐队（Alma Bohemia）和 Kadeho 乐队，这些乐队深受哥斯达黎加年轻人的青睐。马尔佩斯乐队（Malpaís）是目前瓜纳卡斯特地区最重要的摇滚乐队，它创作的音乐是哥斯达黎加传统民间音乐、拉丁音乐与爵士音乐的结合体，受到了不同年龄段的音乐爱好者的欢迎，在哥斯达黎加及其周边国家产生了较大的影响。

最有影响的是 Cantares 乐队。该乐队组建于 1979 年，1980 年 Cantares 初次登台并出版了第一张经典唱片《Cantares Costarricenses》。Cantares 乐队的音乐中有传统的马林巴演奏、英伦民谣式的男女声重唱以及独特的 cuadrille 唱法（一种哥斯达黎加传统民歌唱法，以不停顿的平音连读方式快速吟唱长串的歌词，类似绕口令），旋律尤其清新柔美。Cantares 乐队是 20 世纪

70 年代哥斯达黎加新民歌运动中最重要的一支乐队，对哥斯达黎加民间音乐的推广作出了重要贡献。①

4. 主要音乐机构

1942 年哥斯达黎加成立了国家艺术学校和国家交响乐团。交响乐团的创始人是 1899 年生于意大利的乌戈·马里亚尼，国内外许多有名的指挥家都在这里担任过指挥。交响乐团的演出活动已成为哥斯达黎加文化生活的一个重要内容。哥斯达黎加还有一个青年交响乐团，由前总统何塞·菲格雷斯·费雷尔于 1970 年创办。哥斯达黎加大学有一个音乐会乐团、一个管弦乐团以及几个小乐团。哥斯达黎加国立大学有一个弦乐四重奏乐团和一个交响乐团，还有一个钢琴学校。哥斯达黎加大学和国立大学设有乐器、发声、作曲、指挥专业的本科，国立大学还有中美洲艺术和文学方面的博士点。每年 8 月，哥斯达黎加还举办国际音乐节。

（二）舞蹈

哥斯达黎加最具特色的舞蹈是瓜纳卡斯特彭托舞（Punto Guanacasteco），被誉为国舞。这是一种用脚尖和脚跟顿足跳的双人舞，跳舞时男女分成两组，轮流把对方围在中间，同时尖声叫喊，把帽子和围巾抛向空中。这种舞蹈通常要有马林巴琴的伴奏。

哥斯达黎加年轻人喜欢跳拉丁舞，如默朗格舞、昆比亚舞和萨尔萨舞。

最主要的舞蹈团大学舞蹈团（Danza Universitaria）是第一批现代舞蹈团之一，也是最具代表性的舞蹈团之一。多年来，该团培养了众多优秀舞蹈演员和编舞专家，为舞蹈事业开辟了新的田地，对本国舞蹈艺术发展具有里程碑意义。其宗旨是创造、传

①　http://latiname.cc.topzj.com/thread-418310-1-1.html

授、研究和开拓，舞蹈作品质量高，舞蹈编排极具特色，作品紧扣现代主题，有着很强的社会使命感。大学舞蹈团曾在巴拿马、尼加拉瓜、墨西哥、哥伦比亚、厄瓜多尔、委内瑞拉、秘鲁、巴西、智利、阿根廷等多国巡演。团长路易斯·彼埃德拉（Luis Piedra）是备受推崇的编舞，也曾是最早一批舞蹈演员之一，曾获全国最佳编舞奖和最佳舞蹈演员奖。

三　美术

（一）雕塑艺术

哥伦布到来之前，哥斯达黎加的雕塑文化主要分布在三个地区：一个是大西洋沿岸，另一个是中部高原并延伸到太平洋沿岸，第三个是尼科亚地区，包括尼科亚半岛和瓜纳卡斯特省。

大西洋沿岸的雕塑主要是石制和陶制的人形雕塑。在太平洋沿岸南部曾发现一些巨大的球体石雕，最大的直径 2.5 米以上，重量 1.5 吨左右。当年印第安人用这些石雕球做什么，至今仍是未解之谜。中部高原除了这类雕塑外，还有金制的珠子和首饰。在尼科亚地区，曾发现过精致的彩色陶瓷，这在整个中美洲地区都是独一无二的。

哥斯达黎加美术的第一个重要人物是法德里克·古铁雷斯（1841~1897）。他既是杰出的雕塑家，也是政治家和军人，其石雕作品主要是《圣经》人物。胡安·莫拉·冈萨雷斯（1860~1905？）受中美洲人物肖像雕塑的影响，创作了许多政治、军事、宗教人物的半身雕像，目前均收藏在哥斯达黎加国家博物馆内。欧洲学院派的影响始于胡安·拉蒙·博尼利亚（1882~1944）。他曾在罗马受过艺术教育，其雕塑作品中有许多半身像，可惜一些群雕在战争时期被破坏了。胡安·拉斐尔·查孔（1894）的作品最初受民间人物肖像的影响，后向纯粹的学院派发展。画家、作家和雕塑家马克斯·希门尼斯（1900～1948）被认为是哥斯达黎加美术史上承前启后的人物。

哥斯达黎加雕塑艺术还受到墨西哥美洲主义的影响，代表人物是胡安·曼努埃尔·桑切斯，作品特点是人物面部表情较丰富。除了石雕外，他的作品还有铜雕和泥雕。受美洲主义影响的雕塑家还有弗朗西斯科·苏尼戈和内斯托尔·塞莱东·古斯曼。弗朗西斯科·苏尼戈作品的题材大都与墨西哥有关，因为他在那里度过了大半生。1936年他创作了一尊母亲给婴儿哺乳的石雕，取名《母爱》，是哥斯达黎加最著名的雕塑作品。其另一雕塑作品《埃弗利亚》，至今耸立在圣何塞国家艺术中心和文化中心入口处。

欧洲新的美学潮流是通过阿莱霍·多夫莱斯传入的。他的作品虽不排斥现实主义，但有时更倾向于抽象主义。新一代雕塑家有：路易斯·乌马尼亚·鲁伊斯、奥尔加·比列加斯·克鲁斯、米格尔·安赫尔·布雷涅斯、克里桑托·巴迪利亚等。

旅游业的发展促进了木雕艺术的发展，在这方面影响最大的是伊斯卡苏的巴里·比埃桑斯。公认的手工艺品中心萨切主要生产哥斯达黎加传统的木制牛车，上面装饰着鲜艳的花纹，微型牛车可用作花园的装饰品或家用酒车。萨切还是其他工艺品和传统木质家具的中心，所用材料都是硬木，如桃花心木、黑檀木等。

（二）绘画

1897年，全国美术学校在圣何塞建立，标志着绘画历史的开始。创始人、西班牙大师托马斯·波韦达诺（1857～1943）早年在西班牙成名，后旅居厄瓜多尔和墨西哥，1897年应伊格莱西亚斯总统邀请组建全国美术学校。许多画家都师从波韦达诺，如恩里克·埃昌迪（1866～1959）、安赫拉·卡斯特罗·克萨达（1884～1954）以及何塞·弗朗西斯科·萨拉萨尔（1892～1968）。20世纪40年代全国美术学校成为哥斯达黎加大学的一个组成部分。波韦达诺是学院派坚定的捍卫者，其作品主要有国家政治社会中重要人物的肖像、风景画、图书插图等。

40 年代以后，哥斯达黎加又出现一批受到墨西哥壁画家影响的画家，如特奥多里科·基罗斯（1897～1977）和福斯托·帕切科（1899～1966）。基罗斯从小就表现出绘画天赋，7 岁起师从波韦达诺、埃昌迪等大师，后赴美国波士顿学习，在那里受到先锋派造型艺术以及西班牙印象派画家索罗利亚的影响。1928～1936 年组织了一些全国展览，这些展览冲破了学院派的格局，使得国内现代造型艺术得到发展。基罗斯曾任哥斯达黎加大学美术系主任，创立了全国风景绘画作品展，在哥斯达黎加艺术史上占有一席之地。作为建筑师，他曾负责一些公共和私人工程及一些教堂的建设，致力于保护殖民地时期的建筑工程。

马克斯·希门尼斯、弗朗西斯科·阿米赫蒂（1907）以及玛格丽塔·贝尔特阿乌（1903～1975）则是德国超现实主义和表现主义的追随者。阿米赫蒂早期曾在哥斯达黎加艺术学院学习，任教埃雷迪亚师范学校并在一些出版物做美工，1934 年与其他艺术家共同出版了哥斯达黎加美术史上的第一本"木刻集"，后到墨西哥学习壁画。回国后，在总统府创作了壁画"农业"。阿米赫蒂是一位多产艺术家，一生中创作了无数绘画、木刻、壁画，除在哥斯达黎加举行过多次个人展览外，在阿根廷、墨西哥、巴拿马、波多黎各、危地马拉、厄瓜多尔、德国、法国、日本、美国、联合国教科文组织都举行过展览。在国内外多次获奖，其中的哥斯达黎加马贡奖专门授给哥斯达黎加最杰出的文化界人士。除以上提到的画家之外，哥斯达黎加著名的画家有曼努埃尔·德拉克鲁斯·冈萨雷斯、弗朗西斯科·苏尼戈以及克劳迪奥·卡拉索。

1961 年哥斯达黎加出现了一个"8 人集团"，对欧美学派进行了大胆的探索，提出要组织国内和国际的展览，以促进本国绘画的独创性。该组织成员有内斯托尔·塞莱东·古斯曼、塞萨尔·巴尔韦德、吉列尔莫·希门尼斯、曼努埃尔·德拉克鲁斯·冈萨雷斯、哈罗德·丰塞卡、拉斐尔·加西亚、路易斯·达埃尔和埃尔南·冈萨雷斯，后来又加入了洛拉·费尔南德斯和吉列尔莫·孔巴里萨。他们的活动补充了全国美术学校的学术工作，影响了一大批新的画家，其中著名的有：里卡多·莫拉雷斯、卡洛斯·波维达、威尔伯特·比列加斯、何塞·路易斯·洛佩斯、玛格丽塔·富斯卡尔多、迪斯弗雷多·加里塔、卡洛斯·巴尔沃萨、赫拉尔多·冈萨雷斯等。

四　文化设施

（一）博物馆

要的博物馆有：

哥斯达黎加艺术博物馆（Museo de Arte Costarricense），位于首都圣何塞的萨瓦纳公园中心，是一座美丽的殖民地时代建筑，收藏着 19 世纪和 20 世纪的绘画、雕塑作品。

哥斯达黎加国家博物馆（Museo Nacional de Costa Rica），位于首都圣何塞中央大道和第二大道之间的第 17 街，主要收藏前哥伦布时代的艺术品以及最重要的考古遗址瓜亚博（Guayabo）遗址发掘的古代艺术品，还有大量的宗教艺术品。该博物馆所在地被称为福塔雷萨（La Fortaleza），过去是一个感化院。

玉石博物馆（Museo de Jade），位于首都圣何塞第 9 和第 11 大街之间的第 7 大道上，是世界上玉符山石藏品最多的博物馆之一。在这里，可以欣赏到大量美丽的印第安人玉制品和动物玉雕。

儿童博物馆和国家美术馆（Museo de los Niños y Galeria Nacional），是一座带炮楼的"城堡"（从前是监狱），位于首都圣何塞第 9 大道以北第 4 大街北侧的小山顶上。儿童博物馆的展品内容广泛，有地理、天文、音乐、科学、文化和交通等方面，适合儿童参观。国家美术馆主要收藏前卫派绘画作品，陈列在原来的囚室里。

利蒙种族历史博物馆（Museo Etnohistórico de Limón），位于利蒙港第一大道和第二大道之间的第4大街上。在这里，人们可以欣赏大量的非洲—加勒比风格的手工艺品，了解利蒙省与众不同的独特文化，同时可以欣赏到一些美术作品。

萨瓦内罗博物馆（Museo de Sabanero），位于瓜纳卡斯特省利韦里亚市第25大道上，是学习哥斯达黎加民间文化和牛仔文化的最好去处。

蝴蝶农场，位于阿拉胡埃拉的瓜卡玛。它不是严格意义上的博物馆，而是一个农场。哥斯达黎加拥有世界上10%的蝴蝶种类，在这个所谓的"博物馆"里，人们可以看到大部分哥斯达黎加原产的蝴蝶种类，了解它们的生活习性。

当代艺术和设计博物馆（Museo de Arte y Diseño Contemporáneo）成立于1994年，致力于弘扬和宣传哥斯达黎加艺术。

（二）剧院

哥斯达黎加人喜欢看戏，因此剧院数量与人口之比超过世界上其他任何国家。这个传统源于20世纪初，当时一般的学校都把戏剧列入教学内容，南美各国的剧作家也纷纷涌入，使戏剧的地位迅速提高。圣何塞有许多小剧场，上演各种喜剧、哑剧和先锋派作品，每天晚上（星期一除外）都能吸引大批市民。[1] 国家剧院（Teatro Nacional）建于1897年，采用新古典主义设计风格，主要供国家交响乐团演出的地方，在4月至11月的演出季节里吸引着大批圣何塞中产阶层居民。一些较小的古典乐团和合唱团也在这里演出。

---

[1] 克里斯托弗·P.贝克著《哥斯达黎加》，第54页。

（三）图书馆

哥斯达黎加共有约 100 家图书馆，较大的有哥斯达黎加国家图书馆（又称米盖尔·奥夫雷贡·利萨诺国家图书馆和健康和社会保障国家图书馆）、哥斯达黎加大学卡洛斯·蒙赫图书馆、中央银行图书馆、议会图书馆等。

第三节　医药卫生

一　医疗保健体系发展简史

19 22 年，哥斯达黎加建立了卫生与公共健康秘书处，负责公共医疗保健。1929 年该机构被公共卫生部代替。1941 年颁布了强制社会保障法案，建立了社会保障局，为每月收入低于 300 科郎的工人建立了疾病和生育保险。该法案中虽然包括了自由职业者和家政服务人员，但是不强制执行。1955 年，医疗保险覆盖面扩大到参保人员的部分家庭成员。1958 年，规定月收入在 1000 科郎以下的工人可以享受医疗保险。1961 年，宪法修正案规定，到 1970 年医疗保险必须覆盖所有人口。1965 年，议会通过了参保人员的家庭成员享受医疗保险的法案。1971 年，废除了享受医疗保险人员的工资上限的规定，但是薪酬缴费上限提升至 3000 科郎。1973 年，颁布了公共卫生保护法，规定公共卫生部、慈善机构以及香蕉公司所属的所有医院和医疗设施都转归社会保障局管理。20 世纪 70 和 80 年代，美洲开发银行援建了一些医院和诊所。同时，薪酬缴费上限提升至 4000 科郎。1974 年，提高了雇主的缴费比例，减少了国家的缴付比例；医疗保险的覆盖面扩大到极端贫困人口。1975 年，薪酬缴费上限提升至 5000 科郎。1976 年，医疗保险的覆盖面扩大到养老金领取者及其家庭成员，废除了薪酬缴费上限的规定。

1983 年开始实施全覆盖卫生保健计划，哥斯达黎加成为拉美地区医疗保险覆盖率最高的国家之一。社会保障的覆盖率从 1960 年的 15.4% 提高到 1982 年的 86.1%。

20 世纪 80 年代的经济危机严重影响了医疗保健部门。为了维持医疗保险业的流动性，政府不得不提高医疗保险费的缴付水平。医疗保险费的缴付由雇主、雇员和国家三方负担。1983 年，雇员缴付费用所占工资比例从 4% 提高到 5.5%，雇主缴付的比例从 5% 提高到 9.25%，国家缴付的比例由 2% 下降到 1.25%。1983 年，总的缴付比例占工资的 16%，是拉美国家最高的。后来，国家的缴付比例进一步减少到 0.25%。国家通过征收国内生产税、酒类和非酒精饮料进口税、香水和奢侈品进口税、香烟销售税、房地产税以及彩票的收入来支持社会保障。

20 世纪 90 年代，随着经济形势好转，医疗保险的覆盖面逐步扩大，囊括了最偏远地区以及无力缴付保险费的穷人。到 2003 年，已经有占总人口 89% 的人口纳入社会保障局所提供的医疗保险范畴。

社会保障局负责几乎所有的医疗药品和免疫计划，且为低收入人群、极端贫困者以及为其他国家津贴计划支持的病人提供医疗服务。卫生部则负责农村地区和城市边缘地带低收入人群的初级卫生保健工作，以及疟疾、性病等传染病的防控、免疫、环保、毒品控制以及儿童营养方面的问题。国家保险局主要负责工人的医疗保险。

20 世纪 90 年代中期进行医疗改革，由卫生部负责医疗卫生的监督和管理，社会保障局负责采购和服务。另一项重要的医疗改革措施是创建社区诊所或社区初级医疗保健工作队制度：全国分为 90 个"医疗区"，每个医疗区包括 10 个社区初级医疗保健工作队或社区诊所。每 1500 人至 4000 人建立一个保健工作队或一个社区诊所，至少配备一名医生、一名护士和一名技术人员。

二　医疗保健水平

哥斯达黎加的医疗保健水平较高，2004～2007年，医疗部门支出占GDP的比重稳定在6%左右，是中美洲国家中最高的。健康和免疫水平、平均寿命以及婴儿死亡率等指标都是中美洲地区最好的。据联合国拉美经委会公布的数据，哥斯达黎加居民平均寿命从1995～2000年的77.3岁上升到2005～2010年的78.8岁；婴儿死亡率由1995～2000年的11.8‰下降到2000～2005年的10.5‰和2005～2010年的9.9‰；拥有医生的比例由1995年的每1221人一名医生，提高到2007年的每521人一名医生，2005～2007年每1000人拥有1.3张医院床位。[①] 98%的人可以饮用健康水源。卫生部在全国各地实施疾病预防计划，麻疹、白喉、小儿麻痹症和破伤风的疫苗接种率达到85%～95%。

根据世界银行的统计数据，2003年，产妇死亡率0.29‰；5岁以下儿童营养不良率为5%。1999年艾滋病成人患病率为0.54%，有12000人感染艾滋病。到2003年15～49岁人群艾滋病感染率提高到0.6%。主要的死亡原因是心血管病和肿瘤，有10%的人死于先天性疾病或传染病。

第四节　新闻出版

一　报纸

哥斯达黎加是中美洲地区新闻事业比较发达的国家，拥有众多广播电台、电视台。报刊不仅种类繁多，发行量也较大。哥斯达黎加没有本国的通讯社。政府没有管理全国新

---

① CEPAL, Anuario estadístico de América Latina y el Caribe, 2008.

闻事业的统一机构，有关政府的新闻报道、接待外国记者等事宜，主要由总统府和外交部的新闻办公室负责。

哥斯达黎加的报纸一般印刷精良，第一版经常刊登鲜艳的彩色照片和套色排字以配合报道，吸引读者。大多数日报出版及时，除个别节假日停刊外，天天发行。每天清晨4、5点钟就可以在街上的报亭买到，7点钟以前送报人一般可以把报纸送到订户手里。哥斯达黎加人特别是首都圣何塞的居民素有关心时事的传统。不论是在路边还是公共汽车上，手拿报纸专心阅读的人比比皆是。圣何塞是中美洲报纸发行指数最高的城市，甚至可以与阿根廷的布宜诺斯艾利斯和巴西的圣保罗相媲美。

主要日报有《民族报》（La Nación）、《共和国报》（La República）、《号外日报》（Diario Extra）、《自由新闻报》（La Prensa Libre）、《日报》（Al Día.）、《先驱报》（El Heraldo）和《公报》（La Gaceta）等。《民族报》、《共和报》和《自由新闻报》观点较保守。

《民族报》创刊于1940年，是哥斯达黎加最主要的日报，日发行量10万份左右。每天出44版至68版不等，外加16页或32页的《生活》副刊。该报内容丰富多彩，除3版的评论和社论外，有本国新闻、国际新闻、司法、经济、文化、体育、天气预报、广告、影视介绍与预告、商品介绍等栏目。该报观点比较保守，主要读者为商人、专业人员和教育界人士。其电子版有一个叫做一周回顾（Week in Review）英语栏目。网址是http：//www. nacion. com/。

《共和国报》创刊于1950年11月，是哥斯达黎加第二大综合性日报，日发行量6万～7万份。每天出版24～36页不等，外加每天一种体裁的副刊12或16页。除社论和评论版外，有当日要闻、国内新闻、经济索引、行动、国际新闻、杂志、彭博资讯以及一个叫做La Machaca的政治类栏目。主要读者群是对

哥斯达黎加工业和投资环境感兴趣的人群。网址 http：//www. larepublica. net

《号外日报》1978 年 9 月 5 日在首都圣何塞创刊，是哥斯达黎加发行量最大的日报。每天 20 或 24 版，以社会新闻居多，经常刊登耸人听闻的犯罪和暴力活动，主要栏目有：分光镜、评论、国内新闻、国际新闻、体育、法律、现状、一周电视节目等。网址 http：//www. diarioextra. com/。

《自由新闻报》创刊于 1889 年 6 月 11 日，是哥斯达黎加唯一的晚报，也是最老的报纸。日发行量 3.7 万份，周一至周六出版，周日和节假日停刊。每天出版 36 页，设有国内新闻、经济、国际新闻、评论、体育、窗口、警事、专门服务以及叫做 Purruja 的人物卡通漫画等栏目，另外还附加 16 页的副刊。该报的主要读者是中下层群众，观点较左。该报是博拉塞家族的报纸，报社董事长、社长和总经理都是该家族的成员。网址：http：//www2. prensalibre. cr/pl/。

《公报》创刊于 1844 年，日发行量 2 万份，是专门刊登法律、行政命令和规定的官方报纸。

除西班牙文报纸外，哥斯达黎加还有一些英文报纸，如《海滩时报》（*The Beach Times*）、《哥斯达黎加新闻》（*The Costa Rica News*）、《探索哥斯达黎加》（*Explore Costa Rica*）、《哥斯达黎加内部》（*Inside Costa Rica*）和《哥斯达黎加诺萨拉之声》（*Voice of Nosara Costa Rica*）等。《艾斯卡苏新闻》（*Escazu News*）和《今日哥斯达黎加》（*Costa Rica Today*）是英语和西班牙语双语报纸。

二 广播

全国有 130 多家商业、文化和宗教广播电台。据估计，98% 的人口拥有至少一台收音机。

拉丁美洲电台（Radio America Latina）是一家独立电台，不受任何政党或财团的控制。创建于 1948 年，每天播放四五个小时的新闻、1 小时体育新闻、1 小时宗教节目、9 小时文娱节目，其间插播大量广告。纪念碑电台（Radio Monumental）成立于1929 年，属查维斯—皮帕萨财团所有，以播放体育节目为主。哥伦比亚电台（Radio Columbia）属阿尔法罗家族所有，成立于1988 年，主要播送社会消息、基督教节目和体育新闻。国家电台（Radio Nacional）是 1978 年成立的官方电台，主要播送政府和国际上的重大新闻以及文化和教育节目。英语广播电台是第二电台（Radio Dos）。

三　电视

哥斯达黎加从 1960 年开始有电视台，目前全国共有 8 家商业电视台，1 家国有电视台，3 家有线电视公司，有 4 家美国卫星转播台。大多数本国的电视台都播送自己采编的节目，国内重要新闻和重要体育赛事都进行现场直播。国际新闻图像大都采自美国电视节目。

哥斯达黎加有线电视始建于 1991 年，隶属于哥斯达黎加电视公司。目前全国大部分重要城市都能接收有线电视。共有 64 个台可以选择，其中 7 个台是本国的电视台，其他主要是美国、欧洲一些国家的电视台，包括我国的中央 4 台。

电视 2 台成立于 1983 年 5 月，曾隶属于 6 台，后独立。主要播放基督教节目、体育新闻和儿童节目。每天下午 1 点和晚上11 点有新闻节目。另外还播放一些电视连续剧。

电视 4 台和 9 台建立于 1961 年 7 月，主要播放电视连续剧，每天中午 12 点和晚 9 点播放两小时的新闻节目。

电视 6 台成立于 1965 年 9 月，每天以播放儿童节目和电视连续剧为主，播映的电影尤其受观众欢迎，也播放少量新闻节目。该台播出功率最大，节目覆盖全国，收视率最高。

电视 7 台创建于 1960 年，是哥斯达黎加建立最早的电视台。每天除播放 3 小时的新闻外，节目与 6 台近似。全国各地均能收看 7 台，其收视率居全国第二。

电视 13 台是唯一的国家电视台，又名文化教育台，成立于 1978 年 9 月。该台以文体、教育、体育、电影、音乐、歌剧、话剧等文化节目为主，并经常介绍本国和外国的历史文化。每晚 7 点播放 1 小时新闻节目。

第六章

外　交

第一节　外交政策

哥斯达黎加一贯奉行和平、中立的外交政策，支持各国人民自决和不干涉别国内政的原则，主张正义、平等、休戚与共、容忍、尊严、尊重人权和民主，主张运用法律手段来解决争端，坚决反对暴力。历届政府重视发展同拉美各国的传统友好关系，积极推动地区经济一体化进程，支持建立美洲自由贸易区。1974～1975 年、1997～1998 年和 2008～2009 年三度当选联合国安理会非常任理事国，现与 124 个国家有外交关系。

一　20 世纪 60～70 年代的外交政策

20世纪 60 年代，哥斯达黎加的外交政策相对比较封闭。其在国际政治上，主要追随美国实行反古、反共的政策；在区域政策上，以"民主、自由"为由，反对美国对拉美地区特别是中美洲地区的干涉。对美国操纵的中美洲防务体系十分冷淡，与本地区其他国家的军政府几无来往，与世界其他地区来往更少。在经济上，反对美国利用"争取进步联盟"控制本国经济，特别是对美国压低农产品价格，给其经济造成巨大损失十分不满，在许多场合向美国提出抗议。

20 世纪 70 年代，对外关系进入新的阶段，逐步摆脱了过去对外封闭状态，转向开放和多元外交。在 70 年代的大部分时间中，都是由民族解放党执政，先后是菲格雷斯政府和奥杜维尔政府，两届政府的外交部长都是贡萨罗·法西奥，因此这个时期哥斯达黎加的外交政策比较稳定。其外交政策的目标是"推动世界和平及加强对外合作，改善国家为经济和社会发展作出的努力"；主要特点是积极与世界各国建立外交关系，扩大对国际事务的参与。哥对外关系的重要变化是与当时的苏联实现了外交关系正常化并与东欧多数国家建立了外交关系；积极参与第三世界和拉美地区一体化活动；参加"77 国集团"，参与加勒比多国海运公司（NAMUCAR）及香蕉出口国联盟的创建工作；支持对古巴解除封锁、支持巴拿马收复运河以及提出建立最高人权法院、坚持捍卫人权等。在菲格雷斯政府期间（1970～1974 年），有正式外交关系的国家从 45 个增加到 81 个。到 70 年代末，卡拉索政府（1978～1982 年）时期，其建交国达 92 个。

上述外交政策发生变化的主要原因是：（1）政府对世界格局变化有新的认识，认为世界"已经从对抗时代转变为谈判时代"，时代的主要标志是缓和，这是一个"充满希望的革命"的进程，而哥斯达黎加就处在这个进程中；（2）咖啡严重过剩。20 世纪 60 年代咖啡产量增长较快，到 60 年代末急需为咖啡找到新市场，主要是面向东欧国家和亚洲国家；（3）拉美政治出现了新的变化；（4）国际经济危机加剧。哥经济受到严重冲击，急需寻求新的出口市场，经济利益超过了意识形态考量。

菲格雷斯和奥杜维尔政府的外交政策遭到美国政府的不满。对此菲格雷斯在一次讲话中表示，哥斯达黎加仍属西方联盟，是美国的盟友，但是作为一个有着民主传统的小国，不仅可以而且应该对世界政治的重大问题发表自己的见解。在寻求平衡的国际关系方面，两届政府的外长法西奥说：在当今国际活动中，我们

已经逐步放弃了当观众的角色，要学会担当主要角色。

20世纪70年代无论是民族解放党的菲格雷斯和奥杜维尔政府还是基督教社会团结党的卡拉索政府都认为在全球除了有东西方冲突外，还存在着南北矛盾。在东西方冲突中，哥斯达黎加属于西方；在南北矛盾中，哥斯达黎加应该站在第三世界一方。哥斯达黎加支持发展中国家提出的建立国际经济新秩序的立场，反对经济依附，寻求南南合作，要求发达国家接受联合国贸易和发展会议（UNCTAD）的观点，即对发展中国家出口产品保持合理和稳定的价格，取消关税壁垒、贸易歧视和保护政策，筹措资金促进发展等。哥斯达黎加政府认为，只有解决了这些问题，才能避免南北矛盾加剧。1980年哥斯达黎加与墨西哥、委内瑞拉共同签署了"圣何塞协议"，墨委两国以优惠价格向哥斯达黎加提供石油。该协议已成为拉美国家间合作的典范。

哥斯达黎加支持修改美洲国家组织宪章，主张增加意识形态多元化的原则；同意在泛美互助条约中取消对古巴的制裁，允许各国与古巴恢复关系。

哥斯达黎加坚决支持巴拿马为收复运河的斗争。奥杜维尔说，巴拿马的斗争就是哥斯达黎加的斗争，哥斯达黎加支持巴拿马所有的决定。外长法西奥在联合国安理会的一次会议上说，小小的巴拿马在与北方强国的谈判中，应该得到拉美和世界其他国家道义上的支持。

70年代末，尼加拉瓜桑地诺民族解放阵线发动全国起义。在与索摩查独裁政权的斗争中，桑解阵得到了哥斯达黎加的支持。为此哥斯达黎加与尼加拉瓜政府在两国边境发生多次冲突，哥国民警卫队经常遭到索摩查军队的袭击，多人伤亡。1978年11月，卡拉索政府宣布与尼加拉瓜断绝外交关系，并请求美洲国家组织召开会议讨论对索摩查政权的制裁。哥政府的立场得到了许多拉美国家的支持。与此同时，哥政府还用各种方式支持桑地诺民族解放阵线，允许其通过本国领土运送武器。哥斯达黎加在桑地诺民族解放阵线最终于 1979 年 7 月夺取政权的斗争中起到了关键性作用。

因本国没有军队，哥长期以来在各种场合坚决主张裁军，是拉美第一批签署有关在拉美建立无核区协议的国家。卡拉索总统在一次讲话中说，如果不接受严格的判决并保持目前的军事现状，就不可能建立更合理的国际秩序。为了推动裁军和和平，1980 年卡拉索总统提出建立联合国和平大学的提案，同年在联合国获得通过并将校址选在哥斯达黎加。

二 20 世纪 80 年代的外交政策

20 世纪 80 年代，中美洲危机爆发，两个超级大国的干涉使危机更加复杂多变。作为尼加拉瓜的邻居，哥斯达黎加的外交政策遇到严峻挑战。政府面临两难境地：一方面，美国和国内极右势力将桑地诺新政权视为眼中钉肉中刺，支持尼加拉瓜反革命武装力量，不仅提供资金武器，还允许这些武装力量在哥建立军事基地；另一方面，桑解阵夺取政权后，坚决反对美国干涉，反击来自哥边境地区反政府力量的进攻。在两面夹攻中，保卫本国的民主制度，保持非军事化，避免卷入中美洲冲突成为当时的首要任务。对此，三届政府采取了不同的策略。

20 世纪 70 年代末至 80 年代初的卡拉索政府，支持桑解阵的立场，并在一定程度上卷入了战争。此后蒙赫总统提出了解决中美洲危机的建议，但并未取得成果。1983 年 11 月为了摆脱冲突，蒙赫总统正式宣布中立。哥斯达黎加的中立立场不论从政治上还是从经济上都有着重要意义。美国对中美洲事务的干预使哥进退维谷，如果屈从美国，哥就不可避免地卷入不断升级的地区战争中，必将有损于该国最引以为自豪的民主制度；如果反对美国，又有悖于同美国的传统友好关系，此时恰值严重的经济危机

时期，结构调整政策急需得到美国大量的资金援助。正是基于这些考虑，蒙赫政府将外交中立作为其外交政策的基础。这样即使不能实现地区和平，至少也能保持国内和平。

1986年阿里亚斯总统上台后，对外政策显示出更加独立、活跃的特点。当时中美洲地区政治、经济、社会问题十分复杂，哥斯达黎加不可能置之度外。阿里亚斯政府除坚持中立立场外，积极参加调解冲突各方的立场，支持孔塔多拉集团的斡旋活动，反对外部干预，推动和平进程。1983年1月，巴拿马、哥伦比亚、墨西哥和委内瑞拉成立了孔塔多拉集团，在中美洲地区进行协调斡旋活动。碍于美国的阻挠和挑拨，孔塔多拉集团提出的各种方案未能付诸实施。在这各方都无能为力的情况下，1987年阿里亚斯总统倡议召开了中美洲高峰会议，邀请危地马拉、洪都拉斯和萨尔瓦多总统与会。会上，阿里亚斯提出了一项关于中美洲和平的十点计划（后称"阿里亚斯计划"）：有关国家实行全国调解，包括大赦、对话；冲突各方实行停火；各国举行自由选举；中止外国军事援助；禁止利用一国领土侵略他国；削减军备；等等。十点计划是一个折中的方案，它既要求尼加拉瓜政府同反对派对话，也要求美国停止援助尼加拉瓜反政府武装力量。同年8月，中美洲五国总统在危地马拉再次召开会议，签署了"在中美洲建立稳定持久和平的程序"。随后，尼加拉瓜、萨尔瓦多和危地马拉均在本国开始落实协议的内容。阿里亚斯计划使动乱多年的中美洲露出了和平的曙光，得到了全世界爱好和平的人民的支持，为此，1987年阿里亚斯获得了诺贝尔和平奖。挪威诺贝尔奖金委员会盛赞阿里亚斯，"作为中美洲和平计划的主要设计者，阿里亚斯总统对一个长期遭受纷争和内战折磨的地区可能恢复稳定与和平作出了杰出的贡献"，"他为和平所作的努力的重要性将会超越中美洲的界限"。

此后，阿里亚斯总统的国际声誉如日中天，阿里亚斯和外长经常穿梭在欧洲、美洲主要国家之间，一方面求得国际上对中美洲和平进程的支持，另一方面积极调解中美洲冲突各方的矛盾。哥常常成为某个国家或对立派别谈判的舞台，不仅尼加拉瓜、萨尔瓦多政府与其反对派，而且哥伦比亚政府与游击队、巴拿马政府与反对派都在哥斯达黎加进行过谈判。80年代末，中美洲国家特别是尼加拉瓜的和平进程取得进展都与哥斯达黎加的斡旋调解分不开。由于中美洲国家提出的和平进程没有满足美国的要求，里根政府曾派国务卿游说中美洲各国，企图劝说它们放弃和平进程。对美国的行径，阿里亚斯总统提出了严肃的批评，两国关系一度冷却。这种状况直到布什总统调整了对中美洲政策后才有所改观。1989年10月，哥斯达黎加借本国实现民主100周年庆祝活动，邀请了15个美洲国家首脑参加，包括美国总统布什和尼加拉瓜总统奥尔特加。按照阿里亚斯总统的提议，15国元首以自由交谈的方式讨论了民主、发展、外债、裁军、环保和反毒等地区重大问题。

在积极寻求中美洲和平的同时，哥政府还努力争取外部援助，解决本国外债问题。80年代与主要债权国和国际金融机构谈判重组外债，是这一时期外交活动的又一重要内容。经过多次谈判，哥斯达黎加最终减免了10亿美元外债。

三　20世纪90年代以来的外交政策

20世纪80年代末90年代初，世界格局发生了重大变化，东欧剧变、苏联解体、东西方冷战结束。美国政府改变了80年代的"低烈度战争"战略，转而通过"民主化"的"和平演变"手段干涉中美洲事务。1990年尼加拉瓜举行大选，亲美的反对派全国联盟获胜；1992年萨尔瓦多政府与法拉本多·马蒂民族解放阵线签署和平协议，结束了长达12年的内战，中美洲局势随之趋于缓和。鉴于这种特殊形势，哥外交政策

发生了较大变化：第一，外交政策重点发生变化。80 年代，哥斯达黎加外交政策的重点是为维护本国的民主体制争取和平的周边环境，积极参与促进地区和平；90 年代，主要围绕着扩大本国产品出口、促进经济发展展开。第二，经济外交趋向多元化。此前，其对外经济交往主要集中在美国和中美洲国家。在中美洲危机时期，美国为哥提供了较多的经济援助，密切了两国经济关系。随着中美洲局势的缓和，美国减少了经援，取而代之的是带有附加条件的贷款和其他优惠待遇。在这种情况下，除积极与美国谈判有关自由贸易协议和减免债务、争取贷款外，政府开始注重与拉美其他国家及区域外国家的经贸交往。1990 年，哥斯达黎加成为"关贸总协定"的签署国，与墨西哥、巴拿马、加拿大等国积极进行自由贸易协定的谈判。

　　卡尔德隆总统上台后，先后访问了尼加拉瓜、墨西哥、委内瑞拉、美国、哥伦比亚和智利等美洲国家及联邦德国、西班牙等欧洲国家，主要目的是建立和加强双边经济合作、经贸往来及技术援助。1994 年，与墨西哥的自由贸易协定正式签署，哥斯达黎加成为第一个同北美自由贸易区成员国签署自由贸易协定的中美洲国家。该协议被认为是拉美国家间内容最完整的一项自由贸易协定，包括有关市场准入、促进投资、保护知识产权的规定以及解决贸易争端的办法等，涉及哥斯达黎加 4000～5000 种产品，其中 86% 的产品从协定生效之日起就实行零关税。

　　90 年代中后期，菲格雷斯和罗德里格斯两任政府进一步实行对外开放政策，除继续加强与拉美各国的关系外，还加快进入国际政治舞台的步伐。其主要目标是成为联合国非常任理事国、加入不结盟运动以及成为 77 国集团主席；努力谋求中美洲和平与非军事化，积极推动地区政治经济一体化进程。1995 年 6 月，哥正式加入中美洲一体化体系（即 1991 年由危地马拉、萨尔瓦多、洪都拉斯和尼加拉瓜四国签署的特古西加尔巴议定书）。这一举动标志着该国中美洲意识的进一步加强。哥政府认为，中美洲国家应重新努力接近欧洲和加拿大，争取加入北美自由贸易协定，不干涉古巴内政，反对美国的"赫尔姆斯—伯顿法"，努力改善同古巴的关系。

近年来，哥斯达黎加在国际舞台上积极维护发展中国家的利益，主张南南合作，消除强国与弱国之间的经济不公正；批评发达国家的贸易保护主义和向发展中国家出售武器的行为；主张"冷战"结束后，发达国家应将节省的军费开支用于社会发展。2002年5月帕切科上台后，决定加入中美洲关税联盟。在美国入侵伊拉克问题上，哥斯达黎加政府曾以反对国际恐怖主义为名支持以美国为首的盟军入侵伊拉克。这一立场遭到国内民众的反对。2004年宪法法庭以哥斯达黎加是一个非武装的永久中立国为由裁决政府这一立场违宪。同年9月，哥外交部正式通知美国，要求将哥斯达黎加从支持伊拉克战争的盟国名单中除名。

哥斯达黎加曾在不同的场合下，参与起草一些国际文件，如《国际公民与政治权利公约》（Pacto internacional de los derechos civiles y políticos），《国际社会经济与文化权利公约》（Pacto internacional de derechos económicos sociales y culturales）和《公民与政治权利议定书》（Protócolo de derechos civiles y políticos）。

2006年上台的阿里亚斯政府主张维护外交尊严和独立性，重点发展同美国的关系，重视改善同周边地区国家的关系，加强同亚太地区、非洲国家的交往，支持多极化和地区一体化。阿里亚斯总统提出"哥斯达黎加共识"和"与自然和平共处"倡议，利用其诺贝尔和平奖得主的声誉在国际社会呼吁减免穷国债务、裁减军费开支、控制武器交易和加强环境保护，以提升本国国际地位，谋求地区领袖地位。哥还积极谋求加入亚太经济合作组织（APEC）。2007年10月，哥斯达黎加顺利当选2008～2009年度联合国安理会非常任理事国。阿里亚斯总统执政以来，哥斯达黎加先后同埃及、

巴林、科威特、约旦、黑山、中国、黎巴嫩、乌干达、刚果、也门、博茨瓦纳、斯威士兰、布隆迪等国建交。建交国增至 124 个。

第二节　与美国的关系

与美国的关系是哥外交关系最重要的方面之一。长期以来，双边关系保持稳定，在中美洲和平进程、马岛战争等问题上的立场分歧对双边关系未产生严重影响。和其他拉美国家相比，哥、美之间合作、协调较多，矛盾、冲突较少。阿里亚斯 2006 年再次当选总统后，于当年 12 月访问美国。2009 年 3 月，奥巴马政府就职两个月，副总统拜登就访问哥斯达黎加。对此，阿里亚斯总统称"美国已经重新承认哥斯达黎加是美国在本地区的'战略伙伴'"。在 2009 年 4 月举行的第五届美洲峰会上，阿里亚斯总统支持美国，批评拉美一些反美领导人。在洪都拉斯危机中，美国坚定支持哥斯达黎加的调停。哥美双方领导人都曾从各自国家角度对长期稳定的双边关系作出解释。哥前总统蒙赫认为，哥斯达黎加在历史上与美国没有占领问题、运河问题，也没有过度挑衅的外国投资者，因此和其他多数拉美国家不同，哥民众并不存在强烈反美情绪，这是哥政府积极发展对美关系的重要民意基础。[①] 而美国国务卿希拉里更强调共同价值观的作用。2009 年 9 月 15 日哥斯达黎加独立 188 周年纪念日，希拉里特意发表祝贺声明，盛赞哥在促进人权和法治、鼓励和平解决争端、加强民主制度、保护环境、实现共享繁荣等方面是地区内的楷模，称两国在共同价值观下形成坚强伙伴关系。[②] 美国国会

---

① Harold D. Nelson, *Costa Rica*, *a Country Study*, p. 236.
② *Costa Rica Independence Day*, September 14, 2009, http：//www. state. gov/secretary/rm/2009a/09/129194. htm

研究局的一份报告认为，美哥关系历来稳固，这种稳固是对民主、自由贸易、人权等的共同信念的结果。①

美国对哥斯达黎加经济有重要影响。首先，美国是哥最大的外国直接投资来源。如图 6-1 所示，1997~2006 年期间，哥 67% 的外国直接投资来自美国，其所占比例远远高于墨西哥、荷兰、巴拿马、加拿大等其他来源国。2006 年，来自美国的外国直接投资额为 16 亿美元，相当于哥 GDP 的 7.2%。其次，美国是哥斯达黎加最大贸易伙伴。如表 4-7 所示，2006 年，哥出口商品的 41% 输往美国，美国市场的份额远大于中国、荷兰、危地马拉等贸易伙伴。2008 年，哥对美出口额为 39 亿美元，占出

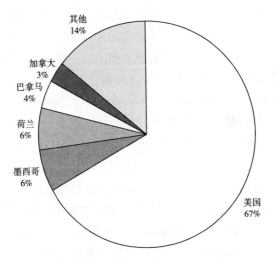

图 6-1 1997~2006 年哥斯达黎加外国投资来源结构

资料来源：*United States Contribute to Economic Prosperity in Costa Rica*，http://trade. gov/promotingtrade/westhemprosperity/costarica. pdf。

---

① Congressional Research Services：*Costa Rica：Background and U. S. Relations*，July 21，2009，p. 6.

口总额的 36%；从美进口额为 57 亿美元，占进口总额的 38%；贸易逆差 18 亿美元。出口商品主要包括医疗器械、水果、机器设备、电子线路等，进口商品以机器部件、石油、塑料制品为主。[①] 再次，美国是哥斯达黎加主要的侨汇来源国。据美洲开发银行统计，2006 年旅居美国的哥斯达黎加侨民向国内汇回 5.2 亿美元。2008 年，哥斯达黎加共收到来自美国的侨汇 4.97 亿美元，共有约 4.9 万个家庭因此受益。约 16.2 万名哥斯达黎加侨民在美国生活和工作，依据不同的受教育情况，他们在哥的家庭每月能收到 60~200 美元不等的侨汇。

2009 年 1 月 1 日，双方之间的自由贸易协定正式生效，为哥美经贸关系注入强大的推动力。然而，双边经贸关系发展到这一步却经历了曲折历程，自贸协定的最终实施一波三折。签订自贸协定前，哥斯达黎加和其他中美洲国家一样，已享有美国赋予的贸易优惠待遇。按照美国的《加勒比盆地贸易伙伴关系法》（the Caribbean Basin Trade Partnership Act），哥斯达黎加 3/4 的出口商品可免税进入美国市场。小布什政府上台后，美洲自由贸易区计划遭遇来自南美国家的强大阻力，美国遂转而首先着力于与毗邻的中美洲和加勒比地区的自贸谈判。2004 年 5 月，美国与中美洲五国哥斯达黎加、尼加拉瓜、危地马拉、洪都拉斯、萨尔瓦多签订自由贸易协议。较之此前《加勒比盆地贸易伙伴关系法》下的安排，自贸协定具有三个特点：一是涵盖的商品和服务更广泛，二是从特定、临时安排变为永久机制，三是从单向优惠变为美国也受益的互惠措施。3 个月后，加勒比地区的多米尼加也加入进来，形成美国—中美洲—多米尼加自由贸易协定。

美国—中美洲—多米尼加自由贸易协定在美国遭遇一定阻

---

① Congressional Research Services：*Costa Rica：Background and U. S. Relations*，pp. 10 – 11.

力，很多民主党议员和部分共和党议员反对该协定。布什政府竭力游说，最终促成国会在 2005 年顺利批准。参议院 6 月 30 日的表决结果是 54 票对 45 票，众议院 7 月 28 日的表决结果是更为接近的 217 票对 215 票，可谓涉险通过。8 月 2 日，布什总统正式签署该协定，完成了美国国内所需全部程序。在白宫为签署这一协定举行的仪式上，布什表示该协定不仅仅是一个贸易协定，将有助于加强拉丁美洲的民主政治，促进整个地区的和平与繁荣。其他五国在 2005 年底之前相继完成了国内审批程序。而哥斯达黎加国内却存在严重分歧，左翼的公民行动党、工会、学生坚决反对协定。签署协定的帕切科政府在任期结束时仍未能说服反对力量，而 2006 年 2 月大选的焦点议题之一也正是该协定。阿里亚斯支持协定，主张国会尽早通过；而其竞选对手、公民行动党候选人奥托·索利斯主张与美国重新谈判，要求美国取消农产品出口补贴，主张继续对电信、电力等部门实行国家垄断，保护本国中小企业。

阿里亚斯成功当选表明哥国内支持力量占上风，为协定通过带来更大希望。尽管如此，阿里亚斯还是不得不通过全民公投这种非常规方式寻求民意支持。2007 年 10 月，哥就协定举行公投，60% 的选民参加投票，结果 51.6% 的人支持、48.4% 的人反对。协定虽然获得批准，但是反对力量仍然拥有相当民意基础。此后的落实过程依然步履维艰，困难重重。为实施协定，哥需要通过 13 项相关法律。但到原定的实施时间 2008 年 2 月到来时，只通过了 5 项。美国和其他签约国两次推迟最后期限，哥斯达黎加才完成全部所需改革。[1] 2008 年 12 月 23 日，哥美两国政府在华盛顿换文，确定自贸协定将于 2009 年 1 月 1 日生效。在协定通过的过程中特别是关键时间点，美国从外部进行了推动。

---

[1] *Costa Rica: Background and U. S. Relations*, pp. 10 – 11.

全民公投前夕，布什政府对哥国内反对力量发出了警告。白宫发言人佩里诺在一份公报中说，如果与哥斯达黎加的协议在公民投票中被拒绝，美国将不和哥政府重新谈判已经签署的协议。美国贸易代表施瓦布也称，如果反对派获胜，哥斯达黎加现在享受的贸易优惠措施在 2008 年 9 月到期后将不可能延长。2008 年 9 月 30 日，美国商务部长古铁雷斯访哥，与阿里亚斯等政要讨论协定进展情况。

哥美之间也存在一些贸易纠纷。2009 年 5 月 6 日，美国驻哥斯达黎加大使馆 6 日发表公报，宣布美国从 5 月 1 日起禁止进口哥斯达黎加海虾，原因是哥渔民在捕虾过程中没有按照美国法律的要求保护海龟。公报指出，经过调查，美国相关部门发现哥渔民在商业捕虾过程中使用了一种容易造成海龟意外死亡的装置，违反了在商业捕虾过程中有义务保护海龟等濒临灭绝动物的美国法律。公报表示，鉴于哥商业捕虾活动违反了美国相关法律，美国国务院决定从 5 月 1 日起禁止进口哥海虾。这是 1999 年以来，哥海虾出口第四次遭到来自美国的禁令。

经济援助是哥美关系的重要方面。20 世纪 80 年代中美洲危机期间，哥斯达黎加因地理位置重要而受到美国高度重视，得到多达 11 亿美元的援助，用于稳定经济、加速发展。[1] 1980、1981 年，美国的经济援助只有 1500 万美元。而到了 1983 年，这一数字骤然增加到 2.13 亿美元。其中 1.57 亿美元用于进口商品，2800 万美元用于农业、人口控制、出口导向工业，2800 万美元用于粮食进口。[2] 90 年代以后，随着中美洲冲突结束、哥经济社会的发展，美国逐渐将其视为已经"毕业"的国家，并据此削减援助。1996 年，美国国际开发署关闭了其在哥斯达黎加

[1]　http://www.state.gov/r/pa/ei/bgn/2019.htm

[2]　Harold D. Nelson, *Costa Rica, a Country Study*, p.236.

的使团。同年，两国政府达成协议，成立哥斯达黎加－美国基金会（Costa Rica-United States Foundation，CRUSA Foundation），以非政府组织的形式协调援助项目。到 2008 年年底，该基金会已经资助了 300 多个项目，涵盖环保、教育、科技、战略能源建设等方面。① 该基金会实际上承担起国际开发署原有的任务，而该署只有民主、冲突和人道主义援助局（Bureau for Democracy，Conflict，and Humanitarian Assistance DHCA）下属的灾难援助办公室（Office of U. S. Foreign Disaster Assistance OFDA）在美国驻哥斯达黎加大使馆设有办公室，但其工作并非针对哥斯达黎加，而是整个拉美加勒比地区，即在该地区国家遭遇各种自然灾害和国内冲突、恐怖主义威胁时提供紧急援助。2006、2007 年，哥斯达黎加接受的美国援助分别只有 170 多万和 220 多万美元。2008、2009 年，美国安排的常规援助（即不包括梅里达计划下的援助）也分别只有 240 万和 290 万美元，和 20 世纪 80 年代的援助差距甚远。②

　　美国提供的常规援助，主要落实在和平队项目上。2006 年的 170 多万美元全部用于和平队，2007 年的 224 万美元中有 195 万用于和平队。③ 和平队主要提供技术援助，涵盖环保、小企业发展、小型金融业、社区发展等领域。而 2008 年以来，随着梅里达计划的开展，打击毒品走私和有组织犯罪成为美国援助哥斯达黎加的重点。2008 年，美国在该计划下对哥斯达黎加安排了430 万美元援助，远远多于常规援助的 240 万。2009 年 6 月 17

---

① Peter E. Cianchette，*The United States and Costa Rica：An Enduring Partnership for Sustainable Development*，http：//www. ciaonet. org/journals/ambrev/v9i2/f_0010086_ 7833. pdf，p. 1

② *Costa Rica：Background and U. S. Relations*，p. 7.

③ Congressional Research Services，*U. S. Foreign Assistance to Latin America and the Caribbean：FY2006－FY2008*，December 28，2007，p. 23

日，美驻哥大使彼得钱凯特和哥公共安全部长哈尼娜德尔贝基奥代表各自政府签署谅解备忘录。根据该协议，美国提供114万美元的启动资金，其中20万美元用于指纹识别系统，74万美元用于改善警察装备，20万美元用于改善监狱管理。双方官员每季度举行会谈，共同评估项目进展状况。① 9月，双方签署补充协议，美国增加97.6万美元援助。② 11月2～13日，美在哥举办培训班，向68名警务人员传授转移犯人的方法。

保护热带雨林也是美对哥援助的重点。2007年10月，两国签署协议，美国依照《1998年热带雨林保护法》，免除哥2600万美元债款，后者承诺用这笔资金资助非政府组织和各种团体保护境内热带雨林。这是当时美国依照该法进行的最大一次外债减免和转化使用。美国还额外提供1260万美元，环保组织"保护国际"（Conservation International）和"大自然保护协会"（Nature Conservancy）也共同捐赠250万美元用于热带雨林保护。③

军事援助也是美国对哥援助的内容。哥斯达黎加没有军队，但其公共安全力量在"国际军事教育和培训"项目下接受美国训练。这些训练旨在提高哥警察力量打击毒品和治安、执法的能力。2002年国际刑事法庭成立后，美国要求其公民享有免予起诉的豁免权，遭到国际社会普遍批评。哥与其他多个拉美国家都不承认美国的这种豁免权，美国据此在2004、2005、2006年中止了"国际军事教育和培训"项目以示惩罚。2007年，布什政府恢复该项目，当年投入5万美元。

---

① *"Letter of Agreement Signed with Costa Rica"*，http：//www. state. gov/r/pa/prs/ps/2009/06a/125084. htm）
② *"Merida Initiative Provides Nearly an Additional MYM1 million to Costa Rica"*，http：//sanjose. usembassy. gov/fp20090929. html）
③ *Costa Rica：Background and U. S. Relations*，p. 7.

第三节　与欧盟的关系

和多数拉美国家一样，基于历史文化、共同价值观、经济利益，与欧盟的关系是哥对外关系的重要内容。2007 年，欧盟委员会发布《对哥斯达黎加国家战略文件：2007～2013 年》，总结双边关系发展历程，规划未来 6 年政策走向。该文件称："无论从政治上还是经济上，欧盟和哥斯达黎加都互为重要伙伴。"政治上，欧盟认为哥斯达黎加在中美洲地区的稳定和民主化中长期发挥重要作用，与之加强政治对话具有重要区域意义。经济上，双方经济关系密切，且哥日益融入中美洲一体化进程，为与欧盟的关系拓展了新空间。①

欧盟与哥斯达黎加的关系在其与拉美地区特别是中美洲地区关系的框架下展开。1984 年，面对日益动荡的中美洲局势，欧共体 10 国、西班牙和葡萄牙与中美洲 5 国、孔塔多拉集团 4 国共 21 国的外长在哥斯达黎加首都圣何塞举行会议，启动圣何塞对话机制。在冷战背景下，该机制推动了欧盟对中美洲冲突的介入。特别是，欧盟主张对话的立场与美国的"低烈度战争"政策存在明显差异，而与积极推动和平解决争端的哥斯达黎加颇为接近，欧盟与哥围绕中美洲地区安全的政治互信和合作不断深化。冷战结束后，欧盟明显加强了与拉美的关系。1997 年，法国总统希拉克访问巴西时提出召开欧盟—拉美首脑会议，得到各方积极响应。1999、2002、2004、2006、2008 年，欧盟—拉美国家的元首先后 5 次在里约热内卢、马德里、瓜达拉哈拉、维也纳、利马举行峰会，推动两地区在全球化时代的全面合作关系，哥领导人每次均与会。瓜达拉哈拉峰会期间，欧盟和中美洲国家决定将超越安全议题，

① European Union, *Costa Rica*, *Country Strategy Paper*, *2007–2013*, p. 7.

向伙伴关系协定（association agreement）方向迈进。该协定由自由贸易协定、政治对话机制和合作机制三部分组成，涵盖广泛领域，达成后将全面深化双边关系。2007年10月，首轮谈判在圣何塞举行。5天的谈判中，哥、尼、洪、萨、危等国代表与欧盟27国的代表就未来谈判的日程、方法、范围、目标和各自在贸易合作方面的政策以及对谈判的期望充分交换了看法和意见，一致同意以双方2003年在罗马签署的"政治对话及合作协议"为蓝本，在现实国际条件、各国实际情况以及各方共同利益和目标的基础上，确定双方未来的政治对话机制和合作机制。到2009年底，双方已在布鲁塞尔和中美洲国家之间轮流举行了六轮谈判。

哥斯达黎加在欧盟与拉美和中美洲地区的关系框架中发挥着积极作用。圣何塞对话、欧盟—中美洲伙伴协定谈判在哥首都启动就是例子。1996年之前，欧盟在中美洲地区只在哥斯达黎加设有代表处，整体协调和指导对该地区的各种项目。在欧盟—中美洲伙伴协定的谈判过程中，哥作为中美洲方面发展程度最高的国家、经济社会方面的"领头羊"，积极活动，发挥着很好的推动作用。第7轮谈判原定于2009年7月在布鲁塞尔举行，但由于尼加拉瓜、洪都拉斯方面的原因而两度被搁浅。第一次是由于尼总统奥尔特加要求双方共同建立一个共计600亿欧元的地区贷款基金，其中欧盟提供90%的资金、中美洲国家提供其余10%。欧盟拒绝提案后尼单方退出谈判，导致这一地区对地区的集体谈判搁浅。第二次是由于洪都拉斯发生政变，塞拉亚总统被推翻。针对尼加拉瓜的做法，哥斯达黎加作出公开批评，表示尼加拉瓜的态度违背了整个中美地区的利益，是反中美洲人民的。针对洪政变后欧盟的观望立场，哥首席代表埃昌迪7月2日表示，在目前的情况下，欧盟不但不能放弃中美洲，相反应该增强在本地区的影响力，推动双边贸易；欧盟对中美洲的外交政策重点应该是加强民主、维护法治和消除贫困，而达成合作伙伴协议是取得上述目标的主要途径之一。埃昌迪表示，鉴于中美洲目前的政治条件，欧盟应该采取更现实的政策，寻找方法以完成协议的技术性谈判。10 月 22 日，洪外交部长斯塔诺和外贸部长比尼西奥联袂访问欧盟总部，进行游说。欧盟负责外交政策的委员瓦尔德纳与他们会谈并发表联合声明，肯定哥在洪政治危机中"非常积极的作用"，同时表示将尽快恢复欧盟—中美洲伙伴关系协定谈判，争取在 2010 年 5 月欧拉峰会之前结束全部谈判。[①]

　　哥斯达黎加的这种积极立场是其自身与欧盟密切的经济关系决定的。哥在欧盟外贸格局中份额有限。据欧盟统计，2008 年双边贸易额为 37.89 亿欧元，占欧盟外贸总额的 0.1%，哥在欧盟贸易伙伴中排名第 58 位。其中，欧盟从哥进口 28.84 亿欧元，占总进口的 0.2%，排名第 41 位；欧盟对哥出口 9.05 亿欧元，占总出口的 0.1%，排名第 89 位。但是，就中美洲地区而言，哥却是欧盟第一大贸易伙伴。而就哥斯达黎加而言，欧盟是最重要的贸易伙伴之一，如表 6-1、表 6-2、表 6-3 所示。据国际货币基金组织统计，2004 年以来，哥出口商品的近 1/4 输往欧盟，年均增长 25.7%，贸易顺差显著增长。2008 年，欧盟是哥第二大贸易伙伴，双边贸易额占哥贸易总额的 18.3%；欧盟是哥第二大进口来源，来自欧盟的产品占哥总进口的 9.3%，主要包括机械和交通设备、化工类产品、矿物燃料、润滑油及有关原料等；欧盟更是哥第一大出口市场，出口额占哥总出口的 26.2%，出口商品主要是机械和交通设备、食品及活动物、非食用原料（不含燃料）等。正是在巨大的现实利益推动下，哥积极推动欧盟—中美洲伙伴关系协定谈判。

---

① JOINT STATEMENT OF THE EUROPEAN COMMISSIONER FOR EXTERNAL RELATIONS AND NEIGHBOURHOOD POLICY AND THE COSTA RICAN MINISTER FOR FOREIGN AFFAIRS, 22/09/2009, http: //ec. europa. eu/ archives/commission_ 2004 - 2009/ferrero-waldner/speeches/speeches/costarica_ js_ 221009_ en. pdf.

表6-1 2004~2008年哥斯达黎加与欧盟贸易关系

年份	进口总额(百万欧元)	年度变化(%)	占总进口总额比重(%)	出口总额(百万欧元)	年度变化(%)	占总出口比重(%)	进出口额(百万欧元)	顺差(百万欧元)
2004	731	-21.0	11.0	1156	-1.1	21.7	1887	425
2005	1069	46.2	13.6	1195	3.4	20.4	2264	127
2006	1201	12.3	14.0	2725	128.0	25.9	3926	1525
2007	1064	-11.4	12.0	2727	0.1	25.3	3791	1663
2008	905	-14.9	9.3	2884	5.8	26.2	3789	1979
年均增长(%)	5.5			25.7			46.9	31

资料来源: http://trade.ec.europa.eu/doclib/docs/2006/september/tradoc_113369.pdf。

表6-2 2008年欧盟从哥斯达黎加进口产品结构

商品类别	金额(百万欧元)	占总进口比重(%)
机械和交通设备	1743	54.9
食品及活动物	1213	38.2
非食用原料(不含燃料)	97	3.1
杂项制成品	87	2.7
化工类产品	16	0.5
主要以材料分类的制成品	13	0.4
未列名商品及交易	2	0.1
饮料和烟草	0	0
动植物油、脂及蜡	0	0
矿物燃料、润滑油及有关原料	0	0
总　　计	3173	100

资料来源: http://trade.ec.europa.eu/doclib/docs/2006/september/tradoc_113369.pdf。

表 6-3　2008 年欧盟对哥斯达黎加出口产品结构

商品类别	金额（百万欧元）	占总出口比重（%）
机械和交通设备	300	36.5
化工类产品	143	17.4
矿物燃料、润滑油及有关原料	114	13.9
主要以材料分类的制成品	110	13.3
杂项制成品	76	9.2
食品及活动物	25	3.1
饮料和烟草	14	1.7
非食用原料（不含燃料）	14	1.7
未列名商品及交易	8	1.0
动植物油、脂及蜡	3	0.4
总　　计	823	100

资料来源：http：//trade. ec. europa. eu/doclib/docs/2006/september/tradoc_ 113369. pdf。

对外援助是欧盟对哥政策走向的重要体现。20 世纪 80 年代后期和 90 年代，欧盟平均每年向哥提供 400 万欧元援助，主要用于合理管理和利用自然资源以便可持续利用、保护环境、推动政府改革以实现现代化等。进入新世纪后欧盟调整了援助方针，重点集中在三个方面。一是推动政府执政的现代化，推动中央向地方分权，"去中央集权化"。加强地方政府建设，提高其在社区发展、规划、管理、促进性别平等、保护环境等方面提供公共服务的能力。这方面的资金约占总额的 35% ~ 40%。二是经济合作。欧盟将援助重点放在城市规划特别是中部河谷地区的规划上。三是科技合作。欧盟政策目标是进一步推动哥斯达黎加人力资源发展，同时推动产业界和科学界加强联系，从而推动该国高新技术和相关企业更上一层楼，在本地区继续保持领先地位。这方面占用 25% ~ 30% 的资金。此外，欧盟还帮助哥斯达黎加的边缘化群体例如尼加拉瓜移民享有医疗、教育等

基本服务，推动旨在实现社会平等的财政改革，完善促进贸易投资、提高竞争力的制度法规，目的是减少贫困、推动一体化、推动哥斯达黎加融入全球经济。这方面占用 15% 的援助资金。[①]

2005 年后，欧盟对《对哥斯达黎加国家战略文件：2002 ~ 2006 年》的实施状况进行了评估，发现不少项目未能如期完成。为此，欧盟制定了新的指导纲领《对哥斯达黎加国家战略文件：2007 ~ 2013 年》，将援助重点进一步集中在两个领域即社会凝聚和一体化。在该文件指导下，2007 年 10 月 25 日，欧盟与哥斯达黎加在圣何塞签署谅解备忘录，欧盟承诺在 2007 ~ 2013 年期间提供 3400 万欧元援助，其中 25% 将为哥斯达黎加在加入中美洲关税联盟、立法、知识产权保护、增强市场开放和竞争力等方面的努力提供支持，75% 将主要用于哥斯达黎加的政府现代化、减少贫困以及改善教育、医疗、环保等社会服务。

第四节　与拉美国家的关系

哥斯达黎加是中美洲一体化体系的重要成员，2009 年下半年担任轮值主席。和北部四国尼加拉瓜、萨尔瓦多、危地马拉、洪都拉斯相比，哥对本地区一体化采取有选择支持的政策。其参与较多的贸易、金融等经济领域的一体化，而对中美洲法院和中美洲议会等组织持反对立场，在中美洲议会里没有自己代表，也不接受由中美洲法院裁判本地区政府之间的分歧。这很大程度上是由于其国情、发展水平、外交理念与其他国家有所不同。北方国家因此对哥斯达黎加时有微词。2009 年 5 月底，时任中美洲一体化体系轮值主席的尼总统奥尔特加、副外

[①]　European Union, *Costa Rica Country Strategy Paper 2002 – 2006*, pp. 15 – 18.

长曼努埃尔·克罗内尔甚至威胁在任期结束后，拒绝将轮值主席一职交给哥斯达黎加并声言要交给危地马拉。

2009 年 6 月，洪都拉斯突然发生政变，塞拉亚总统被推翻并强行放逐。阿里亚斯政府谴责政变，接纳塞拉亚，并充当塞拉亚和临时政府间的调停人。在他的调解下，洪双方一度达成圣何塞协议，其内容包括恢复塞拉亚总统职务。但协议未能有效执行，临时政府 11 月举行大选。选举结束后，在拉美多数国家不承认选举结果的情况下，哥斯达黎加和美国、秘鲁等国率先表态予以承认。阿里亚斯解释其立场时，表示大选过程基本平静，没有舞弊行为；而该国人民自政变以来历尽苦难，不应让洪都拉斯变成"中美洲的巴尔干"。他呼吁国际社会不应采取"双重标准"，一方面接受伊朗大选，另一方面却不接受洪都拉斯大选。

委内瑞拉 2005 年推出加勒比石油计划，向该地区国家提供廉价石油及其产品。哥斯达黎加 95% 石油来自委内瑞拉，2008 年 7 月正式提出加入该计划。

至今，哥斯达黎加已与巴拿马、墨西哥、加勒比共同体、智利等拉美国家签订自由贸易协定，并和危地马拉、洪都拉斯、尼加拉瓜、萨尔瓦多、多米尼加共同与美国签有自由贸易协定。阿里亚斯政府正积极谋求与南方共同市场加强合作，达成协定。2009 年 4 月，乌拉圭总统巴斯克斯访问哥斯达黎加，双方决定启动两国自由贸易谈判。不仅如此，作为中美洲一体化体系和南方共同市场下半年的轮值主席国，双方表示将在主席任内推动这两个一体化组织间的合作。6 月，巴西总统卢拉访问哥斯达黎加，双方签署一系列合作协议，并探讨中美洲一体化体系和南方共同市场合作事宜。

哥斯达黎加 1961 年与古巴断交。2009 年 3 月，阿里亚斯总统宣布与古巴恢复外交关系，古巴随后表示接受这一决定。

第五节　与中国的关系

哥斯达黎加曾经长期与中国台湾当局保持所谓"外交关系"阻挠中国统一，破坏中国领土完整。2007年，哥调整政策，与中国建交，双边关系进入历史新阶段。

在与台湾地区维持"邦交"的60年中，哥斯达黎加曾多次参加支持台湾"重返"联合国的提案，台湾则在经济、贸易、投资、农业、渔业、职业培训、文化教育和新闻等方面向哥提供一系列援助和合作项目。

2006年5月阿里亚斯总统执政后，积极发展对华关系，中哥双边接触增加。9月，李肇星外长与阿里亚斯总统在联大举行双边会晤。2007年6月1日，杨洁篪外长和哥斯塔诺外长代表各自政府在北京签署建交公报。8月23日，中国驻哥大使馆正式开馆。

建交之际，哥斯达黎加在台湾问题上作出明确而积极的表态，在《中华人民共和国和哥斯达黎加共和国关于建立外交关系的联合公报》中声明，"哥斯达黎加共和国政府承认世界上只有一个中国，中华人民共和国政府是代表全中国的唯一合法政府，台湾是中国领土不可分割的一部分。"2007年8月22日，何亚非部长助理率中国政府代表团前往哥斯达黎加出席中国大使馆开馆仪式。阿里亚斯总统对代表团表示，哥与中国建交是纠正了一个历史错误。建交不久，阿里亚斯在当年10月访华，进一步向中国领导人表示坚持一个中国政策，反对台湾"加入"联合国，相信中国将实现国家统一。此时，陈水扁蓄意挑动"入联公投"，引发两岸关系高度紧张，阿里亚斯特别指出此举极具危害性，注定要失败。

哥斯达黎加调整对华政策，是顺应中国发展势头强劲而作出的理性选择。中国经济的快速发展使哥可以从中获益。中国巨大的市场、先进的技术等为中哥经济合作提供增长点。在哥政界看来，中国改革开放以来特别是 21 世纪初所取的建设成就，是发展中国家的典范，对哥具有重要参照意义。阿里亚斯总统年轻时到过中国，2004 年再度访问中国，看到中国的变化，由衷地赞叹中国取得的发展成就。2007 年 10 月，他会见温家宝时说，中国经济和社会各项事业快速发展，人民生活水平迅速提高，为在全世界范围内消除贫困、实现发展作出了突出贡献，中国的经验值得借鉴。中国国庆 60 周年前夕，哥斯达黎加立法大会主席帕切科盛赞："透过数字和镜头，中国经济近 20 年的发展与变化无不令世界惊讶。在人类历史上，还没有一个国家能像当今中国一样，在这么短的时间内发展如此迅速。中国是哥斯达黎加和其他拉美国家的榜样。"①

中国高度重视哥在中美洲地区的重要地位，积极推动双边关系发展。2007 年 10 月 24 日，胡锦涛主席在会见阿里亚斯时表示，中方愿同哥方共同努力，从 4 个方面进一步深化中哥友好的历史进程，为两国关系的长远发展奠定更加坚实的基础。第一，加强两国高层领导人、政府部门、立法机构和政党间的友好交往，增进了解和互信。在涉及各自国家核心利益的重大问题上相互支持和配合。第二，积极拓展贸易、能源、基础设施建设、投资等领域的合作。中方愿进口更多哥斯达黎加产品，也欢迎哥斯达黎加企业来华开拓市场。支持双方企业开展互利合作，鼓励中国企业将哥斯达黎加作为优先考虑的投资国家。第三，扩大双方在文教、卫生、体育、旅游、新闻媒体等领域的人员往来和信息

---

① "人民是创造中哥两国历史的主角——哥斯达黎加立法大会主席帕切科祝贺中华人民共和国成立 60 周年"，2009 年 9 月 29 日，http://www.fmprc.gov.cn/chn/pds/gjhdq/gj/bmz/1206_ 10/1206x2/t616057.htm。

交流。第四，保持双方在国际和地区组织，特别是在彼此关切的重大问题上的磋商与协调。① 2008 年 11 月，胡锦涛对哥斯达黎加进行历史性访问，进一步指出中哥关系发展应该从 3 个方面着力推进。第一，共同把握好中哥友好合作关系发展方向。携手并进，共同开创中哥相互尊重、平等互利、真诚合作、世代友好的美好未来。第二，共同建设好中哥友好合作关系的重要机制和平台。不断强化合作机制、拓宽合作领域、丰富合作内涵。本着友好协商、互谅互让的精神尽早就自由贸易协定达成一致。中国政府愿继续鼓励和支持有实力的中国企业赴哥投资，支持两国企业在基础设施建设、农业、电信、能源等重点领域开展务实合作。第三，共同培育好中哥友好合作关系的社会基础。鼓励两国政府、立法机构、政党加强政治对话，增进相互了解；支持相互举办文化活动和开展文化交流项目，扩大相互影响；支持两国媒体、高等院校、科研机构、民间团体开展友好交流。中方愿同哥方在联合国、世界贸易组织等国际和地区组织中加强合作、协调立场，共同维护两国和广大发展中国家正当权益。②

在双方共同努力下，中国和哥斯达黎加的关系在迟来的建交后迅速发展。到 2008 年年底中方访哥团组有：外交部部长助理何亚非（2007 年 8 月）、商务部副部长马秀红（2007 年 8 月）、中国贸促会副会长王锦珍（2007 年 8 月）、文化部部长助理丁伟（2007 年 9 月）、教育部副部长赵沁平（2007 年 10 月）、中国人民对外友好协会副主席李小林（2007 年 11 月）、全国人大外委会主任委员姜恩柱（2007 年 11 月）、全国政协外委会副主任李北海（2008 年 1 月）、中联部副部长陈凤翔（2008 年 1 月）、国

① "胡锦涛与哥斯达黎加总统阿里亚斯会谈"，2007 年 10 月 24 日，http://www.mfa.gov.cn/chn/pds/gjhdq/gj/bmz/1206_ 10/xgxw/t522519.htm。

② "国家主席胡锦涛同哥斯达黎加总统阿里亚斯会谈"，2008 年 11 月 17 日，www.fmprc.gov.cn。

务院副总理回良玉（2008 年 5 月）、全国人大常委会副委员长乌云其木格（2008 年 7 月）、中国贸促会副会长于平（2008 年 9 月）。哥来访团组主要有：外贸部长鲁伊斯（2007 年 9 月和 2008 年 5 月）、文化部副部长加里多（2007 年 11 月）、科技部长弗洛雷斯（2007 年 12 月）、旅游部长贝纳维德斯（2008 年 1 月）、文化、青年和体育部副部长波拉尼奥斯（2008 年 4 月）、立法大会外委会主席安迪翁（2008 年 10 月）。2009 年 10 月 16 日至 17 日，北京市市长郭金龙率团访问哥斯达黎加，并与哥首都圣何塞市长阿拉亚共同签署了北京与圣何塞结为友好城市的协议，双方表示将在文化、社会、经济等方面加强联系和交流。

经济关系是中哥关系的重要内容和推动力。据中国海关统计，2008 年中哥贸易总额为 28.87 亿美元，其中中国对哥出口 6.17 亿美元，进口 22.7 亿美元，同比分别增长 0.5%、8.8% 和 −1.6%。① 哥主要从中国进口电器及电子产品、运输工具、机械设备、棉纺织品和塑料制品等，向中国出口电器及电子产品、电子技术、集成电路及微电子组件、计算机与通信技术、电子零配件等。随着经济关系的突飞猛进，签署自由贸易协定成为大势所趋，被提上日程。2008 年 11 月，胡锦涛主席与阿里亚斯总统共同宣布正式启动中哥自贸谈判。2009 年一年内，双方举行了五轮谈判，取得明显进展。

然而，在与中国进行自由贸易谈判的问题上，哥国内存在较大分歧。随着谈判进程的推进，这种分歧日益尖锐并公开化，在 2009 年 6 月第三轮谈判之际形成大论战局面。6 月 15 日，第三轮自贸谈判在哥斯达黎加举行。当天，外贸部长路易斯批评食品工业、金属业、塑料业等行业不负责任地扰乱自由贸易谈判，不但不支持谈判，还提出与自由贸易协定无关的要求如对原材料减

① http：//www. fmprc. gov. cn/chn/gxh/cgb/zcgmzysx/bmz/1206_ 10/1206x1/

税。路易斯部长认为，有可能会把一些部门产品排除在中哥自由贸易协定之外，但这些部门应该是"真正"有顾虑的部门。食品部门并不面临尖锐问题，相反，是外贸活动的赢家。次日，工业商会（CICR）会长胡安·冈萨雷斯、食品工业商会（Cacia）会长托马斯·波苏艾罗、塑料工业协会会长马尔科·卡拉索、冶金协会会长霍尔赫·穆纽斯、印刷工业协会会长威廉·宾达斯等人举行新闻发布会，再次申请把其商会所属部门产品排除在中哥自由贸易谈判之外，并要求政府仅与中国签订一个部分商品减免税协议。哥外贸部长对此回应说，"我不接受威胁，不接受为了某个特别利益而去签订协议。"

6月24日，路易斯通过当地媒体就哥相关行业协会对中哥自由贸易谈判的指责和质疑作出回应。路易斯在信中表示，与某些行业协会的担心一样，哥斯达黎加外贸部也对中国产品的质量和安全性存在疑虑，因为这不仅影响进口商，也会对哥国内消费者造成负面影响。但路易斯强调，正是基于上述原因，才更有必要通过自由贸易协定确立调节贸易的双边规定，包括建立明确的机制，使当局能够加强对卫生标准、技术准则的监控力度。"我个人认为，如果说中国不是一个值得信赖的贸易伙伴，中国政府没有能力控制出口商品的质量，或者认为中国缺乏环保控制和劳动力保障等措施，我们就更应该进行自由贸易协定谈判"。因为"双边贸易关系不仅依赖于对伙伴的信任，规范贸易的条款协议也很重要。只有在自由贸易协定的框架内，才有可能要求中国加强海关检查、卫生检疫、注重环境保护、劳动力保障，以及维护知识产权等"。他承认，中国产品在享受关税优惠政策后进入国内市场有可能造成某些行业的敏感性，因此该部进行了长期详细的咨询工作。但是一些哥斯达黎加本国也在生产的产品，在进口时已经享受免税待遇，仍将这些产品排除在中哥自由贸易协定以外是不明智的。例如，50%的塑料制品，57%的印刷品和62%

的钢铁制成品都已享受零关税的进口优惠政策。路易斯表示，哥政府决定与中国就自由贸易协定进行谈判，"不是心血来潮"，而是 25 年贸易政策发展的产物。"认为与中国进行自由贸易谈判是不明智的决定，只能说明他们忽视了中国在世界经济中的分量，拒绝了哥斯达黎加通过自由贸易协定的大门开启世界上最具潜力和活力市场的机会。"

6 月 25 日，农业和农工业商会（CNAA）及外贸和外国企业代表商会（Crecex）介入论战，表示支持中哥自由贸易协定。农业和农工业商会代表认为，利用这些谈判来降低原材料关税是没用的，并且表示不理解这些部门以前支持与其他国家的自由贸易协定，为何现在反对与中国的自由贸易协定。6 月 29 日，前央行行长豪尔赫·瓜迪亚在《民族报》发表文章，表示自己很少与本国官方贸易政策意见一致，但此次哥外贸部力挺中哥自由贸易协定。他主要从比较利益的角度分析，认为哥不是盲目地与中国谈自由贸易协定，外贸部与中方早已提前做了很多可行性研究，分析两国的体制情况、司法系统、经济结构，用先进的方法确认比较各方利益，计算进出口增减度以及所有的可能性效果。他批评一些企业商会在几个月前支持所有的自由贸易协定，现在却反对中哥自由贸易协定；食品工业应该免税进口原材料以便增强竞争力，但不应该为了保护而排除在协定之外。哥斯达黎加国内的这种立场分歧，是其民主体制下的正常现象，并没有实质性影响双边自由贸易协定的谈判进程，但是反映出不同利益集团基于自身利益的政策取向。

中国企业也积极在哥斯达黎加投资。2009 年 1 月，华为公司以 2.35 亿美元的价格中标哥电力通信公司（ICE）3G 项目，将为 95 万手机用户提供 3G 服务。该项目 3 月 24 日获哥审计署审计通过。相比之下，中国石油天然气集团公司的项目经历了一些波折，不尽顺利。2008 年 11 月，中国石油天然气集团公司与

哥斯达黎加国家石油公司（哥国家石油公司为股份公司，全部股份掌握在国家手中）在圣何塞签署《CNPC 与 RECOPE 炼厂合资公司协议》，确定建立合资公司，对位于哥利蒙港的莫印（Moin）炼油厂进行升级改造和扩建。改扩建项目需要投资 10 亿美元，完成后炼油能力将从每天 1.8 万桶增加到 6 万桶。这是中国与哥斯达黎加建交以来"中石油"进入中美洲的第一个油气合作项目。2009 年 1 月哥内阁批准该项目，但是 3 月哥国家审计署援引总检察署颁布的 7356 号法律没有通过该项目。该法规定，为确保垄断权，国家石油公司不能与其他公司联合进行各类活动，不能成立有限公司。此后，哥内阁表示全力支持该项目，如不能通过，将在 5 年内关闭炼油厂。5 月 18 日，检察署出台新司法解释，为"中石油"在哥投资铺平了道路。9 月 3 日，哥国家审计署终于批准了该项目。

经济援助是中、哥关系的重要内容。2008、2009 年，中国先后两次共购买哥 3 亿美元国债，期限均为 12 年，利息 2%。哥政府将这笔钱用于其他优先考虑的支出，如偿还一些利息高的外债等。在具体援建项目上，国家体育场项目是中国对哥援助的最大项目，在哥影响巨大。体育场占地面积近 10 万平方米，设计看台座位 3.5 万个，除标准跑道和球场外，还附建内部办公和会议场所，同时可在发生自然灾害时充当避难设施。项目耗资 8300 万美元，由安徽外经公司承建，工期为 23 个月。该项目由两国领导人于 2007 年 10 月商定，2008 年 1 月在哥外交部举行换文签字仪式。该项目对哥体育事业的发展有积极作用，但却因选址问题一度在哥国内引发争议。2008 年 10 月 3 日，以前文化部长基多·萨恩斯为首的 9 人向宪法法庭递交申诉，要求停止在萨瓦纳公园建设新国家体育场。理由是该公园是圣何塞市民的休闲场所，新体育场将破坏该市肺功能。宪法法庭于 10 月 17 日否决上诉，准予在该公园建体育场。法庭在判决中认为，该工程不违反保护萨瓦纳公园的立法，对环境和人们的身体并不造成损害。此后，工程顺利开展。2009年3月12日，中国驻哥大使汪晓源与阿里亚斯总统共同为新建国家体育场奠基。汪大使在致辞中表示，哥斯达黎加人民热爱和平、钟爱体育，新国家体育场正是中国政府和人民送给哥人民的最佳礼物，是两国伟大友谊的结晶。阿里亚斯总统在致辞中表示，哥斯达黎加人民热爱体育运动，一个现代化的国家体育场是哥人民多年来的梦想，感谢中国政府和人民的慷慨帮助，使得哥斯达黎加人民看到了实现梦想的希望。新国家体育场是哥中友谊的象征，同时也昭示着两国友好关系的深入发展。9月18日，在汪大使陪同下，阿里亚斯总统视察工地，对施工进展顺利表示满意，称中方援建的体育场项目已在哥各界产生广泛而良好的反响，必将成为哥中友谊的象征。

除国家体育场项目外，2008年8月22日中国向哥体育信息中心捐赠50台联想计算机和10台联想打印机，用于哥全国社区智能中心网络建设项目；2009年2月6日，捐赠200辆警车；8月13日，赠送1万个足球及1000辆山地自行车。

2009年，中国向哥政府提供40人的单方全额奖学金，向哥斯达黎加大学提供10人/年的单方全额奖学金。

此外，中国还向哥提供人道主义援助。2008年10月，胡锦涛主席就哥遭受洪涝灾害致函阿里亚斯总统表示慰问，中国以中国红十字总会名义向哥红十字会捐赠3万美元现汇救灾援助。2009年1月，胡锦涛主席就哥发生强烈地震致函阿里亚斯总统表示慰问，中国向哥提供10万美元现汇紧急救灾援助。

双方科教文化交流也很活跃。2009年8月7日，中美洲地区第一所孔子学院在圣何塞正式成立。该学院由中国人民大学和哥斯达黎加大学合办，为哥学生学习汉语、了解中华文化提供平台，标志着中哥两国在语言文化领域的交流合作迈入新阶段。9月16～17日，应哥斯达黎加大学和哥国家生物多样性研究所邀

请，中国科学院副院长李家洋院士率中国科学院生命科学和生物技术代表团访哥，进一步促进了中哥两国在科技领域的友好互利合作。中国驻哥使馆、哥文化青年部、中国国际广播电台、哥国家广播电台还在 2009 年联合举办中国知识竞赛，为传播古老而悠久的中华文化，增进哥斯达黎加人民对中国的了解，以及加强中哥两国青年、文化及新闻部门间的交流与合作都起到了重要作用。

附　录

哥斯达黎加共和国历任国家元首

起讫年份	国家元首姓名	备　注
1824～1833	胡安·莫拉·费尔南德斯	1824～1847 年为中美洲联邦时期本邦政府首脑
1833～1835	何塞·拉斐尔·德加列戈斯	
1835～1837	布劳里奥·卡里略·科利纳	
1837	华金·莫拉·费尔南德斯	
1837～1838	曼努埃尔·阿吉拉尔·查孔	
1838～1842	布劳里奥·卡里略·科利纳	
1842	弗朗西斯科·莫拉桑·科萨达	
1842～1844	何塞·马利亚·阿尔法罗·萨莫拉	
1844	弗朗西斯科·马利亚·奥雷亚穆诺	
1844～1845	拉斐尔·莫亚·穆里略	
1845～1846	何塞·拉斐尔·德加列戈斯	
1846～1847	何塞·马利亚·阿尔法罗·萨莫拉	
1847～1849	何塞·马利亚·卡斯特罗·马德里斯	1848 年起为共和国总统
1849～1859	胡安·拉斐尔·莫拉·波拉斯	
1859～1863	何塞·马利亚·蒙特亚莱格雷·费尔南德斯	
1863～1866	赫苏斯·西门尼斯·萨莫拉	
1866～1868	何塞·马利亚·卡斯特罗·马德里斯	
1868～1870	赫苏斯·西门尼斯·萨莫拉	

起讫年份	国家元首姓名	备　注
1870	布鲁诺·卡兰萨·拉米雷斯	
1870～1876	托马斯·米盖尔·瓜迪亚·古铁雷斯	
1876	阿尼塞托·埃斯基韦尔·萨恩斯	
1876～1877	维森特·埃雷拉·塞莱东	
1877～1881	托马斯·米盖尔·瓜迪亚·古铁雷斯	
1881～1882	萨尔瓦多·拉蜡·萨莫拉	
1882	托马斯·瓜迪亚·古铁雷斯	
1882～1885	普罗斯佩罗·费尔南德斯·奥雷亚穆诺	
1885～1889	贝尔纳多·索托·阿尔法罗	
1889	阿斯塞西翁·埃斯基韦尔·伊瓦拉	
1889	贝尔纳多·索托·阿尔法罗	
1889～1890	卡洛斯·杜兰·卡尔丁	
1890～1894	何塞·华金·罗德里格斯·塞莱东	
1894～1902	拉斐尔·伊格莱西亚斯·卡斯特罗	
1902～1906	阿斯塞西翁·埃斯基韦尔·伊瓦拉	
1906～1910	克莱托·冈萨雷斯·比克斯	
1910～1914	里卡多·西门尼斯·奥雷亚穆诺	
1914～1917	阿尔弗雷多·冈萨雷斯·弗洛雷斯	
1917～1919	费德里科·蒂诺科·格兰纳多斯	
1919	胡安·包蒂斯塔·基罗斯·塞古拉	
1919～1920	弗朗西斯科·阿吉拉尔·巴尔克罗	
1920～1924	胡里奥·阿科斯塔·加西亚	
1924～1928	里卡多·西门尼斯·奥雷亚穆诺	
1928～1932	克莱托·冈萨雷斯·比克斯	
1932～1936	里卡多·西门尼斯·奥雷亚穆诺	
1936～1940	莱昂·科尔特斯·卡斯特罗	
1940～1944	拉斐尔·安赫尔·卡尔德隆·瓜迪亚	
1944～1948	特奥多罗·皮卡多·米查尔斯基	

起讫年份	国家元首姓名	备　注
1948	桑托斯·莱昂·埃雷拉	
1948～1949	何塞·菲格雷斯·费雷尔	执政委员会主席
1949～1952	奥蒂略·乌拉特·布兰科	
1952～1953	阿尔维托·奥雷亚穆诺·弗洛雷斯	
1953～1958	何塞·菲格雷斯·费雷尔	
1958～1962	马里奥·埃昌迪·西门尼斯	
1962～1966	弗朗西斯科·何塞·奥利奇·博尔马西奇	
1966～1970	何塞·华金·特雷霍斯·费尔南德斯	
1970～1974	何塞·菲格雷斯·费雷尔	
1974～1978	丹尼尔·奥杜维尔·基罗斯	
1978～1982	罗德里戈·卡拉索·奥迪奥	
1982～1986	路易斯·阿尔贝托·蒙赫·阿尔瓦雷斯	
1986～1990	奥斯卡·阿里亚斯·桑切斯	
1990～1994	拉斐尔·安赫尔·卡尔德隆·福涅尔	
1994～1998	何塞·马利亚·菲格雷斯	
1998～2002	米格尔·安赫尔·罗德里格斯	
2002～2006	阿韦尔·帕切科	
2006～2010	奥斯卡·阿里亚斯·桑切斯	
2010～	劳拉·钦奇利亚	

说明：此表为作者依据中国社会科学院拉丁美洲研究所编《拉丁美洲历史词典》（上海辞书出版社1993年版）整理。

主要参考文献

〔哥〕弗朗西斯科·甘博亚著《哥斯达黎加》，南开大学历史系译，天津人民出版社，1974。

〔美〕克里斯托弗·P. 贝克著《哥斯达黎加》，王尚胜译，辽宁教育出版社，2003。

〔英〕莱斯利·贝瑟尔主编《剑桥拉丁美洲史》第5卷，胡毓鼎等译，社会科学文献出版社，1992。

李春辉著《拉丁美洲史稿》（下册），商务印书馆，1983。

李春辉、苏振兴、徐世澄主编《拉丁美洲史稿》第三卷，商务印书馆，1993。

中国社会科学院拉丁美洲研究所编《拉丁美洲历史词典》，上海辞书出版社，1993。

李明德等主编《简明拉丁美洲百科全书》，中国社会科学出版社，2001。

《世界经济年鉴》编辑部《世界经济年鉴2007/2008》，经济科学出版社，2008。

中华人民共和国驻哥斯达黎加共和国大使馆经济商务参赞处网站

中国外交部网站

中国商务部网站

Meg Tyler Mitchell and Scott Pentzer, *Costa Rica: A Global Studies Handbook*, Santa Barbara, Califonia, 2008.

Harold D. Nelson, *Costa Rica, a country study* , Foreign Area Studies, the American University, 1983.

Richard Biesanz, *The Costa Ricans* , Englewood Cliffs, N. J. : Prentice-Hall, 1982.

EIU, Country Profile—Costa Rica 2008.

EIU, Country Report—Costa Rica, March 2009.

EIU, Country Report—Costa Rica, June 2009.

EIU, Country Report—Costa Rica, December 2009.

CEPAL: *Anuario estadístico de América Latina y el Caribe*, 2008.

CEPAL, *Balance preliminar de las economías de América Latina y el Caribe* 2009, Diciembre 2009.

CEPAL, *Panorama Social de América Latina*, Briefing Paper, 2009.

UNDP, *Human Development Report* 2005.

UNDP, *United Nations Development Programme Report* 2007.

European Union, *Costa Rica Country Strategy Paper* 2002 −2006.

European Union, *Costa Rica Country Strategy Paper* 2007 −2013.

http: //www. vacationcity. com

http: //www. costarica-nationalparks. com/

http: //www. eiu. com

http: //www. viajeros. com/pais-CR. html

http: //www. inec. go. cr/

http: //www. mundilink. com/cecor/

http: //statoids. com/ucr. html

http: //www. arenal. net/lake-arenal. htm

http: //www. vacationcity. com/costa-rica/

http：//www. costaricalaw. com

http：//www. shagri. org. cn

http：//www. psagri. gov. cn

http：//www. lavanguardia. es

http：//www. ticocentral. com/

http：//www. casapres. go. cr

http：//www. rree. go. cr

http：//www. mag. go. cr

http：//www. meic. go. cr

http：//www. mep. go. cr

http：//www. minae. go. cr

http：//www. hacienda. go. cr

http：//www. comex. go. cr

http：//www. ministeriodesalud. go. cr/

http：//www. ministrabajo. go. cr

http：//www. msp. go. cr/

http：//www. mopt. go. cr

http：//www. micit. go. cr

http：//www. visitecostarica. com

http：//www. mideplan. go. cr

http：//www. tse. go. cr

http：//costaricacenter. com

http：//www. poder-judicial. go. cr/

http：//www. pln. or. cr

http：//pac. cr/

http：//www. partidounidadsocialcristiana. com/

http：//www. msp. go. cr/

http：//www. iiss. org

http： //www. travelblog. org/

http： //cr. mofcom. gov. cn

http： //news. xinhuanet. com

http： //www. visitcostarica. com

http： //www. micit. go. cr

http： //www. smes-tp. com

http： //www. sugef. fi. cr

http： //www. bncr. fi. cr

http： //www. procomer. com

http： //www. mideplan. go. cr

http： //www. costarica-nationalparks. com/

http： //guiascostarica. com/areas. htm

http： //www. ccpit. org/

http： //indicadoreseconomicos. bccr. fi. cr

http： //www. chinanews. com. cn

http： //estadonacion. or. cr

http： //www. conare. ac. cr

http： //latiname. cc. topzj. com

http： //www. larepublica. net

http： //www. diarioextra. com/

http： //www. nacion. com/

http： //www2. prensalibre. cr/pl/

http： //www. ticotimes. net/

http： //ec. europa. eu/

http： //www. state. gov

http： //sanjose. usembassy. gov

http： //www. ciaonet. org

http： //trade. gov

《列国志》已出书书目

2003 年度

《法国》，吴国庆编著

《荷兰》，张健雄编著

《印度》，孙士海、葛维钧主编

《突尼斯》，杨鲁萍、林庆春编著

《英国》，王振华编著

《阿拉伯联合酋长国》，黄振编著

《澳大利亚》，沈永兴、张秋生、高国荣编著

《波罗的海三国》，李兴汉编著

《古巴》，徐世澄编著

《乌克兰》，马贵友主编

《国际刑警组织》，卢国学编著

2004 年度

《摩尔多瓦》，顾志红编著

《哈萨克斯坦》，赵常庆编著

《科特迪瓦》，张林初、于平安、王瑞华编著

《新加坡》，鲁虎编著

《尼泊尔》，王宏纬主编

《斯里兰卡》，王兰编著

《乌兹别克斯坦》，孙壮志、苏畅、吴宏伟编著

《哥伦比亚》，徐宝华编著

《肯尼亚》，高晋元编著

《智利》，王晓燕编著

《科威特》，王景祺编著

《巴西》，吕银春、周俊南编著

《贝宁》，张宏明编著

《美国》，杨会军编著

《国际货币基金组织》，王德迅、张金杰编著

《世界银行集团》，何曼青、马仁真编著

《阿尔巴尼亚》，马细谱、郑恩波编著

《马尔代夫》，朱在明主编

《老挝》，马树洪、方芸编著

《比利时》，马胜利编著

《不丹》，朱在明、唐明超、宋旭如编著

《刚果民主共和国》，李智彪编著

《巴基斯坦》，杨翠柏、刘成琼编著

《土库曼斯坦》，施玉宇编著

《捷克》，陈广嗣、姜琍编著

2005 年度

《泰国》，田禾、周方冶编著

《波兰》，高德平编著

《加拿大》，刘军编著

《刚果》，张象、车效梅编著

《越南》，徐绍丽、利国、张训常编著

《吉尔吉斯斯坦》，刘庚岑、徐小云编著

《文莱》，刘新生、潘正秀编著

《阿塞拜疆》，孙壮志、赵会荣、包毅、靳芳编著

《日本》，孙叔林、韩铁英主编

《几内亚》，吴清和编著

《白俄罗斯》，李允华、农雪梅编著

《俄罗斯》，潘德礼主编

《独联体（1991~2002）》，郑羽主编

《加蓬》，安春英编著

《格鲁吉亚》，苏畅主编

《玻利维亚》，曾昭耀编著

《巴拉圭》，杨建民编著

《乌拉圭》，贺双荣编著

《柬埔寨》，李晨阳、瞿健文、卢光盛、韦德星编著

《委内瑞拉》，焦震衡编著

《卢森堡》，彭姝祎编著

《阿根廷》，宋晓平编著

《伊朗》，张铁伟编著

《缅甸》，贺圣达、李晨阳编著

《亚美尼亚》，施玉宇、高歌、王鸣野编著

《韩国》，董向荣编著

2006 年度

《联合国》，李东燕编著

《塞尔维亚和黑山》，章永勇编著

《埃及》，杨灏城、许林根编著

《利比里亚》，李文刚编著

《罗马尼亚》，李秀环编著

《瑞士》，任丁秋、杨解朴等编著

《印度尼西亚》，王受业、梁敏和、刘新生编著

《葡萄牙》，李靖堃编著

《埃塞俄比亚 厄立特里亚》，钟伟云编著

《阿尔及利亚》，赵慧杰编著

《新西兰》，王章辉编著

《保加利亚》，张颖编著

《塔吉克斯坦》，刘启芸编著

《莱索托 斯威士兰》，陈晓红编著

《斯洛文尼亚》，汪丽敏编著

《欧洲联盟》，张健雄编著

《丹麦》，王鹤编著

《索马里 吉布提》，顾章义、付吉军、周海泓编著

《尼日尔》，彭坤元编著

《马里》，张忠祥编著

《斯洛伐克》，姜琍编著

《马拉维》，夏新华、顾荣新编著

《约旦》，唐志超编著

《安哥拉》，刘海方编著

《匈牙利》，李丹琳编著

《秘鲁》，白凤森编著

2007 年度

《利比亚》，潘蓓英编著

《博茨瓦纳》，徐人龙编著

《塞内加尔 冈比亚》，张象、贾锡萍、邢富华编著

《瑞典》，梁光严编著

《冰岛》，刘立群编著

《德国》，顾俊礼编著

《阿富汗》，王凤编著

《菲律宾》，马燕冰、黄莺编著

《赤道几内亚 几内亚比绍 圣多美和普林西比 佛得角》，李广一主编

《黎巴嫩》，徐心辉编著

《爱尔兰》，王振华、陈志瑞、李靖堃编著

《伊拉克》，刘月琴编著

《克罗地亚》，左娅编著

《西班牙》，张敏编著

《圭亚那》，吴德明编著

《厄瓜多尔》，张颖、宋晓平编著

《挪威》，田德文编著

《蒙古》，郝时远、杜世伟编著

2008 年度

《希腊》，宋晓敏编著

《芬兰》，王平贞、赵俊杰编著

《摩洛哥》，肖克编著

《毛里塔尼亚　西撒哈拉》，李广一主编

《苏里南》，吴德明编著

《苏丹》，刘鸿武、姜恒昆编著

《马耳他》，蔡雅洁编著

《坦桑尼亚》，裴善勤编著

《奥地利》，孙莹炜编著

《叙利亚》，高光福、马学清编著

2009 年度

《中非　乍得》，汪勤梅编著

《尼加拉瓜　巴拿马》，汤小棣、张凡编著

《海地　多米尼加》，赵重阳、范蕾编著

《巴林》，韩志斌编著

《卡塔尔》，孙培德、史菊琴编著

《也门》，林庆春、杨鲁萍编著

2010 年度

《阿曼》，仝菲、韩志斌编著

《华沙条约组织与经济互助委员会》，李锐、吴伟、
　金哲编著

泰国（第二版）

田禾　周方冶　编著
2009 年 1 月出版　　39.00 元
ISBN 978-7-5097-0545-2/K·0051

　　泰国全称泰王国，地处东南亚的中心，在地理上具有重要的战略位置，是东南亚与南亚、东方与西方文化的交汇点，泰国沃野千里，物产丰富，美丽的自然风光伴以温和友善的人民，是世界著名旅游目的地。该书全面、系统和深入地介绍和描述泰国的政治、经济、文化、历史和人民。

越南（第二版）

徐绍丽　利国　张训常　编著
2009 年 1 月出版　39.00 元
ISBN 978-7-5097-0546-9/K·0052

　　越南社会主义共和国，简称"越南"，位于中南半岛东部，是与中国有悠久关系的邻邦。狭长的国土 3/4 是山地和高原，红河和湄公河河流域人口密集、农业发达。近年来工业发展较快。1976 年越南南北统一后，特别是 1986 年实行经济改革后，历经沧桑的越南的社会和经济取得了长跑般的进步。

图书在版编目（CIP）数据

洪都拉斯 哥斯达黎加／杨志敏，方旭飞编著. —北京：
社会科学文献出版社，2011.1
（列国志）
ISBN 978 - 7 - 5097 - 1739 - 4

Ⅰ.①洪… Ⅱ.①杨… ②方… Ⅲ.①洪都拉斯－概况②哥
斯达黎加－概况 Ⅳ.①K974.2②K974.6

中国版本图书馆 CIP 数据核字（2010）第 224286 号

洪都拉斯（Honduras）
哥斯达黎加（Costa Rica） ·列国志·

编 著 者／杨志敏 方旭飞
审 定 人／苏振兴 吴国平 袁东振 汤小棣

出 版 人／谢寿光
总 编 辑／邹东涛
出 版 者／社会科学文献出版社
地 址／北京市西城区北三环中路甲 29 号院 3 号楼华龙大厦
邮政编码／100029 网址／http：//www.ssap.com.cn
网站支持／（010）59367077
责任部门／人文科学图书事业部（010）59367215
电子信箱／bianjibu@ssap.cn
项目经理／宋月华
责任编辑／陈桂筠
责任校对／韩海超
责任印制／岳 阳 郭 妍 吴 波

总 经 销／社会科学文献出版社发行部
（010）59367081 59367089
经 销／各地书店
读者服务／读者服务中心（010）59367028
排 版／北京中文天地文化艺术有限公司
印 刷／三河市尚艺印装有限公司

开 本／880mm×1230mm 1/32
印 张／12 插图印张／0.25
字 数／305 千字
版 次／2011 年 1 月第 1 版 印次／2011 年 1 月第 1 次印刷

书 号／ISBN 978 - 7 - 5097 - 1739 - 4
定 价／39.00 元

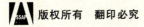

《列国志》主要编辑出版发行人

出　版　人　谢寿光

总　编　辑　邹东涛

项目负责人　杨　群

发　行　人　王　菲

编辑主任　宋月华

编　　　辑　（按姓名笔画排序）

　　　　　　孙以年　朱希淦　宋月华

　　　　　　宋培军　周志宽　范　迎

　　　　　　范明礼　袁卫华　黄　丹

　　　　　　魏小薇

封面设计　孙元明

内文设计　熠　菲

责任印制　岳　阳　郭　妍　吴　波

编　　　务　杨春花

责任部门　人文科学图书事业部

电　　　话　（010）59367215

网　　　址　ssdphzh_cn@sohu.com